Un análisis crítico de las estrategias públicas frente a la pornografía infantil

Cuestiones problemáticas de la regulación penal y de su aplicación práctica

Un análisis crítico de las estrategias públicas frente a la pornografía infantil

Cuestiones problemáticas de la regulación penal y de su aplicación práctica

Deborah García Magna

Este libro ha sido sometido a un riguroso proceso de revisión por pares.

© 2025 Deborah García Magna

© 2025 Atelier
Santa Dorotea 8, 08004 Barcelona
e-mail: editorial@atelierlibros.es
www.atelierlibrosjuridicos.com
Tel.: 93 295 45 60

ISBN: 979-13-88096-36-5
Depósito legal: B 25394-2025

Diseño y composición: Addenda, Pau Claris 92, 08010 Barcelona
www.addenda.es
Impresión: Winihard

ÍNDICE

PRESENTACIÓN

La investigación que se presenta en estas páginas aborda algunos aspectos teóricos y prácticos de las políticas públicas de prevención y represión de conductas relacionadas con material pornográfico en el que se ha utilizado o aparecen niños, niñas y adolescentes. Se parte de un planteamiento amplio acerca de las estrategias frente a los delitos sexuales sobre menores de edad, que comienza con el análisis de la política criminal y legislativa penal a nivel estatal y supranacional, y continúa con la identificación de las cuestiones más problemáticas a nivel teórico y de aplicación práctica, analizando de manera especial qué ocurre en los contextos de mayor vulnerabilidad, como las situaciones sufridas por menores que se encuentran en instituciones de acogimiento residencial en el ámbito de protección y en centros de internamiento del sistema de justicia juvenil, y por aquellos que son víctimas de redes de explotación.

Así, el trabajo se encuadra en un proyecto más amplio[1], del que esta obra constituye solo una parte. La premisa de partida general es que la evolución de la regulación en el Código penal y las políticas públicas adoptadas en este ámbito, han configurado un sistema penal que se puede explicar con los instrumentos del modelo de seguridad ciudadana y que adolece de irracionalidad en algunas de sus manifestaciones. Los primeros capítulos se centran en identificar los rasgos de dicho modelo en las diferentes fases del sistema punitivo dedicado a las conductas sexuales con relevancia penal y a plantear las bases desde las que se efectúa el análisis. A continuación, se realiza una aproximación a las instituciones y agentes que toman decisiones relativas a la prevención y represión de estas conductas, destacando la relevancia de la transferencia entre sistemas penales en este ámbito y, en especial, el papel determinante que han adquirido en las últimas décadas las instituciones supranacionales y, concretamente, la Unión Europea. Seguidamente, se realiza un recorrido histórico de la regulación de los delitos sexuales en el ordenamiento jurídico español, centrando la atención en los aspectos más relevantes

---

1. ProyExcel_00514, de la Junta de Andalucía. «Medidas inclusivas para menores en situación de exclusión social»

de la regulación actual del código penal, para formular las principales cuestiones problemáticas de los preceptos normativos y de su aplicación en la práctica, desde un enfoque dogmático, político-criminal y criminológico.

Por un lado, teniendo en cuenta la enorme influencia de los organismos supranacionales en este ámbito, con normativa que es obligatorio transponer a nivel interno, se explora de qué manera se ha llevado a cabo la transposición y qué factores han podido influir en el proceso legislativo. Por otro lado, desde un punto de vista criminológico, se valora si la preocupación social por la pornografía infantil tiene base empírica o si, por el contrario, responde a una lógica de amplificación mediática o política del riesgo, para lo que se toma en consideración el conocimiento sobre los mitos y estereotipos que rodean tanto a autores como a víctimas, especialmente en el contexto de Internet y las redes sociales. Se reflexiona sobre el concepto de pornografía, así como sobre los elementos del desarrollo afectivo-sexual de los adolescentes y sus comportamientos en contextos virtuales. Desde el punto de vista dogmático se analizan con un enfoque crítico las principales cuestiones relacionadas con el bien jurídico protegido y las dificultades para identificarlo con claridad en algunas modalidades típicas de estos delitos, el objeto material, la estructura típica, los problemas concursales respecto a otras conductas próximas, y las incoherencias de un sistema que reconoce capacidad de consentimiento sexual en algunas conductas a partir de los 16 años, pero la limita a la mayoría de edad en los delitos relacionados con pornografía infantil, y sin embargo exige responsabilidad penal a los infractores por encima de los 14. También desde un punto de vista crítico, se analizan algunas cuestiones en torno a las conductas más lesivas, reflexionando sobre el fundamento de las agravaciones específicas y algunos problemas para su aplicación práctica.

En definitiva, con este trabajo se pretenden aportar elementos que permitan reflexionar sobre la realidad de una regulación de difícil encaje en un modelo jurídico-penal garantista, en el que la lesión o puesta en peligro del bien jurídico protegido debería ser el centro, y que en su aplicación práctica no parece estar centrando sus esfuerzos en las conductas de instrumentalización de personas para producir contenidos pornográficos, sino más bien en las de consumo y difusión de material, a menudo ficticio, sobre las que resulta difícil saber cuál es el bien jurídico afectado.

1. Introducción. El modelo político criminal securitario y la transferencia de políticas públicas entre Estados

El análisis que se va a llevar a cabo en este trabajo parte de un concepto de sistema penal amplio, como el conjunto de mecanismos de control social de la delincuencia que inciden en sus diferentes fases de prevención e intervención. En él se integran, por supuesto, la normativa y las prácticas de los actores institucionales en cada una de sus fases, pero también la política criminal que orienta las estrategias públicas de control en diversos niveles. Así, la toma de decisiones en este ámbito se configura, a su vez, a partir de la interacción con las dinámicas de los agentes sociales, económicos y políticos que influyen en su diseño y aplicación, y que determinan, en última instancia, las alternativas de intervención que son debatidas, adoptadas o descartadas en cada momento histórico.

Desde este punto de vista amplio y para abordar con un enfoque crítico la política criminal en el ámbito concreto de la delincuencia sexual, donde se sitúan los delitos relacionados con pornografía infantil que serán objeto de este trabajo, considero necesario comenzar situando la cuestión en el contexto de la evolución del modelo penal contemporáneo, que se caracteriza fundamentalmente por la tendencia hacia una creciente severidad en la respuesta frente al fenómeno de la delincuencia[2]. Ello se ha venido traduciendo en un notable incremento de las tasas de encarcelamiento en la mayoría de los países occidentales, elemento que se suele considerar como uno de los indicadores de un cambio de modelo[3] que

---

2. Me dedico especialmente a ello en GARCÍA MAGNA, D. (2018): *La lógica de la seguridad en la gestión de la delincuencia*. Marcial Pons.

3. En ese sentido, NELKEN, D. (2005): «When is a society non-punitive? The Italian case», en Pratt, J., *The new punitiveness. Trends, Theories, Perspectives*. Willan Publishing, págs. 128 y ss.; también

se aleja del ideal rehabilitador y que comenzó a fraguarse a mediados de la década de 1970[4]. Hasta entonces, y especialmente desde los años sesenta en Estados Unidos, Reino Unido y países escandinavos, predominaba un modelo sustentado en la denominada ideología del tratamiento, que en un contexto económico de prosperidad y pleno empleo permitía gobernar bajo un discurso de inclusión y cohesión social. Este modelo, fundado en una combinación de motivaciones humanitarias y utilitaristas, concebía la sanción penal desde una perspectiva esencialmente rehabilitadora y se apoyaba en la confianza en los mecanismos de control social informal que, en caso de resultar insuficientes, daban paso a un sistema penal que contaba con el apoyo de la ciudadanía y estaba legitimado por la autoridad de los expertos que lo diseñaban y aplicaban. Se vivía, por tanto, un momento de confianza generalizada en la capacidad del Estado para lograr la reintegración del delincuente, que promovió una individualización de la respuesta basada en la indeterminación de la pena, para adecuarla mejor a las necesidades concretas del sujeto, lo que, entre otras cosas, fue dando lugar a que se relajaran algunas garantías propias del Derecho penal clásico.

En este contexto confluyen varios elementos que explican el inicio del declive del modelo resocializador en Estados Unidos y Reino Unido a mediados de los años setenta y que suponen un cambio que se extenderá posteriormente hacia otros países occidentales, en una coyuntura de crisis económica e incremento de las tasas de criminalidad[5]. En el ámbito concreto de los delitos sexuales, se tratará en este trabajo cómo se da un proceso de transformación de la percepción del fenómeno desde una perspectiva del tratamiento hacia otra en la que el infractor se considera intratable y peligroso. En general, se produce una crítica al sistema desde el garantismo penal, que pone de manifiesto los excesos del modelo rehabilitador sobre el individuo y las dudas respecto a su eficacia real, y

---

CAVADINO, M., y DIGNAN, J. (2008): *Penal systems: A comparative approach*. Sage, págs. 4 y 5, a pesar de las dificultades para comparar distintos ordenamientos y prácticas, consideran que la tasa de encarcelamiento puede ser un buen indicador del rigor punitivo. Aboga por la dimensión inclusión/exclusión social como un criterio de comparación entre las políticas criminales, al considerar que la tasa de encarcelamiento, a pesar de sus muchas virtudes, es metodológicamente insuficiente, DÍEZ RIPOLLÉS, J.L. (2011): «La dimensión inclusión/exclusión social como guía de la política criminal comparada», en *Revista Electrónica de Ciencia Penal y Criminología*, nº 13-12, 2011, que en su desarrollo posterior, dentro del proyecto RIMES ha dado lugar a un modelo comparativo y que en sus primeros resultados, indica que el sistema penal español no genera mucha exclusión social. Al respecto, GARCÍA ESPAÑA, E., DÍEZ RIPOLLÉS, J.L. (2021): «La exclusión social generada por el sistema penal español. Aplicación del instrumento RIMES», en *Indret*, 1/2021. Por su parte, TONRY. M. (2007): «Determinants of penal policies», en *Crime and Justice*, vol. 36, n.º1, entre otros, no considera que el endurecimiento del sistema sea una tónica generalizada y achaca dicho fenómeno sobre todo a la existencia de determinadas condiciones culturales, históricas, constitucionales y políticas.

4. GARLAND, D. (2001): *The culture of control. Crime and Social Order in Contemporary Society*, Oxford University Press; DÍEZ RIPOLLÉS, J.L. (2004): «El nuevo modelo penal de la seguridad ciudadana» en *Revista Electrónica de Ciencia Penal y Criminología*, 06-03; GARCÍA MAGNA, D. (2018), *op.cit.*

5. GARLAND, D. (2001), *op. cit.*, 77 y ss., considera que se dan a nivel internacional similitudes que denotan cambios, más sociales que políticos, que han transformado la experiencia del delito, la inseguridad y el orden social, dando lugar a las mismas pautas de control del delito, en base a la organización social en la modernidad tardía y el libre mercado.

genera demandas de retorno hacia un Derecho penal centrado en la responsabilidad por el hecho que recupere las penas determinadas y limite el arbitrio judicial. Desde la criminología crítica se llama la atención sobre la necesidad de tener en cuenta la responsabilidad de los sectores privilegiados y de las propias instituciones de control social en el origen de la criminalidad, en lugar de centrar la intervención en las características individuales del sujeto infractor. En ese marco, se empieza a perder la confianza en el modelo resocializador y se revalorizan los efectos disuasorios y expresivos de la pena, cobrando fuerza la noción de inocuización, lo que da lugar a que surja, especialmente en los países anglosajones, un modelo penal caracterizado por la retórica de «ley y orden» que acompaña a las políticas neoconservadoras y neoliberales impulsadas por los gobiernos de Ronald Reagan en Estados Unidos y Margaret Thatcher en el Reino Unido. En cambio, en los países escandinavos, las críticas dirigidas al modelo del tratamiento conducen a su reformulación, incorporando las premisas del modelo garantista como límites a las prácticas rehabilitadoras, y manteniendo así un equilibrio entre control y reinserción.

Los profundos cambios tecnológicos y socioeconómicos que se han producido en los últimos años del siglo XX y comienzos del XXI, junto con el formidable desarrollo de los medios de comunicación y la popularización del acceso a la información (acortando las distancias y magnificando sus efectos), han generado en las sociedades occidentales una sensación generalizada de inseguridad que ha favorecido la expansión de un Derecho penal que se erige como instrumento prioritario de control. Se ha producido así un cambio de paradigma, en el que la racionalidad penal clásica, orientada a la prevención y la reinserción, cede ante un discurso de urgencia que busca, ante todo, calmar el miedo al delito. En la denominada sociedad del riesgo, caracterizada por la percepción constante de amenazas difusas y por la amplificación mediática del peligro, se ha consolidado un modelo basado en la búsqueda de mayor seguridad a través de la intolerancia hacia cualquier fuente de incertidumbre. Y en este contexto, aunque la atención se dirige también hacia otras clases de delincuencia (que se acaban catalogando en función de los sujetos concretos que los cometen: reincidentes, terroristas, violadores, asesinos, etc.), los delitos sexuales contra menores de edad ocupan un lugar central, no solo por las características que se atribuyen a los autores (calculadores, depravados, pederastas, incurables, depredadores) sino por el papel central que se le da a las víctimas, que se configuran como un grupo monolítico y de las que en todo caso se presume la especial vulnerabilidad. En este nuevo escenario, se asume que la opinión pública no está dispuesta a aceptar explicaciones estructurales o aproximaciones racionales al fenómeno de la delincuencia, siendo cierto que en muchos casos no lo está, y que por ello muestra su respaldo a políticas punitivas de carácter reactivo y simbólico (o simplemente, no muestra interés alguno por los posibles excesos del sistema)[6]. Asimismo, se parte de la premisa de que la estructura tradicional del sistema penal resulta insuficiente para afrontar las nuevas formas de delincuencia, lo que legitima la incor-

---

6. GARCÍA MAGNA, D. (2018), *op.cit.,* pág. 22.

poración de fórmulas inocuizadoras y preventivo-especiales dirigidas a neutralizar el riesgo[7]. Se trata, en definitiva, de una orientación que, a diferencia del modelo rehabilitador clásico, no busca abordar las causas del delito, sino neutralizar sus manifestaciones, y que no está dispuesta, por tanto, a adoptar medidas que supongan aceptar situaciones de riesgo, aunque sea a costa de sacrificar principios generales del Derecho penal, como los de lesividad y fragmentariedad (al ampliar de manera desmesurada el objeto de protección con construcciones basadas en bienes jurídicos difusos o adelantando sobremanera la intervención) o de responsabilidad por el hecho (inmiscuyéndose en el fuero interno de los sujetos, al sancionar, por ejemplo, meras tendencias sexuales). Así, frente al desconcierto generado por la creciente complejidad e inestabilidad económica, social y política contemporánea, acentuada por una expansión de los medios de transmisión de información a través de las redes sociales, los ciudadanos reclaman más seguridad y más control, aun a costa de la libertad, la dignidad y los derechos fundamentales de quienes entran en contacto con el sistema penal.

Por otra parte, es indudable que los cambios en los sistemas penales dependen en parte de políticas o de enfoques sobre el control de la delincuencia que se transfieren de unos Estados a otros[8]. Así las corrientes que se han descrito no se han implantado de la misma forma en cada país, sino que son el fruto de las peculiaridades de cada sociedad y de las prácticas llevadas a cabo por los operadores que intervienen en la gestión de la delincuencia. De esta forma, en los distintos sistemas penales es posible identificar tendencias, lenguajes y pautas que están interconectados y se transfieren como parte de un proceso de globalización. Desde finales del siglo pasado las sociedades ya no desarrollan dinámicas totalmente unilaterales para afrontar los problemas sociales, sino que elaboran estrategias que comparten muchos rasgos. En ese sentido, tal como proponen autores como Karstedt[9], se podría considerar que los sistemas no se imitan, sino que se toman como modelo para su desarrollo en función de la identidad institucional y el contexto sociocultural propios, en un proceso que depende de las decisiones que se han adoptado previamente desde un punto de vista histórico, pero también de nuevos conceptos y retóricas que pueden verse limitados o incluso rechazados debido a los principios básicos que se encuentren asentados. Un ejemplo de todo ello se observa en el proceso de transferencia de políticas públicas penales de Estados Unidos al Reino Unido[10], en distintos ámbitos como

---

7. DÍEZ RIPOLLÉS, J.L. (2005): «De la sociedad del riesgo a la seguridad ciudadana: un debate desenfocado», en *Revista Electrónica de Ciencia Penal y Criminología*, 07-01, págs. 13 y ss.

8. DOLOWITZ, D., y MARSH, D. (1996): «Who learns what from whom? A review of the policy transfer literature», en *Political Studies*, XLIV pág. 344, se refieren a la transferencia como un proceso de «conocimiento sobre las políticas, disposiciones administrativas, instituciones, etc.», que se identifican en un momento y lugar para usarlas en otros distintos.

9. KARSTEDT, S. (2004): «Durkheim, Tarde and beyond: The global travel of crime policies», en *Criminal Justice and Political Cultures*, págs. 22 y ss.

10. JONES, T., y NEWBURN, T. (2004): «Comparative criminal justice policy-making in the United States and the United Kingdom: the case of private prisons», en *British Journal of Criminology*, 45 (1), págs. 58-80.

la violencia de género o los delitos sexuales cometidos contra menores de edad. En el primer caso, aunque los nuevos laboristas mantenían un discurso muy punitivo, sin embargo, no se aplicaron las políticas de tolerancia cero de forma generalizada sino solo puntualmente. En cuanto a los registros de pederastas de acceso público creados en Estados Unidos tras sucesos muy mediáticos, en Reino Unido no llegaron a aprobarse, debido fundamentalmente a la resistencia de las agencias implicadas (policiales y de libertad vigilada), aunque también se habían producido algunos casos de gran impacto que dieron lugar a una campaña por parte de las víctimas y los medios de comunicación, provocando actos de venganza privada. Es realidad, podría decirse que en estos ámbitos se produjo sobre todo una transferencia de retóricas punitivas y no tanto de políticas concretas. En cuanto a las estrategias de privatización, que sí se aplicaron en Reino Unido siguiendo el modelo estadounidense (aunque no se daban los problemas económicos y de masificación carcelaria que había en Estados Unidos), parece que prevaleció una estrategia dirigida a destacar la postura ideológica del partido conservador en estos temas. Parece, por tanto, que aunque los detonadores y la respuesta social a estos sucesos fue similar en ambos países, existen diferencias políticas e institucionales que impidieron la transferencia de las concretas políticas populistas. En definitiva, en la implantación de políticas criminales inclusivas o excluyentes, hay determinados factores que pueden favorecer o dificultar la influencia del populismo punitivo en cada país, como los modelos políticos, judiciales y sociales, la actuación de los medios de comunicación, o la existencia de actitudes de tolerancia y confianza en las instituciones por parte de la ciudadanía[11].

Al margen de la adopción a nivel interno de los rasgos de otros sistemas penales, como ocurre con muchas de las estrategias de abordaje de delitos con componente transnacional como, por ejemplo, el tráfico de drogas o el terrorismo[12], es evidente que en determinados temas existen tendencias supranacionales que impregnan la regulación interna más allá de lo que se pueda desprender de los instrumentos concretos de aplicación preceptiva. En cualquier caso, en el análisis de la posible transferencia de políticas es preciso tener en cuenta varias cuestiones[13], tales como la razón por la que algunas políticas o prácticas se transmiten de un Estado a otro (si la elección es voluntaria o se trata de la aplicación de medidas de carácter obligatorio, como las que surgen de compromisos supranacionales)[14]; quién hace posible que se dé la transferencia de ideas, políti-

---

11. LAPPI-SEPPÄLÄ, T. (2013): «American exceptionalism in a cross comparative perspective», conferencia en *American Excepcionalism in Crime & Punishment*, 2º Congreso anual del Robina Institute (University of Minnesota Law School), 25 abril 2013, pág. 22.

12. GARCÍA MAGNA, D. (2018), *op.cit.*, págs. 74 a 78.

13. DOLOWITZ, D., y MARSH, D. (1996), *op. cit.*, págs. 347 y ss.

14. GARCÍA MAGNA, D. (2018), *op.cit.*, págs. 147 y ss., analiza todas las referencias a compromisos supranacionales o legislaciones de otros países que aparecen en los preámbulos de las leyes de reforma del Código penal desde 1995 hasta 2015. En el ámbito concreto de los delitos sexuales, entre los que se encuentran los relacionados con la pornografía infantil, ello ha sucedido en las reformas llevadas a cabo por la LO 11/1999 (Resolución 1099(1996) del Consejo de Europa,

cas y prácticas (partidos políticos, grupos de presión, expertos, organizaciones transnacionales, etc.), lo cual influye en el modelo que se adopte; qué contenidos concretos o qué sensibilidades frente a la delincuencia son los que se toman como modelo (y también cuáles se decide no adoptar, es decir, la denominada «transferencia política negativa»); o de dónde se extraen las pautas que generan cambios de estrategia (si del ámbito nacional o internacional).

En definitiva, la convergencia entre modelos penales se puede producir porque se comparten ciertos elementos sociológicos y culturales, pero también a través de los agentes implicados, cuando se toma como modelo un sistema para desarrollar otro, lo que puede derivar en resultados distintos cuando los contextos no son similares. En cualquier caso, es fundamental analizar el proceso de transferencia completo, si lo hay, para valorar la legitimidad de sus objetivos y comprobar si estos se han logrado[15].

En el ámbito de estudio del presente trabajo nos encontramos con estas dinámicas de transferencia de políticas públicas por partida doble: en las relacionadas con la protección de los menores de edad, por un lado, y de prevención y control de conductas de instrumentalización sexual, tales como la trata de personas, la prostitución forzada o la pornografía infantil, por otro lado. Concretamente respecto a los delitos sexuales, destaca el papel especialmente relevante ocupado por Estados Unidos en el panorama de la regulación y la política criminal occidental[16]. Así, tal como describe Villacampa Estiarte, desde finales de los años

---

Acción común del Consejo, 1996), la LO 5/2010 (Decisión Marco 2004/68/JAI), y la LO 1/2015 (Directiva 2011/93/UE, Decisión Marco 2004/68/JAI, Comité ONU sobre derechos del niño). Posteriormente, también hay referencias en la LO 8/2021 (Convenio de Lanzarote) y la LO 10/2022 (Convenio de Varsovia y Convenio de Estambul), que es la última que ha modificado los delitos de pornografía infantil.

15. Resulta fundamental tener en cuenta la necesidad de evaluación de dichos procesos, algo que, lamentablemente suele ser un paso olvidado en las dinámicas legislativas en nuestro país, salvo algunas excepciones, como la LO 7/2000 o la LO 1/2004, que al menos mencionan su necesidad. Sobre la fase de evaluación en la toma de decisiones en políticas públicas no únicamente penales, BECERRA MUÑOZ, J. (2013): *La toma de decisiones en política criminal. Bases para un análisis multidisciplinar*, Tirant Lo Blanch, págs. 325 y ss., y más concretamente sobre la fase postlegislativa en el ámbito de la legislación penal, DÍEZ RIPOLLÉS, J.L. (2003): *La racionalidad de las leyes penales*, Editorial Trotta, págs. 58 y ss., y la necesidad de implementar la evaluación en el proceso para conseguir una legislación racional, RODRÍGUEZ FERRÁNDEZ, S. (2016): «Evaluación legislativa en España: su necesaria aplicación en los procesos de aprobación de las reformas penales», en NIETO MARTÍN, A., MUÑOZ MORALES DE ROMERO, M; BECERRA MUÑOZ, J (dirs.) *Hacia una evaluación racional de las leyes penales*. Marcial Pons, págs. 109 y ss. En concreto, sobre la ausencia de evaluación en las reformas de la regulación de los delitos sexuales que afectan a menores de edad, CUERDA ARNAU, M.L. (2017): «Irracionalidad y ausencia de evaluación legislativa en las reformas de los delitos sexuales contra menores», en *Revista Electrónica de Ciencia Penal y Criminología*, n°. 19, págs. 24 y ss., y 38 y ss. Por último, señalando la necesidad de mejorar también este aspecto en el ámbito legislativo de la Unión Europea, a pesar de estar mucho más desarrollado que el español, CORRAL MARAVER, N. (2020): «Datos y conocimiento empírico en la legislación penal de la Unión Europea. Una guía para el legislador español», en *Revista Electrónica de Ciencia Penal y Criminología*, 22-18 (2020), págs. 3, y 30 y ss.

16. Este papel no se ha limitado a este ámbito, sino que se ha producido en otros como el terrorismo o las drogas. Por ejemplo, RANDO CASERMEIRO, P. (2015): «La influencia de los grupos de

70 y sobre todo en los 80 del siglo pasado, se emprendió una «cruzada» contra los pedófilos comparable a la guerra contra las drogas de los años 70 o a las medidas excepcionalmente severas adoptadas frente al terrorismo tras los atentados del 11 de septiembre de 2001[17]. En ese proceso de intensificación de la tolerancia cero hacia los autores de delitos sexuales, que se incrementó especialmente en los años 90, destacan varios momentos u *oleadas* legislativas que se produjeron tras acontecimientos con mucha repercusión mediática que se vieron acompañados de la acción de grupos de presión y de una opinión pública que, tras la construcción de un contexto de pánico moral, se encontraba preparada para aceptar medidas severas frente a individuos concretos, que transmitían seguridad y control sobre este fenómeno, como se verá en siguiente apartado[18]. Así, una vez sentadas las bases, se produjo la internacionalización del modelo, comenzando por su transferencia a Europa, a través de su acogida por Reino Unido y por organismos supranacionales como el Consejo de Europa y la Unión Europea[19], que han determinado un traslado al ámbito interno, sin apenas cuestionamiento por parte del legislador estatal.

---

presión en la política criminal de la propiedad intelectual: aspectos globales y nacionales», en *Revista Electrónica de Ciencia Penal y Criminología*, n.º 17, 2015, págs. 4 y ss., describe cómo Estados Unidos se ha convertido en grupo de presión a nivel internacional en la regulación de la propiedad intelectual, consiguiendo la firma de tratados y convenios regulatorios. Respecto a la influencia de la política antiterrorista estadounidense en los ordenamientos internos, a partir de los atentados del 11 de septiembre de 2001, AVILÉS HERNÁNDEZ, E. (2020): «El yihadismo como fenómeno global: análisis de la regulación internacional y su implicación en el código penal español», en *Revista General de Derecho Penal*, n.º 33, págs. 12 y ss.

17. VILLACAMPA ESTIARTE, C. (2015): *El delito de online child grooming o propuesta sexual telemática a menores*. Tirant Lo Blanch, págs. 79 y ss., señala que en la doctrina hay quien llama terroristas domésticos a los depredadores sexuales que, en esa lógica, merecerían el mismo tratamiento que los implicados en el 11-S. TERRADILLOS BASOCO, J.M. (2019): «Pederastia y pornografía», en RODRÍGUEZ MESA, M.J. (dir.), DEL REAL CASTRILLO, C., MALDONADO GUZMÁN, D. (coords.) *Pederastia. Análisis jurídico-penal, social y criminológico*, Thomson Reuters Aranzadi, págs. 365 y 366, también habla de «cruzada internacional contra los predadores sexuales, nacida en USA y trasladada prontamente a Europa».

18. VILLACAMPA ESTIARTE, C. (2015), *op.cit.*, págs. 81 y ss., describe tres periodos de actividad legislativa intensa: desde finales de los años 30 hasta mediados de los 50, tras varios asesinatos de niños supuestamente con motivaciones sexuales y una definición del problema por profesionales de la psiquiatría que proponían la adopción de medidas concretas; durante los años 70, gracias a la introducción en la agenda pública por parte de grupos feministas de la problemática en torno a las violaciones a mujeres y abusos sexuales a menores en el contexto familiar y de relaciones íntimas; y ya en los años 90 a partir de varios sucesos muy violentos con víctimas que no conocían a sus agresores y tras la presión ejercida por las asociaciones de víctimas.

19. Una descripción detallada de la recepción en ambos contextos (ordenamiento jurídico británico y normativa supranacional) en VILLACAMPA ESTIARTE, C. (2015), *op.cit.*, págs. 93 y ss., y 117 y ss., respectivamente. Respecto a la evolución de la política criminal en este ámbito, tanto a nivel supranacional (Naciones Unidas, Consejo de Europa y Unión Europea), como a nivel comparado (Italia, Francia, Alemania y Portugal), TAMARIT SUMALLA, J.M. (2002): *La protección penal del menor frente al abuso y la explotación sexual. Análisis de las reformas penales en materia de abusos sexuales, prostitución y pornografía de menores*. Aranzadi, págs. 33-38, y 39-50, respectivamente.

2. RASGOS DEL MODELO DE SEGURIDAD CIUDADANA EN EL ÁMBITO DE LOS DELITOS SEXUALES

Tal como he indicado en las páginas iniciales, parto de la premisa de que el sistema de control penal configurado en torno a la prevención y sanción de los delitos sexuales, entre los que se encuentran los relacionados con pornografía infantil, ha evolucionado hacia un modelo que se aleja en muchos aspectos del garantista, situándose más cerca de los elementos que caracterizan el modelo penal de la seguridad ciudadana[20]. Ello explica gran parte de las cuestiones polémicas que se pretenden estudiar en este trabajo. A continuación, de manera muy breve, señalaré algunos de los rasgos que se pueden identificar en este ámbito y que justifican utilizar este modelo como instrumento de análisis.

Uno de los elementos más característicos del modelo securitario contemporáneo es la intensificación de la intervención penal sobre los sectores sociales más vulnerables, en un discurso de control y exclusión que se ha acentuado con las reformas legislativas de las últimas décadas. La regulación de conductas delictivas vinculadas a contextos de marginalidad suele traducirse en tipos penales más amplios y sanciones más severas que aquellas aplicables a comportamientos cometidos con mayor frecuencia por sujetos socialmente favorecidos. En el ámbito de los delitos sexuales, este enfoque excluyente no solo genera una mayor

---

20. GARCÍA MAGNA, D. (2018), *op.cit.*, págs. 28 y ss. Aunque dichos rasgos se encuentran en todas las fases del sistema, hay algunas especialmente proclives a que esta tendencia cale más en las prácticas de sus operadores. En concreto, suele producirse de manera más intensa en la fase legislativa y mucho menos en la de ejecución penitenciaria, con un menor número de ejemplos en este ámbito e incluso algunas dinámicas de resistencia al nuevo modelo. En ese sentido, BRANDARIZ GARCÍA, J.Á. (2014): «¿Una teleología de la seguridad sin libertad? La difusión de lógicas actuariales y gerenciales en las políticas punitivas», en *Fundamentos: Cuadernos monográficos de Teoría del Estado, Derecho Público e Historia Constitucional*, n.º 8, pág. 318.

estigmatización social[21], sino que puede reproducirse en las fases posteriores del proceso penal, a través de prácticas selectivas que afectan de forma desproporcionada a las personas con menos recursos[22]. Por otra parte, como se verá al identificar la información disponible en el contexto del presente trabajo, la aplicación puede estar produciéndose de manera más intensa sobre sujetos que suelen cometer conductas de consumo de pornografía y que cuentan con menos conocimientos informáticos, dada las especiales características de lo que supone la posesión en estos contextos a efectos probatorios[23], a pesar de que sus conductas son a menudo las de menor gravedad, mientras que las conductas más graves (producción de material pornográfico a través de redes de explotación infantil, por ejemplo) se sancionan en menor medida. A su vez, la falta de consideración de las particularidades de ciertos grupos sociales conduce a respuestas penales igualmente excluyentes en el plano de la protección, como ponen de manifiesto algunas reformas que, al priorizar intereses ajenos (por ejemplo, el control migratorio), terminan por perjudicar o dejar desprotegidas a las mujeres y niñas migrantes expuestas a redes de trata de personas con fines de explotación sexual[24].

En segundo lugar, el modelo securitario se caracteriza por la generalización de un sentimiento de inseguridad derivado de múltiples fuentes de riesgo (económicas, tecnológicas, sociales, sanitarias) que el legislador tiende a abordar prioritariamente mediante reformas penales. Esta tendencia refuerza la percepción ciudadana de que la delincuencia constituye la causa principal de la inseguridad y que su solución pasa por el endurecimiento normativo. En el ámbito de los delitos sexuales ha tenido especial relevancia la construcción de una situa-

---

21. Al respecto, DÍEZ RIPOLLÉS, J.L. (2014): «Sanciones adicionales a delincuentes y exdelincuentes. Contrastes entre Estados Unidos de América y países nórdicos europeos», en *Indret*, n° 4, 2014, págs. 7 y 8, llama la atención sobre el efecto que produce en determinados sujetos la atribución de un estatus social, civil y político inferior por el hecho de haber cometido ciertos delitos e integrarse así en el colectivo de delincuentes o exdelincuentes.

22. ARENAS GARCÍA, L., CEREZO DOMÍNGUEZ, A.I., BENÍTEZ JIMÉNEZ, M.J. (2013): «Análisis discursivo de los agentes sociales implicados en la violencia de género», en *Revista Española de Investigación Criminológica*, artículo 4, n° 11, 2013, págs. 24 y ss., señalan que, de los grupos objeto de su estudio, el de personas condenadas tiene la percepción de que la ley se está aplicando de manera desigual sobre colectivos menos favorecidos. Aunque en esta investigación se estudia el fenómeno de la violencia de género, no hay duda de que parte de esas conductas implican también violencia sexual.

23. MAYER LUX, L. (2014): «Almacenamiento de pornografía en cuya elaboración se utilice a menores de dieciocho: un delito asistemático, ilegítimo e inútil», en *Política Criminal: Revista Electrónica Semestral de Políticas Públicas en Materias Penales*, n.° 17, 2014, págs. 35 y 39, se refiere así a los métodos de encriptación al alcance de quienes poseen más conocimientos y tecnología más avanzada.

24. Llaman la atención al respecto, MAQUEDA ABREU, M.L. (2007): «¿Es la estrategia penal una solución a la violencia contra las mujeres? Algunas respuestas desde un discurso feminista crítico», en *InDret* 4/2007, pág. 14, quien analiza los efectos perversos de la LO 11/2003; y VILLACAMPA ESTIARTE, C. (2018): «Justicia restaurativa en supuestos de violencia de género en España: situación actual y propuesta político-criminal», en *Política Criminal*, vol. 15, n° 29, artículo 3, julio 2020, pág. 31, quien menciona que las estrategias de protección desde la óptica penal, obligan a veces a las mujeres migrantes a «escoger entre la protección institucional y romper con su comunidad de origen».

ción de pánico moral infundado en Estados Unidos[25], que ha supuesto el caldo de cultivo de políticas securitarias muy intensas dirigidas a intervenir frente a los llamados «depredadores sexuales», muy especialmente en los últimos tiempos, en el ámbito tecnológico[26].

En el contexto español, la aprobación de leyes integrales como la LO 1/2004, la LO 8/2021 y la LO 10/2022 se han presentado ante la ciudadanía de manera sesgada, centrando la atención en los aspectos punitivos y consolidando así la idea de que las políticas asistenciales y preventivas se sustentan en la reforma penal[27]. A ello se suma la expansión de discursos securitarios y de tolerancia cero, incluso en ámbitos especializados, junto con fenómenos sociales recientes (#MeToo, «Yo sí te creo», entre otros)[28], que han contribuido a la visibilización de los aspectos negativos de conductas normalizadas, pero también a la extensión de mecanismos de control social punitivo formales e informales que, aunque

---

25. Sobre el concepto de «pánico moral» (*moral panics*) acuñado por Stanley Cohen en 1972, ver JEWKES, Y. (2004): *Media and crime*. Sage Publications, págs. 63 y 64. VILLACAMPA ESTIARTE, C. (2015), *op.cit.*, pág. 81, describe las cinco características del pánico moral que se observan en Estados Unidos respecto a los delincuentes sexuales: preocupación social por este tipo de conductas; hostilidad hacia el sujeto responsable al considerarle enemigo y desviado; consenso de una mayoría social frente a un grupo considerado como «los otros», al percibir que la amenaza es real y seria; desproporción entre la preocupación por el tema y la realidad empírica; y volatilidad de las reacciones producidas.

26. VILLACAMPA ESTIARTE, C. (2015), *op.cit.*, pág. 87, se refiere al «pánico tecnológico» (*technopanics*) suscitado a mediados de los años 90 en torno a la pornografía infantil digital, y más recientemente respecto a los depredadores sexuales online en redes sociales.

27. RAMÍREZ ORTIZ, J.L. (2021): «¿Es posible garantizar la libertad sexual sin la reforma penal? En defensa de una ley menos "integral"», en *IgualdadES*, 5, 2021, pág. 494, considera que se resta así protagonismo a la reforma extrapenal que, en realidad, es la que puede conseguir cambios reales en la sociedad. En un sentido similar y respecto a la LO 10/2022, SERRA, C., URÍA, P., PARRA, N., GARAIZÁBAL, C. (2022): «A propósito de la ley del "solo sí es sí": los árboles y el bosque», en *El País*, 20 noviembre 2022, quienes la caracterizan como una «ley que entiende que la libertad sexual se garantiza desde la reforma penal», pasando por alto que «los problemas estructurales —y la violencia de género lo es— no se solucionan con castigos y es la creencia en la centralidad del castigo y la imposibilidad de pensar políticas más allá de lo penal, lo que nos ha conducido a una respuesta institucional ineficaz.»

28. DÍEZ RIPOLLÉS, J.L.(2003): «La nueva política criminal española», en *Eguzkilore: Cuaderno del Instituto Vasco de Criminología*, n° 17, pág. 79, habla de bienestarismo autoritario, refiriéndose a sectores del feminismo tradicional que han «generalizado la imagen social de que la violencia es el vector explicativo de la desigualdad entre los sexos», consiguiendo así que la desigualdad sea percibida como un problema de orden público. MAQUEDA ABREU, M.L. (2007), *op.cit.*, pág. 22, a propósito de la experiencia tras unos años de aplicación de la LO 1/2004, se plantea serias dudas en torno a la invocación de la «tolerancia cero» y de considerar que «ser mujer en una relación de pareja» es un factor de riesgo. Para una revisión histórica de los feminismos que han contestado al aparato punitivo del Estado desde diversos puntos de vista (prisiones, persecución policial, represión judicial, políticas migratorias, etc.), ver ARBUET OSUNA, C. (2020): «Esbozos para un feminismo antipunitivista», en *Las Torres de Lucca*, vol. 9, n° 17, julio-diciembre 2020, págs. 103-107. En GARCÍA MAGNA, D. (2018), *op.cit.*, págs. 102 y ss., abordo el proceso legislativo de reforma del Código penal en 2010, por el que se introdujo la medida de seguridad de libertad vigilada para imputables en delitos sexuales, entre otros, en un momento en que precisamente no había una percepción de inseguridad debida a la delincuencia.

responden a demandas legítimas de protección, pueden derivar en nuevas formas de intolerancia[29].

Un rasgo distintivo del modelo político-criminal securitario es el creciente protagonismo de las víctimas en la fase prelegislativa, impulsado por la intolerancia social al riesgo y por su articulación en grupos de presión con capacidad de influencia política[30]. En el ámbito de los delitos sexuales[31] esta tendencia se refleja en reformas promovidas tras casos mediáticos como los de Mari Luz Cortés (LO 5/2010), Marta del Castillo (LO 1/2015) o Sandra Palo (LLOO 15/2003 y 8/2006). Bajo una retórica de «reequilibrio», las garantías del acusado se perciben como pérdidas para las víctimas, consolidando un enfoque de suma cero y un incipiente «derecho penal de la víctima»[32]. Además, la ampliación del concepto de

---

29. Sobre el traslado a ámbitos informales de las dinámicas propias del sistema penal, GARCÍA MAGNA, D. (2023): «Política criminal y género: Breves apuntes desde el modelo penal de la seguridad ciudadana», en MUÑOZ SÁNCHEZ, J., GARCÍA PEREZ, O., CEREZO DOMÍNGUEZ, A.I., GARCÍA ESPAÑA, E. (dirs.) *Diálogos sobre cuestiones problemáticas de las ciencias penales*, Tirant Lo Blanch, págs. 183 a 185. Respecto a la «etiqueta victimal» que se ha colocado a la mujer ante la justicia y que la aleja del objetivo del empoderamiento social, se ha producido una «huida de la victimidad de ciertos sectores feministas», tal como apunta HERRERA MORENO, M. (2014): «¿Quién teme a la victimidad? El debate identitario en Victimología», en *Revista de Derecho Penal y Criminología*, 3ª época, nº 12, julio 2014, pág. 394. ARENAS GARCÍA, L., *et al.* (2013), *op.cit.*, pág. 10, recogen la preocupación que sienten los agentes de policía de su estudio ante la política de «riesgo cero» derivada de la presión de ciertos grupos y el automatismo que provoca la sensación de que la interposición de denuncia ante un suceso que crea alarma social es siempre necesaria, algo que puede ir en detrimento de la investigación.

30. Para HERRERA MORENO, M. (2014), *op.cit.*, pág. 373, «(...) el sistema social ha pasado de identificar víctimas a identificarse a sí misma como víctima». RODRÍGUEZ MESA, M.J. (2013): «La Directiva 2011/92/UE relativa a la lucha contra los abusos sexuales y la explotación sexual de los menores y la pornografía infantil. Especial referencia a su transposición en el Anteproyecto de Reforma de Código Penal», en *Revista de Derecho y Proceso Penal*, n.º 32, 2013, pág. 231, considera que se ha producido un cambio de enfoque del sistema desde un punto de vista criminocéntrico a otro victimocéntrico. Para una revisión histórica del papel de la víctima en el sistema penal, ver CEREZO DOMÍNGUEZ, A.I. (2010): *El protagonismo de las víctimas en la elaboración de las leyes penales*, Tirant Lo Blanch, págs. 13 y ss., quien pone de manifiesto el diferente trato recibido y los distintos objetivos conseguidos por las víctimas asociadas y las que no lo están.

31. RAMÍREZ ORTIZ, J.L. (2021), *ob.cit.*, págs. 499 y ss., llama la atención sobre la falta de fundamento criminológico sólido de la reforma de los delitos sexuales recientemente aprobada (LO 10/2022), pues no existen datos empíricos suficientes para considerar que la solución a los problemas que se plantean pase por una nueva reforma del Código penal, en lugar de centrar la atención en las prácticas de enjuiciamiento y las técnicas de investigación.

32. DÍEZ RIPOLLÉS, J.L. (2019): «Alegato contra un derecho penal sexual identitario», en *Revista Electrónica de Ciencia Penal y Criminología*, 2019, 21-09, pág. 6, considera que se pasa así de un reconocimiento de la libertad sexual desde el libre desarrollo de la personalidad, a un enfoque colectivo que no entiende la libertad sexual si no es desde el punto de vista feminista y la perspectiva de género. HERRERA MORENO, M. (2014), *op.cit.*, pág. 345, señala que el concepto hasta hace poco no controvertido de «victimidad» era entendido como «concentración, en una persona o colectivo victimizado, de un conjunto de rasgos y condiciones precisas para el refrendo comunitario, político y jurídico de la injusticia sufrida», accediendo así, dentro del Estado de derecho a un «ámbito público de reconocimiento». Sin embargo, la autora señala que hay un planteamiento reciente que considera que «dicho reconocimiento pende (...) de condiciones políticas y socio-culturales de sentido interaccionista simbólico, no solo creativo sino performativo: la víctima

víctima en la legislación, inicialmente centrada en la violencia machista, ha diluido el enfoque feminista original al integrarlo en una categoría más amplia de protección de la vulnerabilidad[33].

Como cuarto elemento característico del modelo penal de la seguridad ciudadana, la creciente politización del sistema penal ha propiciado una dinámica en la que se emplean estrategias propias del populismo punitivo. Entre ellas destacan la intensa cobertura mediática de determinados sucesos, la difusión de discursos alarmistas sobre la inseguridad y la presunción de que la ciudadanía no está dispuesta a aceptar una gestión racional y ponderada de la delincuencia[34]. En este contexto, los poderes públicos suelen aprovechar la repercusión social de ciertos hechos para transmitir una imagen de respuesta inmediata a las preocupaciones ciudadanas, lo que a su vez abre espacio a la influencia de distintos grupos de presión[35]. Algunos sectores dentro de estos grupos, como por ejemplo

---

solo será reconocida en tanto se adecue a las exigencias subterráneas de la victimidad, pero, en tanto se acomoda a ellas podrá experimentar un proceso que alterará sus señas de identidad social y su auto-percepción (…)».

33. GARCÍA FIGUEROA, A. (2021): «La génesis populista del feminismo punitivo», en *Anales de la Cátedra Francisco Suárez*, Protocolo I, pág. 31, en un sentido muy crítico con el «feminismo de Estado» y considerando que las movilizaciones del populismo en la calle «se han transformado ya en iniciativas legislativas del populismo en el poder». VILLACAMPA ESTIARTE, C. (2018), *op.cit.*, pág. 32, alerta sobre el escollo que supone para la protección de las víctimas y la prevención el hecho de que el sistema se haya centrado en la persecución de las conductas delictivas desde «un derecho penal punitivista, que en ocasiones no solo no es capaz de proteger a las víctimas, sino que las infantiliza y se vuelve contra ellas».

34. ORTIZ DE URBINA GIMENO, Í. (2025): «La ley penal: manual de producción para el legislador honesto», en *Teoría y Derecho: Revista de pensamiento jurídico*, n.º 38, 2025, págs. 46 a 49, hace un interesante estudio sobre el uso de la proposición de ley o del proyecto de ley en las reformas del Código penal en cada legislatura, destacando un mayor uso de las proposiciones de ley en las últimas dos legislaturas. Tal como explica el autor, las exigencias que la normativa establece para el proyecto de ley son idóneas para lograr un producto normativo mejor, pues incluyen requisitos en las «fases de planificación, redacción del texto (con previsión de la participación ciudadana), elaboración de una Memoria de Análisis de Impacto Normativo y, en algunos casos, informes de emisión obligatoria y/o previsión de evaluación ex post». Estas cualidades que, además, también implican mayor reflexión y transparencia, «pueden resultar incómodas desde un punto de vista político-partidista», lo que podría ser un aliciente para acudir a la tramitación a través de proposición de ley. En el caso concreto de los delitos sexuales y concretamente de pornografía infantil, las reformas más significativas (1999, 2003, 2010, 2015) se han tramitado como proyectos de ley, haciéndolo como proposiciones de ley las de 2021, 2022 y 2023, que sin embargo no han supuesto cambios importantes en el art. 189, donde se regulan.

35. Aunque el conocimiento experto coincida en ocasiones con las demandas de estos grupos, el legislador a menudo las atiende en función de los tiempos políticos. Sucedió, por ejemplo, con la ampliación del inicio del cómputo del plazo de prescripción en delitos sexuales sobre menores de edad hasta que la víctima haya cumplido 35 años y no como se establecía hasta ese momento en la mayoría de edad. Aunque en este caso el conocimiento criminológico sobre el tema apuntaba las dificultades que suelen existir para tomar conciencia de que se ha sido víctima de abusos sexuales en la infancia, sobre todo cuando se ha producido en un entorno familiar (por ejemplo, PEREDA, N., GRECO, A.M., HOMBRADO, J., SEGURA, A. (2018): «¿Qué factores inciden para romper el silencio de las víctimas de abuso sexual?», en *Revista Española de Investigación Criminológica (REIC)*, n.º 16, 2018, págs. 2 y ss.), la reforma no se ha llevado a cabo hasta que se ha iniciado una campaña intensa y muy mediática por la organización *Save The Children* (que pedía comenzar el plazo cuando

en el movimiento feminista, han reproducido, aunque con objetivos legítimos, determinadas dinámicas populistas, formulando demandas y estrategias centradas en soluciones predominantemente punitivas.

En quinto lugar, puede observarse una intensificación general del componente aflictivo de las penas, especialmente a través de la expansión del recurso a la prisión, pese a que España no presenta tasas de delincuencia elevadas en el contexto europeo. Las reformas legislativas de los delitos sexuales han seguido esta misma lógica, incrementando la respuesta punitiva y endureciendo las condiciones de cumplimiento[36]. Sin embargo, en la práctica, dichos cambios han producido en algunos casos efectos contrarios a los esperados[37], limitando su eficacia para prevenir el delito, proteger realmente a las víctimas y evitar su estigmatización o la victimización secundaria. Ante esta situación, la doctrina aboga por reorientar las políticas públicas hacia la especialización de los operadores jurídicos y la promoción de mecanismos alternativos de resolución de conflictos que resulten más adecuados para este tipo de fenómenos[38].

En sexto lugar, algunas reformas penales vinculadas al modelo de seguridad ciudadana tienden a ignorar las circunstancias socioeconómicas y culturales que inciden en la comisión de los delitos, partiendo de la idea de que el infractor actúa de forma plenamente racional y, por ello, es responsable de su propia re-

---

la víctima cumpliese 50 años). Más información de la campaña en https://www.savethechildren.es/notasprensa/save-children-lanza-rompo-el-silencio-para-denunciar-los-abusos-sexuales-en-la-infancia. Respecto a estos plazos de prescripción y, en especial al comienzo del cómputo, la Fiscalía General del Estado apuntaba ya en 2017 en las conclusiones de las Jornadas de Fiscales Delegadas/os de Menores, que sería conveniente excluir del art. 132 CP a los menores de 14 a 17 años respecto a la extensión de dicho cómputo, al ser contrario a los fines perseguidos por el sistema de justicia juvenil y no estar pensado para su aplicación «a adultos que pueden superar incluso la treintena».

36. Respecto a la LO 10/2022, en un análisis previo a su aprobación, RAMÍREZ ORTIZ, J.L.: (2021), *op.cit.*, págs. 511 y ss., destacaba el endurecimiento que iba a suponer la regulación de algunos delitos sexuales. Como ejemplo de alguna de las pocas reformas que implican un reconocimiento de derechos de las mujeres sin suponer un incremento punitivo o una ampliación de los tipos penales, destaca la LO 2/2010, reguladora del aborto.

37. Lo ponen de manifiesto respecto a los delitos de violencia de género, por ejemplo, LAURENZO COPELLO, P. (2007): «Violencia de género y Derecho penal de excepción: entre el discurso de la resistencia y el victimismo punitivo», en *Cuadernos de Derecho Judicial*, nº 9, 2007, pág. 61; y PRIETO DEL PINO, A.M. (2016): «Diez años de derecho penal español contra la violencia de género: maltrato habitual y maltrato ocasional en la pareja», en *Revista Nuevo Foro Penal*, vol. 12, nº 86, enero-junio 2016, pág. 153.

38. VILLACAMPA ESTIARTE, C. (2020): «Justicia restaurativa en supuestos de violencia de género en España: situación actual y propuesta político-criminal», en *Política Criminal*, vol. 15, nº 29, artículo 3, julio 2020, págs. 63 y ss., propone que se suprima el actual art. 87 ter 5 de la Ley Orgánica del Poder Judicial que prohíbe la mediación en casos de violencia de género, considerando que tanto la experiencia de otros países como la propia de España en otros delitos es muy positiva, y que podrían aplicarse medidas para garantizar el equilibrio de fuerzas entre las partes. En una tendencia contraria a la propuesta, la LO 10/2022 ha suprimido de la ley de responsabilidad penal del menor la posibilidad de sobreseimiento por conciliación en delitos sexuales y de violencia de género, salvo que la víctima lo solicite expresamente (art. 19.2 LO 5/2002). También se ha suprimido del Estatuto de la Víctima la posibilidad de mediación y conciliación en supuestos de violencia sexual y violencia de género (art. 3.1 L 4/2015).

inserción. Bajo esta lógica, la reincidencia se interpreta como un fracaso individual y no del sistema, lo que desplaza el foco hacia el control del delincuente en lugar de promover respuestas de alcance terapéutico, asistencial o preventivo. En el ámbito de la violencia de género y los delitos sexuales, esta perspectiva conduce a reformas que se limitan a ciertas manifestaciones desatendiendo otras[39], o persiguen fines distintos a los declarados, como ocurre en algunos casos con la regulación del delito de trata[40]. En cualquier caso, como se verá en este trabajo, precisamente en el ámbito de los delitos sexuales se cuenta con evidencia científica acerca del efecto reductor de la reincidencia que tienen los programas de intervención penitenciaria[41].

Relacionado con lo anterior, otro de los rasgos del modelo penal securitario se manifiesta en la asimilación, por parte de la ciudadanía, de una lógica de confrontación que identifica al delincuente como «el otro» o «el enemigo». En el contexto de la delincuencia sexual, la situación de pánico moral antes descrita favorece la aparición de una serie de mitos acerca de los sujetos infractores, que se fijan en el imaginario colectivo acentuando la percepción de un perfil único, extraño y despiadado. Este cambio cultural implica una menor desconfianza hacia el poder punitivo del Estado y la aceptación e incluso demanda de medidas que en el pasado habrían resultado incompatibles con un sistema garantista, como la legislación excepcional o el derecho penal de autor[42], intromisiones muy intensas en los

---

39. PRIETO DEL PINO, A.M., (2016), *op.cit.*, pone de manifiesto que en la regulación de la violencia de género llevada a cabo por la LO 1/2004 no se atendía a posibles delitos que se cometiesen fuera del seno de la pareja (actual o anterior), ni tampoco se tenía en cuenta el componente de género en otras posibles conductas como las agresiones a la vida o los delitos sexuales. En posteriores reformas se ha ampliado el ámbito de aplicación de la agravante genérica de motivos discriminatorios del art. 22.4 CP a cualquier delito (LO 1/2015 y LO 8/2021).

40. MAQUEDA ABREU, M.L. (2007), *op.cit.*, págs. 14 y ss., llama la atención sobre la reforma de la trata llevada a cabo por la LO 11/2003 que impuso una interpretación de la regulación como control de los flujos migratorios o la política económica del Estado, de manera que las propias mujeres (migrantes irregulares) se convierten en las primeras perjudicadas de la persecución penal, y desde el feminismo se considera que las mujeres que deciden prostituirse y emigrar con ese fin son seres vulnerables o «esclavas sexuales» que no tienen capacidad de consentir en ese contexto.

41. Destacan los trabajos de Santiago Redondo y su equipo en este ámbito. Una recopilación de estudios en los que se ha evaluado la eficacia de algunos de estos programas a nivel internacional se puede ver en NGUYEN T., FRERICH, N., REDONDO ILLESCAS, S., ANDRÉS PUEYO, A. (2014): «Reinserción y gestión del riesgo de reincidencia en agresores sexuales excarcelados: el proyecto "Círculos de Apoyo y Responsabilidad" en Cataluña», en *Boletín Criminológico*, vol. 20, n.º 151, 2014, págs. 4 y ss., destacando que la reincidencia se llega a reducir hasta en un 82%. MARTÍNEZ-CATENA, A., REDONDO, S. (2016): «Etiología, prevención y tratamiento de la delincuencia sexual», en *Anuario de Psicología Jurídica*, vol. 26, n° 1, págs. 19-29, destacan la necesidad de detectar y prevenir conductas sexuales graves ya desde la infancia y la adolescencia en contextos educativos, familiares y de justicia juvenil, en su caso.

42. VILLACAMPA ESTIARTE, C. (2015), *op. cit.*, págs. 84 y ss., quien describe cómo en el contexto de Estados Unidos se generó una imagen estereotipada del delincuente sexual que ha facilitado la adopción de medidas de excepción sobre las que se plantea la inconstitucionalidad. Así, al agresor sexual se le describe como una persona normalmente desconocida para la víctima, a la que elige al azar (*stranger danger*); enfermo incurable (generalmente pedófilo) y, por tanto, con alta probabilidad de reincidir; y con características semejantes a las de otros delincuentes sexuales, de manera que

derechos de los condenados[43] y de la ciudadanía en general[44]. En este contexto, el tradicional equilibrio entre seguridad y libertad se inclina decididamente hacia la primera. Parte del movimiento feminista ha contribuido, además, a legitimar este discurso, trasladándolo al ámbito social y político, de modo que ciertas reformas antes cuestionadas resultan hoy ampliamente aceptadas[45]. Paralelamente, algunos operadores jurídicos han incorporado a su lenguaje expresiones propias de contextos menos formales, reflejando la permeabilidad de esta retórica punitiva[46].

En ocasiones, el sistema penal traslada a la ciudadanía la responsabilidad del control del desorden social o asume su incapacidad para gestionar determinadas formas de delincuencia, lo que conlleva una cierta privatización de su función. En el ámbito de los delitos con componente de género, las últimas reformas han excluido la posibilidad de resolución del conflicto mediante mecanismos desjudicializadores, como la mediación o la conciliación. No obstante, se observa una transferencia de responsabilidad hacia las víctimas, a quienes se exige que sus decisiones se ajusten al esquema de control penal previsto, cuestionándose su credibilidad o coherencia cuando deciden no denunciar, o su actitud previa no es coherente según los esquemas de la lógica de pensamiento machista.

Por otro lado, el legislador español suele invocar la necesidad de adecuarse a las directrices supranacionales para justificar reformas penales, aunque a menudo introduce cambios de mayor alcance que los exigidos[47]. En el ámbito de los

---

todos ellos conforman un grupo homogéneo sin diferencias entre sí. En este trabajo se abordará precisamente el corpus empírico que ya ha puesto de manifiesto que dicha imagen no se corresponde con la realidad en muchos casos.

43. En el contexto español, se ha llegado a plantear el tratamiento farmacológico inhibidor del deseo sexual, incluido en la disposición final segunda del Anteproyecto de la ley orgánica de garantía integral de la libertad sexual de 2022, como modificación de la LO 1/1979 General Penitenciaria, proponiendo añadir un apartado 4 al art. 66 y un nuevo art. 74 bis, que establecían dicha posibilidad. Aunque se exigía expresamente el consentimiento del penado para aplicarlo y se establecía que la aceptación o rechazo del tratamiento no podría llevar aparejadas consecuencias positivas o negativas para su situación penitenciaria, en la práctica es evidente que ello conlleva una presión para el penado que quiere disfrutar de permisos.

44. En la medida en que se sancionan conductas de posesión para uso privado de material pornográfico infantil ficticio, es decir, totalmente generado de manera artificial, en el que no se ha afectado ningún bien jurídico, cabe plantearse si no se esta produciendo una intromisión en la libertad sobre las preferencias sexuales de los ciudadanos y, por ello, una ruptura de los principios de lesividad, responsabilidad por el hecho e impunidad del mero pensamiento.

45. En el comunicado de prensa «En defensa de la Ley Integral contra la Violencia de Género», de 5 de septiembre de 2006, firmado por varias asociaciones de mujeres, se pedía la supresión de la dispensa de declarar en juicio del art. 416.1 LECr (algo que finalmente se ha producido), utilizando términos como «terrorismo sexista» para cualquier acto de violencia de un hombre sobre una mujer o sus hijos, y adoptando un lenguaje simbólico del enemigo, como señala LAURENZO COPELLO, P., (2007), *op.cit.* Esta postura contrasta con la crítica desde el movimiento feminista a la exclusión del perdón en los delitos sexuales tras la reforma de 1989, por privar a la mujer de su capacidad de decidir, tal como describe MAQUEDA ABREU, M.L. (2007), *op.cit.*, pág. 7.

46. RAMÍREZ ORTIZ, J.L. (2021), *op.cit.*, pág. 512, señala que hay una «jurisprudencia creciente que empieza a hablar, sin rubor alguno, en los casos de delincuencia sexual, de "maldad intrínseca"», como por ejemplo sucede en la STS 454/2021.

47. GARCÍA MAGNA, D. (2018), *op.cit.*, págs. 145 y ss.

delitos sexuales, contra menores de edad y de violencia de género, son varios los instrumentos internacionales que establecen pautas de regulación más o menos preceptivas (como la Convención sobre la eliminación de todas las formas de discriminación contra la mujer de 1979, las Recomendaciones del Comité CE-DAW, el Convenio de Varsovia de 2009, el Convenio de Estambul de 2011, el Convenio de Lanzarote de 2007, la Decisión Marco 2004/68/JAI y la Directiva 2011/92/UE), que pueden derivar en un déficit democrático y una pérdida de autonomía legislativa. En la práctica, las referencias a estos textos suelen emplearse más como fundamento de reformas punitivas que como impulso hacia políticas menos severas, como ha ocurrido en el ámbito de la pornografía infantil[48] o en la tramitación de la Ley Orgánica 10/2022, de garantía integral de la libertad sexual, acerca de las cuestiones que establece el Convenio de Estambul y que, supuestamente, la legislación española no estaba cumpliendo. Durante la tramitación de la ley se puso de manifiesto por la doctrina lo incierto de algunos de esos argumentos, que podían suponer una reforma más extensa que lo requerido o directamente innecesaria[49].

Finalmente, desde la dogmática penal y la criminología se observa también una progresiva aunque aún tímida asimilación de los discursos securitarios, en parte influida por el denominado feminismo punitivo, que ha impulsado propuestas como la exclusión de la mediación penal en delitos sexuales y de violencia de género[50] o la eliminación de la distinción entre agresión y abuso sexual[51].

---

48. Como se analizará más adelante, la Decisión Marco 2004/68/JAI de la Unión Europea recogía la posibilidad de excluir la responsabilidad penal en delitos de posesión de pornografía infantil para uso propio cuando existiese consentimiento del menor, y también cuando el material se hubiese producido por el propio sujeto activo para su uso privado y no se hubiese utilizado realmente a un menor de edad, sino solo su voz o imagen alteradas. Sin embargo, ninguna de las dos posibilidades de exclusión de la responsabilidad penal fue recogida por el legislador español.

49. Así, RAMÍREZ ORTIZ, J.L. (2021), *op.cit.*, págs. 490 y 491; VARELA CASTEJÓN, X. (2021): «Notas sobre la propuesta de reforma de los delitos contra la libertad sexual» en *Boletín n° 13, Comisión Penal*. Juezas y jueces para la democracia, Volumen II. Monográfico «Anteproyecto de Ley Orgánica de Garantía Integral de la Libertad Sexual», marzo 2021, págs. 21 y 22. HAVA GARCÍA, E. (2019): «Los delitos de tenencia de material pornográfico: Algunos problemas dogmáticos y otras dificultades relacionadas con su aplicación a las descargas de archivos a través de redes P2P», en RODRÍGUEZ MESA, M.J. (2019), *Pederastia. Análisis jurídico-penal, social y criminológico*, Ed. Aranzadi, págs. 391 y 392, nota 8, llama la atención sobre el hecho de que el Informe de la Comisión Europea sobre el cumplimiento de la Decisión Marco 2004/68/JAI indicaba que España no cumplía determinados aspectos que en realidad sí estaba cumpliendo. En el mismo sentido crítico, GARCÍA MAGNA, D. (2018), *op.cit.*, págs. 153 y 154, destaca otros ámbitos en los que el legislador ha utilizado dicho argumento, para reformar la edad de consentimiento sexual, la pornografía infantil, el terrorismo, los delitos de discriminación o las prerrogativas de la víctima en el ámbito de ejecución penitenciaria.

50. ECHANO BASALDÚA, J.I. (2013): «Mediación penal entre adultos: ámbito de aplicación en atención a la clase de infracción», en *Cuadernos Penales José María Lidón*, n° 9, 2013, págs. 157-204. MARTÍN DIZ, F. (2012): *La mediación en materia de familia y derecho penal. Estudios y análisis*, Dykinson, págs. 20 y 21.

51. MARTÍNEZ PERZA, C. (2021): «Sobre la necesidad de reforma de los delitos sexuales en el código penal», en *Boletín n° 13, Comisión Penal*. Juezas y jueces para la democracia. Volumen II. Monográfico «Anteproyecto de Ley Orgánica de Garantía Integral de la Libertad Sexual», marzo 2021, pág. 9, no obstante, a favor de graduar la responsabilidad por la mayor o menor gravedad de la

En el tema concreto de la pornografía infantil también son varias las voces que apoyan la regulación actual que incluye conductas en las que no ha sido utilizado ni aparece ningún menor de edad real[52] o que hacen propuestas que suponen una expansión de la intervención penal[53].

En definitiva, considero que la identificación de todos estos rasgos en el tratamiento por el sistema penal de los delitos sexuales, justifica que se pueda partir del modelo de seguridad ciudadana para realizar un análisis de algunas de las cuestiones problemáticas que la tipificación de los delitos relacionados con pornografía infantil plantea.

---

forma de comisión y acto de que se trate. Por su parte, a favor de eliminar la distinción, ALTUZARRA ALONSO, I. (2020): «El delito de violación en el código penal español: Análisis de la difícil delimitación entre la intimidación de la agresión sexual y el prevalimiento del abuso sexual. Revisión a la luz de la normativa internacional», en *Estudios de Deusto*, 68/1, enero-junio 2020, pág. 545, por considerar que la regulación española no estaba cumpliendo lo establecido en el Convenio de Estambul.

52. Alude críticamente a algunas de las propuestas de construcción de un bien jurídico colectivo que legitime la extensión de los tipos penales en este ámbito, TERRADILLOS BASOCO, J.M. (2019), *op.cit.*, págs. 370 y 371.

53. Por ejemplo, AGUSTINA, J.R. (2010): «¿Menores infractores o víctimas de pornografía infantil? Respuestas e hipótesis criminológicas ante el sexting», en *Revista Electrónica de Ciencia Penal y Criminología*, 12-11 (2010), pág. 41, antes de la tipificación del sexting, siguiendo la tendencia de algunos estados de EEUU, proponía incluir en el art. 189 al menor que produjera imágenes pornográficas de sí mismo o de otro con el que mantuviera una relación sexual y le diera difusión a terceros, y a quienes transmitieran o recibieran dichas imágenes.

3. ESTRATEGIAS PÚBLICAS DE PROTECCIÓN DE LA INFANCIA Y LA ADOLESCENCIA FRENTE A LOS DELITOS SEXUALES

La prevención, regulación y sanción de conductas sexuales dirigidas a menores de edad se ha convertido en un tema central en las estrategias públicas de protección de la infancia y la adolescencia. Desde diversas instituciones se han articulado medidas y se han elaborado documentos específicos a modo de protocolos de identificación y prevención de estas conductas[54], aunque algunas organizaciones han puesto de manifiesto que estos no son suficientes en algunos casos y en otros se observan claros puntos de mejora, especialmente en contextos en que los menores de edad se encuentran institucionalizados[55].

---

54. Por ejemplo, la «Guía de indicadores para la detección de casos de violencia sexual y pautas de actuación dirigidas a los centros de protección de menores», de la Junta de Andalucía (disponible en https://www.juntadeandalucia.es/servicios/publicaciones/detalle/79455.html), o la «Guía de buenas prácticas para la prevención y protección del abuso y la explotación sexual infantil», del Observatorio de la Infancia (Ministerio de Sanidad, Servicios Sociales e Igualdad, 2017), disponible en https://www.observatoriodelainfancia.es/oia/esp/descargar.aspx?id=5469&tipo=documento. Una recopilación y análisis de los protocolos existentes para prevenir las distintas formas de violencia, incluida la sexual, en el ámbito deportivo, en BENÍTEZ JIMÉNEZ, M. J. (2024): «Protocolos de actuación frente a la violencia sexual en el ámbito del deporte y del ocio y la figura del Delegado/a de protección de menores», en *Boletín Criminológico*, artículo 3/2024_30_años_BC (nº 225), págs. 9 y 10.

55. FUNDACIÓN RAÍCES (2024) *Informe Alternativo al Informe del Estado. VII Ciclo del procedimiento de informes periódicos a España ante el Comité de Derechos del Niño*. Disponible en https://fundacionraices.org/wp-content/uploads/2024/09/INFORME-ALTERNATIVO-FUNDACION-RAICES-COMITE-DERECHOS-NINO-ONU.pdf, pág. 5, llama la atención sobre el hecho de que la propia LO 8/2021 de protección integral a la infancia y la adolescencia frente a la violencia (LOPIVI), no contempla una adecuada protección para los menores de edad frente a la violencia institucional, por ejemplo, aquella sufrida dentro del sistema de protección, de manera que inexplicablemente se

Concretamente en lo que respecta a las conductas que se realizan en alguna de sus fases fundamentalmente en ámbitos tecnológicos, como por ejemplo la pornografía infantil, se han puesto en marcha estrategias para mejorar las acciones de inteligencia e investigación, como potenciar la actuación de las unidades especializadas en prevención a través de la identificación de delitos cometidos en la red contra víctimas sensibles para reducir su vulnerabilidad, la investigación de hechos cometidos en ámbitos de difícil acceso y el análisis forense de dispositivos[56]. No obstante, los datos disponibles alertan de que en situaciones deter-

---

prevén menos medidas preventivas en los centros de acogimiento residencial que en otros ámbitos como el educativo y el deportivo (por ejemplo, no existe en los centros de protección una figura parecida al Coordinador de Bienestar propio de los entornos educativos y de ocio).

56. Como, por ejemplo, las investigaciones policiales realizadas en operaciones como Trojan, Downfall2 o Feras, en las que han intervenido unidades especializadas de la INTERPOL, EUROPOL, el FBI o el Grupo de Protección a la Infancia de la Brigada Central de Investigación Tecnológica de la policía nacional. Es muy importante en este ámbito el papel del «agente cibernético encubierto», previsto tanto en la Estrategia de Ciberseguridad Nacional de 2013, como en el tercer eje de actuación de la Estrategia Nacional contra el Crimen Organizado y la Delincuencia Grave 2019-2023, como recuerdan SÁNCHEZ PÉREZ C., y JORDÁ SANZ, C. (2021): «La investigación a través de Deep Web y Dark Web. Un estudio exploratorio empírico», en *Cuadernos de la Guardia Civil: Revista de Seguridad Pública*, nº 64, pág. 75, quienes realizan un estudio de sentencias en las que los sujetos juzgados se han servido de la Dark Web o la Deep Web (ámbitos de internet de difícil acceso para los motores de búsqueda habituales, limitando aún más dicho acceso los contenidos que se encuentran en la primera de ellas, debido a las técnicas de cifrado que incorporan para conseguir la anonimización). Respecto a los delitos de pornografía infantil, las autoras destacan que en el 71% de las sentencias analizadas, el papel de la Dark Web y la Deep Web fue determinante o principal, siendo accesorio solo en el 29% de los casos. En el estudio de sentencias se comprueba que la mera identificación de un usuario en los foros de intercambio de material pornográfico supone la constatación de que ha realizado la conducta de consumo, pero también la distribución de dicho material, aunque no quede acreditada esa actividad, sobre todo si se tiene cierto nivel de privilegios dentro del foro, ya que solo se permite formar parte de ellos a personas que suben contenidos al menos una vez al mes. Lo mismo ocurre cuando la entrada y registro en el domicilio da como resultado el descubrimiento de material pedófilo almacenado y de un navegador especial para la Dark Web, como la red Tor, instalado en los dispositivos digitales hallados (pág. 85). Por su parte, VALLS PRIETO, J., y GALLO SERPILLO, F.D. (2022): «El arte de pescar en aguas profundas: Metodología de investigación criminológica basada en Dark Web y Honeypots», en *Cuadernos de Política Criminal*, 138(1), págs. 223-253, proponen una metodología de investigación policial para obtener información sobre zonas de alto riesgo de comisión de delitos en internet, especialmente de tráfico de drogas y de pornografía infantil, mediante la creación de servicios de venta de material ilícito a los que acudirían las personas interesadas, permitiendo crear un mapa de zonas de riesgo a partir de los puntos geográficos de las IP desde donde se realizan las conexiones. Un estudio detallado sobre diferentes técnicas de identificación tanto de las fuentes como de la autenticidad del material, se puede encontrar en ARENAS GONZÁLEZ, D.M. (2015): *Técnicas de identificación de la fuente de adquisición en imágenes digitales de dispositivos móviles*, tesis doctoral (Universidad Complutense de Madrid. Dir.: L.J. García Villalba). Sobre la dificultad de la prueba en juicio en este ámbito, NIEVA FENOLL, J. (2024): «La prueba de los *deepfakes* pornográficos: IA sobre IA», en *Diario La Ley*, n.º 10516, 30 mayo 2024; DELFINO, R.A. (2025): «Deepfakes on Trial 2.0: A Revised Proposal for a New Federal Rule of Evidence to Mitigate Deepfake Deceptions in Court», en *Loyola Law School, Los Angeles Legal Studies Research Paper*, n.º 2025-10; INTERPOL (2024): «Combatting Deepfakes with the Science of Micro Expressions», en *Interpol Innovation Snapshots*, vol. 4, issue 6, december 2024, pág. 1 (disponible en https://www.interpol.int/content/download/22453/file/Innovation%20Snapshots%20Volume%20 4%20Issue%206%20DEC%202024.pdf). A nivel institucional son ya numerosos los informes y protocolos de prevención e investigación de estas nuevas modalidades delictivas, tales como CONSEJO DE SEGU-

minadas en las que los menores tienen menos posibilidades de pedir ayuda por sí mismos, como sucedió durante las semanas de confinamiento debido a la pandemia de 2020[57], se producen repuntes muy relevantes de estas conductas, poniendo así de manifiesto que hay ámbitos y/o situaciones sobre los que es necesario incidir tanto en la prevención como en la intervención punitiva, como puede ser el caso de los menores tutelados. El presente trabajo se sitúa en el marco de un proyecto de investigación con un enfoque preventivo de ámbito territorial autonómico, que aborda aspectos específicos de la protección de las víctimas, centrándose en aquellos menores en riesgo de exclusión que se encuentran institucionalizados, ya sea en centros de internamiento o de protección[58]. Tal como se recoge en algunos informes, los menores de edad en situación de tutela constituyen un colectivo especialmente vulnerable a la explotación sexual de la infancia y la adolescencia, pudiendo distinguirse varias situaciones: menores que comienzan a ser víctimas una vez iniciada la situación de tutela, aquellos que ya eran víctimas antes de ser tutelados pero continúan en riesgo una vez iniciada la medida de protección, y menores que captan a otros menores para su explotación en la prostitución o la producción de imágenes pornográficas[59]. En el contexto de dicho proyecto se ha podido estudiar este fenómeno y confirmar

---

RIDAD NACIONAL (2019): *Estrategia Nacional contra el Crimen Organizado y la Delincuencia Grave (2019-2023).* Disponible en https://www.dsn.gob.es/es/publicaciones/estrategias-sectoriales/ENCODG2019-2023; EUROPOL Innovative Lab (2022): *Facing reality? Law Enforcement and the Challenge of Deepfakes.* European Union Agency for Law Enforcement Cooperation (disponible en https://www.europol.europa.eu/cms/sites/default/files/documents/Europol_Innovation_Lab_Facing_Reality_Law_Enforcement_And_The_Challenge_Of_Deepfakes.pdf); NEGREIRO, M. (2025): Children and Deepfakes, en *European Parliamentary Research Service EPRS*, julio 2025 (disponible en https://www.europarl.europa.eu/RegData/etudes/BRIE/2025/775855/EPRS_BRI(2025)775855_EN.pdf), págs. 1-8.

57. FISCALÍA GENERAL DEL ESTADO (2021): *Memoria de la Fiscalía general del Estado*, Capítulo V. En el año 2020, a partir de la información facilitada por la Unidad Especializada en Criminalidad Informática, las actividades relacionadas con la explotación sexual online se incrementaron diariamente tras la declaración del estado de alarma en un 449% —de 105 a 578 reportes diarios— llegando al 730% en los momentos de confinamiento más intenso. Del mismo modo, el volumen de direcciones IP relacionadas con el tráfico de material ilícito en redes P2P se elevó en un 19,63% a partir de la declaración del estado de alarma, llegando al 23,76% en el periodo de confinamiento total. Por otro lado, entre el 15 de marzo y el 30 de abril de 2020 se registraron por la Unidad Central de Ciberdelincuencia del Cuerpo Nacional de Policía 1.732 avisos/denuncias de particulares por detección online de material pedófilo, lo que supone un aumento del 352% respecto al mismo periodo del año 2019. En cualquier caso, como se verá en este trabajo, teniendo en cuenta que se incluyen entre las conductas de consumo y de tráfico aquellas relacionadas con material ficticio en el que no se ha utilizado a menores reales, las conclusiones sobre el enorme incremento en el número de conductas detectadas en contextos de confinamiento deben ser relativizadas.

58. ProyExcel_00514 de la Junta de Andalucía: «Medidas inclusivas para menores en situación de exclusión social».

59. FUNDACIÓN RAÍCES (2024), *op.cit.*, pág. 24, donde se incluyen ejemplos de diversas noticias en las que se da cuenta de situaciones de explotación sexual a niños y adolescentes tutelados. Por ejemplo: «Ochando, L., 25 de mayo de 2017: "La Fiscalía investiga dos casos de prostitución con menores internos en Monteolivete" (Valenciaplaza.com); 12 de noviembre de 2016: "Seis detenidos por supuesta relación con la trama de prostitución de menores tutelados por la Diputación". (Elpais.com); Guindal, C., 3 de enero de 2021: "Detenidas 37 personas por explotar sexualmente a menores en Madrid" (LaVanguardia.com)».

la necesidad de implantar protocolos específicos de prevención y control desde el ámbito de protección[60], siendo imprescindible también analizar cuál es la incidencia real de los delitos cometidos en estos contextos y de qué manera se están empleando los recursos disponibles y aplicando en la práctica las normas destinadas a tener en cuenta sobre todo las situaciones más graves (como las agravantes específicas aplicables en estos delitos).

Por otro lado, algunos planes estratégicos que abordan otras figuras delictivas relacionadas, han comenzado a incorporar también el interés por la pornografía ilícita. Un ejemplo de ello es el «Plan estratégico nacional 2021-2023 contra la trata de personas y la explotación de seres humanos»[61], que incluye de forma explícita la pornografía entre las finalidades a tener en cuenta en el marco de este delito, aunque no aporta datos específicos ni diferencia su tratamiento respecto a la explotación sexual. Es cierto que, en la práctica, la mayor parte de los delitos sexuales relacionados con la explotación de seres humanos se concentran en la prostitución forzada, así como en agresiones y abusos sexuales, y como se ha analizado en otro lugar[62], el análisis de las sentencias recientes emitidas por el Tribunal Supremo y las Audiencias Provinciales confirma la escasez de resoluciones que integren de forma conjunta la trata o explotación sexual y la pornografía (tanto infantil como de otro tipo), lo que sugiere que la elaboración y difusión de pornografía infantil en el contexto de la delincuencia organizada —prevista como agravante específica en el art. 189.2.f del Código Penal— tiene probablemente una mayor incidencia en la realidad de lo que reflejan las fuentes de datos disponibles.

Por otra parte, la alta incidencia de conductas relacionadas con pornografía infantil entre adolescentes, pone de manifiesto que es preciso abordar esta problemática desde ámbitos no estrictamente penales, sino sobre todo educativos, en la medida en que algunos estudios han confirmado que no existe por lo general entre esta población la percepción del alcance lesivo real de estas conductas, siendo esta franja de edad la que realiza un uso más intenso de las nuevas tecnologías[63].

---

60. GARCÍA PÉREZ, O., GARCÍA MAGNA, D., AVILÉS HERNÁNDEZ, E. (dirs.) (2025): *Medidas inclusivas para menores en situación de exclusión social*, Atelier.

61. Ministerio del Interior (2022): *Plan estratégico nacional contra la trata de personas y la explotación de seres humanos*. Disponible en https://www.interior.gob.es/opencms/pdf/prensa/balances-e-informes/2021/220112_Plan_nacional_TSH_PENTRA_FINAL_2021_2023.pdf

62. GARCÍA MAGNA, D. (2023): «Pornografía y delincuencia organizada en Andalucía», comunicación en el V Simposio de Investigación Criminológica (SEIC), julio 2023, Universidad de Valencia.

63. VILLACAMPA ESTIARTE, C. (2017): «Predadores sexuales online y menores: grooming y sexting en adolescentes», en *e-Eguzkilore.: Zientzia Kriminologikoen Aldizkari Elektronikoa. Revista electrónica de Ciencias Criminológicas*, n.º 2, destaca que, aunque los productores de material que realizan conductas de sexting primario se suelen autorresponsabilizar de su conducta, existe una tendencia a externalizar la responsabilidad sobre las consecuencias de su comportamiento entre quienes reciben el material y lo reenvían sin consentimiento. EXPÓSITO CAMACHO, P.; GARCÍA MAGNA, D. (2018): «El nuevo delito de sexting. Análisis exploratorio sobre su incidencia en adolescentes y posibles medidas para su prevención», comunicación presentada en el XII Congreso español de Criminología (SEIC), Oviedo, junio 2018, ponen de manifiesto el desconocimiento generalizado entre los adolescentes encuestados en el estudio sobre el significado (moral y jurídico-penal) de las conductas de delito de *sexting* secundario, existiendo incluso un orientador de uno de los centros que en la entrevista confiesa no saber que dicha conducta es delito. Al respecto, MARTÍNEZ OTERO

El incremento del uso de las redes sociales en internet ha supuesto un cambio rotundo en la manera en que nos relacionamos. Aunque el inicio de estas redes se sitúa en 1997 con la aparición de la plataforma sixdegrees.com, su generalización no se produce hasta después de 2006, cuando surgen *Facebook* y *Twitter* (o *Instagram* en 2010). Posteriormente, la extraordinaria evolución de los dispositivos de comunicación móviles y los precios asequibles tanto para adquirir un terminal telefónico como para contar con acceso a internet de alta velocidad, hicieron que las interacciones personales en contextos digitales se extendiesen hasta el punto de convertirse en los últimos años en formas de socialización totalmente normalizadas. A este proceso de consolidación de las relaciones sociales en espacios virtuales ha contribuido de manera indudable la aparición y constante evolución de las plataformas de mensajería instantánea. Aunque algunas ya existían a principios de esta década, es especialmente entre 2013 y 2015 cuando aplicaciones como *Whatsapp, Telegram* o *Snapchat*, se convierten en herramientas habituales de comunicación. Todo ello ha dado lugar a que sea ya muy frecuente mantener conversaciones con una o varias personas a través de dispositivos electrónicos y se haya generalizado la práctica de publicar y compartir en lugares no físicos información personal, opiniones e imágenes propias. La peculiaridad de estos nuevos espacios de interacción social es que en ellos la información permanece disponible por mucho tiempo (con algunas excepciones, como *Snapchat*) y su alcance es infinitamente mayor que cuando se comparte solo con unas pocas personas.

Al observar la cronología de estos acontecimientos, se puede comprender fácilmente que, si bien todo este proceso ha forzado un cambio radical en las formas de comunicación para quienes ya éramos adultos a comienzos de esta década, supone sin embargo una forma natural de socialización para quienes ahora son adolescentes. Por ello, en el contexto del panorama descrito se plantean nuevos retos para la protección de los derechos individuales involucrados en las relaciones interpersonales, cuyo contenido se ha visto necesariamente influido por estos cambios sociológicos (libertad de expresión, imagen, honor, intimidad, libertad sexual, etc.). Por ello, resulta indispensable llevar a cabo una revisión de algunos conceptos a partir de los cambios en las relaciones sociales, la percepción que los individuos (especialmente los adolescentes) tienen de su propia intimidad en contextos cercanos a la sexualidad, las prácticas que la llenan y vacían de contenido y, en especial, el alcance de su configuración como bienes jurídico-penales[64].

J. M. (2013): «La difusión del *sexting* sin consentimento del protagonista», en *Derecom*, n° 12 (dic-feb), pág. 15, considera que antes de proteger penalmente la «inconsistencia» de las víctimas de *sexting* de manera paternalista, sería mejor fomentar conductas responsables en las personas que interactúan en contextos digitales.

64. GARCÍA MAGNA, D. (2020): «La protección penal de la intimidad compartida», en Pinto Fontanilla, J.A.; Sánchez de la Torre, Á. (coords.) *Los derechos humanos en el siglo XXI: en la conmemoración del 70 aniversario de la Declaración*, vol. 4, 2020 (Los derechos humanos desde la perspectiva jurídica), págs. 157-162. SÁNCHEZ TERUEL, D.; ROBLES BELLO, M.A. (2016): «Riesgos y potencialidades de la era digital para la infancia y la adolescencia», en *Revista Educación y Humanismo*, 18(31), pág. 193, apuntan a que la función habitual de internet para la mayoría de los adolescentes es la de servir de extensión de sus relaciones off-line y de acontecimientos cotidianos re-

Además de las medidas para evitar y, en su caso, sancionar las conductas reprochables, también se ha avanzando en la implementación de instrumentos que permitan atender al interés superior del menor (sea víctima o victimario) cuando se ve involucrado en un procedimiento judicial. Es el caso de las estrategias públicas para evitar la victimización secundaria de los menores de edad[65], como por ejemplo, las Barnahus[66], o los proyectos que persiguen alcanzar modelos de justicia más amigables[67], como la creación de juzgados especializados en violencia contra la infancia y adolescencia, que prevé la LOPIVI y que, por ejemplo, desde octubre de 2021 se han puesto en marcha como experiencia piloto en Las Palmas de Gran Canaria, donde se encuentra el primer juzgado de este tipo que instruye todo proceso penal en el que las víctimas sean menores de edad, con espacios y unidades de atención específicas para estas víctimas y medidas de coordinación entre las distintas administraciones implicadas[68].

En el ámbito de la concienciación social sobre el alcance de estas situaciones, un estudio de Interpol basado en imágenes recopiladas en sus bases de datos pone el acento en la realidad de los menores afectados por estos delitos y subraya la necesidad de que tanto las fuerzas del orden como las autoridades judiciales, la ciudadanía y los medios de comunicación modifiquen la terminología empleada[69]. Se propone así abandonar expresiones como «pornografía infantil» en favor de términos que den mayor relevancia a la dimensión del abuso y se distancien de su aspecto erótico, tales como «abuso sexual de menores» o «explotación sexual de menores». Si bien desde una perspectiva sociológica, esta terminología puede contribuir a enfatizar las conductas subyacentes al producto final de la pornografía ilícita, también existe el riesgo de difuminar los límites entre delitos de distinta naturaleza, especialmente cuando la legislación establece diferencias claras entre

---

lacionados con la escuela y actividades con amigos, por lo que constituye un instrumento de autorrevelación, que puede resultar también muy útil para detectar posibles situaciones de riesgo.

65. «Estrategia Estatal de Derechos de la Infancia y la Adolescencia (2023-2030)». Centro de Publicaciones del Ministerio de Derechos Sociales y Agenda 2030, págs. 43 y 44. Disponible en: https://www.juventudeinfancia.gob.es/sites/mijui.gob.es/files/Estrategia_Estatal_Derechos_InfanciayAdolescencia.pdf, en los ejes dedicados a garantizar entornos seguros para los niños, niñas y adolescentes, se hace referencia a una atención especializada y multidisciplinar a los menores que han sufrido o ejercido violencia, y un abordaje multidisciplinar, coordinado y eficaz de las políticas y medidas para erradicar la violencia (líneas 4, 5 y 6).

66. PEREDA, N., BARTOLOMÉ, M., RIVAS, E. (2021): «Revisión del Modelo Barnahus: ¿Es posible evitar la victimización secundaria en el testimonio infantil?» en *Boletín Criminológico*, vol. 27, artículo 1/2021 (nº 207), págs. 4 y ss.

67. FERNÁNDEZ MOLINA, E.; BLANCO MARTOS, B. (2015): «Avanzando hacia una "child-friendly justice". Un estudio sobre la accesibilidad de la justicia juvenil española», en *Boletín Criminológico*, vol. 21, artículo 4/2015, n.º 157; NAVARRO VILLANUEVA, C. (2020): «La implantación de una child-friendly justice en el sistema de enjuiciamiento penal en España», en *Boletín Criminológico*, vol. 26, artículo 2/2020, n.º 190

68. Información disponible en https://www.poderjudicial.es/cgpj/es/Poder-Judicial/Tribunales-Supe riores-de-Justicia/TSJ-Canarias/En-Portada/Hito-del-juzgado-de-Violencia-contra-la-Infancia-de-Las-Palmas

69. https://www.interpol.int/es/Noticias-y-acontecimientos/Noticias/2018/Segun-un-estudio-los-muchachos-y-los-ninos-de-muy-corta-edad-corren-mayor-riesgo-de-sufrir-graves-abusos-sexuales-en-linea

ellos[70]. Por otra parte, si lo que se pretende realmente es evitar la instrumentalización de menores de edad y otras personas en situación de especial vulnerabilidad, el uso de la terminología propuesta tal vez contribuiría a limitar la intervención punitiva a aquellas conductas que realmente ponen en peligro o lesionan bienes jurídicos concretos y evitar así la tendencia a una expansión hacia conductas en las que en realidad no se afecta ningún bien jurídico individual (como sucede en la pornografía infantil ficticia[71], en especial con las conductas de producción y posesión para uso exclusivamente privado). Como se verá en este trabajo, la construcción de un concepto de pornografía infantil que incluye unas y otras conductas, es decir, aquellas en las que se utiliza realmente a menores de edad y personas con discapacidad necesitadas de especial protección y aquellas en las que no se ha utilizado a nadie, por haberse generado las imágenes de manera totalmente ficticia, dificulta saber cuál es la realidad de comisión de unas y otras y, por tanto, valorar la verdadera dimensión de la instrumentalización de los sujetos protegidos. Por otra parte, las fuentes oficiales a menudo presentan cifras de delitos sexuales sin desagregarlas por tipos concretos, lo que dificulta un análisis pormenorizado de la realidad de su comisión, por lo que no es sencillo saber cuáles son las conductas sobre las que realmente habría que diseñar estrategias de intervención más intensa. En cualquier caso, y atendiendo a la terminología del Código Penal español y a la extensión del tipo penal, el presente trabajo parte de un enfoque crítico de esa concepción amplia de la pornografía ilícita, considerando tanto su objeto material como el alcance de las conductas sancionadas en el art. 189. Como se verá más detenidamente en estas páginas, dicho tipo penal abarca no solo los actos relacionados con la producción, tráfico y difusión de material pornográfico que involucra a menores y personas con discapacidad necesitadas de especial protección, sino también los espectáculos exhibicionistas en los que participan estos sujetos, así como la adquisición, acceso o tenencia de dicho material para uso personal (con una pena atenuada en este último supuesto). Además, se contempla tanto la pornografía de carácter real como la virtual, o pseudopornografía, lo que plantea la complejidad de determinar cuándo se vulnera el bien jurídico indemnidad sexual o libertad sexual, o si en realidad lo que se pretende es proteger otros bienes jurídicos o intereses.

---

70. GARCÍA MAGNA, D. (2023), *op.cit.,* págs. 183 y ss., pone de manifiesto las dinámicas recientes de transferencia de conceptos, terminología, instrumentos, etc., entre sistemas de control social, que pueden favorecer una toma de conciencia sobre determinados problemas, pero también implican un riesgo para el respeto a las garantías constitucionales en un contexto de excesivo punitivismo en ámbitos informales.

71. La Circular 2/2015, de 19 de junio, sobre los delitos de pornografía infantil tras la reforma operada por la LO 1/2015, de la Fiscalía General del Estado, distingue en sus apartados 2.3, 2.4 y 2.5, entre pornografía virtual (aquella en la que se generan imágenes de menores de edad y, por lo tanto, estos no han sido utilizados), pornografía técnica (cuando en el material aparecen personas que parecen ser menores de edad, aunque en realidad no lo sean) y pseudo-pornografía infantil (cuando se manipula la imagen de un menor para situarla en un contexto o en actitud sexual).

4. LA REGULACIÓN DE LOS DELITOS SEXUALES CONTRA MENORES DE EDAD Y PERSONAS CON DISCAPACIDAD ESPECIALMENTE VULNERABLES EN EL SISTEMA PENAL ESPAÑOL

El derecho penal español ha prestado tradicionalmente atención a la protección de la libertad a través de diversos tipos penales que se dedican a facetas específicas de este derecho como bienes jurídicos diferenciados. Sin embargo, el reconocimiento de la libertad sexual como bien jurídico protegido no tuvo lugar en España hasta finales del siglo pasado. El Código Penal de 1822 ya incluía delitos contra las buenas costumbres entre los que se encontraban el exhibicionismo, algunos relacionados con la pornografía (estampas o escritos obscenos), la promoción de la prostitución, el adulterio, los abusos deshonestos (previo rapto) o el estupro. Con el Código penal de 1848 se incorporaron algunas modificaciones y otros delitos, en una redacción que se mantendría casi sin modificaciones en los siguientes códigos penales. En cualquier caso, estos delitos tenían como objeto de protección una determinada moral sexual, generalmente identificada con las pautas de conducta propias de la religión católica. No fue hasta las reformas de 1978 y, sobre todo, con la promulgación del actual Código Penal de 1995, cuando la libertad sexual individual se reconoció expresamente como bien jurídico. En este sentido, la mayoría de los delitos previstos en el Título VIII del Libro II del Código Penal actual se refieren a conductas en las que el autor involucra a la víctima en un comportamiento sexual no consentido. Así, tal como describe la propia rúbrica, el objeto de protección en los arts. 178 y ss., es la libertad sexual, aunque en el caso de las conductas dirigidas a menores de edad y personas con discapacidad necesitadas de especial protección, se estaría protegiendo la indemnidad sexual (puesto que se presume que no tienen la capacidad para dar su consentimiento y, por tanto, no pueden disponer de su libertad sexual)[72]. En este trabajo se abordará si en los delitos relacionados con pornografía el legislador ha optado por proteger otros intereses relacionados con la infancia en general, más allá de la incidencia en bienes jurídicos de individuos concretos.

4.1. EVOLUCIÓN DEL OBJETO DE PROTECCIÓN: DE LA HONESTIDAD A LA LIBERTAD E INDEMNIDAD SEXUALES. LA INFANCIA, EN GENERAL, COMO BIEN JURÍDICO PROTEGIDO

Por lo que respecta a las conductas delictivas con connotaciones sexuales, durante más de 150 años, desde el código de 1822 hasta las reformas penales iniciadas en 1978, el objeto de protección en España fueron las buenas costumbres y la honestidad, ambas identificadas con las pautas de conducta aceptadas por la moral sexual colectiva en cada momento histórico[73]. Esto implicaba que, por un lado, el derecho penal dejaba fuera de su protección (o trataba de forma diferente) a quienes no se adaptaban a la moral predominante, y por otro, los delitos se configuraban en torno a la protección del honor o la decencia frente a determinados comportamientos sexuales considerados inapropiados. Además, el sistema penal reflejaba una imagen social de la mujer como persona indefensa que requería protección especial en unos casos, o a la que se exigía un deber de recato mayor que al hombre y, en una equiparación a los menores de edad, otorgaba a otros adultos (tutores, padres, hermanos y abuelos) la facultad de tomar decisiones tales como la interposición de la denuncia, además de eximir de toda responsabilidad al autor del delito si se casaba con ella. Con las reformas previas al Código Penal actual, tras el reconocimiento de ciertos derechos individuales en la Constitución de 1978, se empezó a considerar la libertad sexual individual como un bien jurídico en sí mismo, evolucionando de un concepto basado en pautas colectivas a otro sustentado en la autorrealización personal. Este cambio

---

72. Aunque la reforma llevada a cabo en 2022, a través de la LO 10/2022, de 6 de septiembre, ha cambiado la rúbrica del Título VIII, eliminando la referencia a la indemnidad sexual, ello no implica que sea una opción deliberada hacia el reconocimiento de un único bien jurídico protegido (libertad sexual). En realidad, como se verá en este trabajo, incluso si se admite que la indemnidad sexual es el objeto protegido cuando se trata de víctimas menores de edad o con discapacidad, es discutible que en los preceptos objeto de este trabajo solo se protejan la libertad y la indemnidad sexuales, en especial con la definición de pornografía ilícita que se recoge en la regulación penal.

73. DÍEZ RIPOLLÉS, J.L. (1982): *Exhibicionismo, pornografía y otras conductas sexuales provocadoras. La frontera del derecho penal sexual*, Ed. Bosch, págs. 21 y 22, apuntaba la dificultad de separar los diversos conceptos empleados por la jurisprudencia, tales como el pudor, la moral, las buenas costumbres, la decencia y la honestidad, señalando que se realizaba un análisis superficial y que dichos conceptos se trataban con un contenido intercambiable. Considerando que incluso cuando la rúbrica del Título IX del Código penal anterior pasó a mencionar la libertad sexual como objeto de protección tras la reforma de 1989, este seguía siendo el orden moral sexual, RODRÍGUEZ DEVESA, J.M., y SERRANO GÓMEZ, A. (1995): *Derecho penal español. Parte especial*, 18ª ed., págs. 167 y ss.

fue fruto de una transformación de las costumbres respecto a la sexualidad y de los cambios en la sociedad española hacia un mayor pluralismo y tolerancia, proceso que se gestó a fines de los años 60 y principios de los 70, y que culminó en la aprobación del nuevo código en 1995[74]. De esta manera, la nueva regulación de los delitos sexuales se centró en prohibir conductas que involucrasen a una persona en un contexto sexual no consentido, convirtiendo el consentimiento en el eje central de la regulación.

El Código Penal de 1995 continuó la tendencia iniciada en 1978, configurando la gravedad de los delitos sexuales en función de la intensidad del ataque a la libertad sexual y no centrándose exclusivamente en la naturaleza del comportamiento sexual. Así, por ejemplo, en la regulación de las conductas sexuales que implicaban contacto corporal se estableció una distinción entre agresión sexual y abuso sexual, basada en la forma de ataque a la libertad (violencia o intimidación) y no en el acto sexual específico realizado. En cualquier caso, algunas conductas concretas, como la penetración por vía vaginal, anal o bucal, ya fuera del órgano sexual masculino o de otras partes del cuerpo u objetos (en este último caso sin distinguir entre vías de acceso en la redacción inicial), siempre han tenido una relevancia especial y consecuencias penales agravadas.

Las diversas reformas penales del código actual producidas en este ámbito (en 1999, 2003, 2010, 2015, 2021, 2022 y 2023) han supuesto, en términos generales y con pocas excepciones, una expansión de los tipos penales, un incremento de las penas y la introducción de nuevos delitos, aunque siempre considerando que el eje central es el ataque a la libertad sexual individual (si bien se ha planteado que en algunos casos el bien jurídico protegido pudiera ser colectivo, como se verá más adelante).

En lo que respecta a la libertad sexual, con su protección se pretende garantizar una faceta de la autodeterminación personal y, sobre todo, el derecho de cada persona a ejercer (o no) una actividad sexual libremente. Específicamente, se protege un aspecto negativo de dicha libertad, es decir, la protección frente a la imposición de conductas sexuales no deseadas, y no un aspecto positivo que implicaría garantizar a cualquier persona el ejercicio pleno de la sexualidad según su voluntad. Ello implica que el consentimiento ha sido un elemento central en la regulación de los delitos sexuales desde el momento en que se protege la libertad en este ámbito. Hasta 2022, el código penal no especificaba cómo debía expresarse el consentimiento, sancionándose las conductas cuando se probaba su ausencia. Actualmente, el art. 178.1 dispone que solo se entenderá que existe consentimiento «cuando se haya manifestado libremente mediante actos que, en atención a las circunstancias del caso, expresen de manera clara la voluntad de la persona». Esto supone la presunción de que una relación sexual no es deseada

---

74. Para un exhaustivo análisis del contexto político-criminal de estas últimas reformas previas al código de 1995, resultan fundamentales las obras de DÍEZ RIPOLLÉS, J.L. (1981): *El Derecho penal ante el sexo. Límites, criterios de concreción y contenido del Derecho penal sexual*. Ed. Bosch; EL MISMO (1982), *op.cit.*; y EL MISMO (1985): *La protección de la libertad sexual. Insuficiencias actuales y propuestas de reforma*. Ed. Bosch.

si el consentimiento no se ha emitido de alguna forma. Así, tras la reforma de 2022, el régimen de los delitos sexuales respecto al consentimiento ha pasado de un modelo «negativo» (necesidad de que la acusación pruebe la inexistencia de consentimiento, por lo que en casos dudosos o de silencio es posible que el sujeto presuma que la relación es, en principio, deseada), a un modelo «positivo» (se presume la falta de consentimiento, salvo que se haya expresado de alguna forma que este existe, de manera que en caso de duda el autor debe asegurarse de cuál es la voluntad de la víctima y no presumir que consiente)[75]. Además, aunque en 2022 se elimina la distinción entre agresión y abuso, la reforma de 2023 recupera de alguna forma la distinción, al sancionar con mayor rigor determinadas modalidades de lesión del bien jurídico (cuando el autor utiliza violencia o intimidación, o la víctima tiene anulada su voluntad por cualquier causa).

En cuanto a los menores de edad y las personas con discapacidad que no poseen la capacidad para comprender plenamente las implicaciones de verse involucrados en una conducta de contenido sexual, incluso como meros espectadores, se venía discutiendo en la doctrina si el bien jurídico protegido también era la libertad sexual o en cambio se configuraba un nuevo bien jurídico consistente en el interés en mantener a estos sujetos aislados de cualquier experiencia sexual que pudiera perjudicar su desarrollo[76]. A partir de la reforma de 1999 se incluye la indemnidad sexual expresamente en la rúbrica del Título VIII del Código penal, habiendo permanecido sin cambios hasta la reforma de 2022. Ello unido a la vuelta al código del delito de corrupción de menores, se consideró un argumento a favor de aceptar que este es el bien jurídico protegido cuando se trata de personas menores de edad y de aquellas sin capacidad

---

75. VARONA GÓMEZ, D., LARRAURI PIJOAN, E. (2024): «Una agenda criminológica para el estudio de los delitos sexuales en España», en *Boletín Criminológico*, vol. 30, n.º 244, 2024, págs. 17 y 18, hacen referencia a que, en contra de lo que opina una parte de la doctrina sobre una posible inversión de la carga de la prueba con la introducción de este nuevo modelo de consentimiento, lo que hay es un cambio respecto al objeto de prueba (que había consentimiento), de manera que ocurre en este ámbito lo mismo que en los casos de posesión de drogas, donde el acusado debe alegar lo que estime para que se entienda que la posesión es para propio consumo y no para promover el de terceros o traficar.

76. En este sentido, se podría entender que el concepto de libertad sexual es adecuado para abarcar también la protección de menores y personas con discapacidad cuando se prohíben conductas sexuales que afecten a aquellas que todavía carecen de libertad (menores de corta edad), nunca la podrán ejercer (personas con discapacidad profunda), o que en determinadas situaciones no pueden hacerlo (también personas con discapacidad pero atendiendo a la situación y la conducta, o adolescentes con cierta capacidad de consentimiento sexual). Considerando que ello implica aceptar que hay un elemento común a todos los delitos sexuales que es la involucración no libre del sujeto pasivo en la acción sexual, DÍEZ RIPOLLÉS, J.L. (1985), *op.cit.*, págs. 28 y 29. Haciendo suya esta postura, TAMARIT SUMALLA, J.M. (2002), *op.cit.*, pág. 58. A favor de considerar como bien jurídico la indemnidad o intangibilidad sexual, entre otros, MUÑOZ CONDE, F. (2022): *Derecho Penal Parte Especial*, 24ª, ed., Tirant Lo Blanch, pág. 224; LÓPEZ BARJA DE QUIROGA, J.; RODRÍGUEZ RAMOS, L. (1990): *Código penal comentado*, Ed. Akal, págs. 816 y 821. En la jurisprudencia está asentado el reconocimiento de la indemnidad sexual como bien jurídico diferente de la libertad sexual (por ejemplo, SSTS 109/2017, de 22 de febrero, o 332/2019, de 27 de junio, entre otras muchas), aun cuando recientemente también se está empezando a hacer referencia a otros bienes jurídicos colectivos en los delitos relacionados con pornografía infantil.

suficiente para consentir[77]. Se presume, en estos casos, que tales personas, al ser especialmente vulnerables, deben ser protegidas de cualquier posible daño derivado de una experiencia sexual, lo que implica mantenerlos parcial o totalmente alejados del ejercicio de la sexualidad para salvaguardar su desarrollo normal y la formación de su personalidad. Considero que la asunción de este bien jurídico diferenciado de la libertad sexual supone un primer paso hacia una colectivización del bien jurídico, como interés en proteger a personas solo por el hecho de pertenecer a un determinado grupo (el de la infancia y la adolescencia), dejando al margen si realmente tienen o no capacidad para poder ejercer su libertad sexual (algo que en el caso de las personas con discapacidad necesitadas de especial protección sí se verifica)[78].

En este sentido, aunque la indemnidad sexual se considere por la jurisprudencia un bien jurídico individual en la medida en que el sujeto afectado es el propio menor de edad o la persona con discapacidad necesitada de especial protección, se incorpora aquí un interés colectivo en protegerles por su especial vulnerabilidad ante determinadas conductas, incluso en contra de sus propias decisiones, ya que se presume que no tienen capacidad de adoptarlas libremente, salvo excepciones, es decir, se presumen tanto su vulnerabilidad como la dañosidad de las conductas que puedan realizar o a las que se les pueda exponer.

Como se verá más adelante, en este trabajo se abordarán las cuestiones problemáticas en torno al bien jurídico en los delitos relacionados con la pornografía ilícita y las estructuras típicas de ataque al mismo. Baste ahora con señalar que en algunas de las modalidades comisivas que se sancionan en torno a ella (pornografía ficticia), puede suceder que ni siquiera haya una persona real afectada, por lo que en esos casos no podría haber puesta en peligro o lesión a la libertad o a la indemnidad sexuales como bienes jurídicos individuales. La expansión de

---

77. Así, MUÑOZ CONDE, F. (1999): *Derecho Penal Parte Especial*, 12ª ed., Tirant Lo Blanch, págs. 196 y 197. En un sentido similar actualmente, en EL MISMO (2022), *op.cit.*, págs. 224 a 227, considerando que el concepto de libertad sexual no es suficiente para abarcar el objeto de protección en ciertos delitos como los que se cometen contra personas que carecen de dicha libertad, bien de manera provisional (menores) bien de manera definitiva (personas con discapacidad necesitadas de especial protección), y apuntando que solo podría hablarse de libertad sexual respecto a estas personas cuando se trate de delitos con violencia o intimidación, consideración que a mi juicio es contradictoria con lo anterior. Asimismo, alude el autor al «orden moral social», no como un bien jurídico en sí mismo, sino como concepto de referencia necesario para poder contextualizar la protección de los bienes jurídicos, es decir, como criterio social valorativo que permita dar contenido a conceptos usados en la norma penal tales como obsceno, corrupción o pornográfico.

78. GONZÁLEZ TASCÓN, M.M. (2022): «El consentimiento de las personas menores de edad y las personas con discapacidad a la realización de actos sexuales con terceros», en GONZÁLEZ TASCÓN, M.M. (coord.), *Delitos sexuales y personas menores de edad o con discapacidad intelectual. Reflexiones jurídicas y psicoeducativas sobre sus derechos y su protección*. Tirant Lo Blanch, pág. 140 llama la atención sobre el distinto enfoque del legislador que en el Título VIII parece reconocer a priori capacidad de consentimiento a personas que padezcan un trastorno mental en el caso de las agresiones sexuales, considerando delictiva la conducta solo si se abusa de dicho trastorno, pero sin embargo presume la incapacidad en los delitos de exhibicionismo, provocación sexual, pornografía y prostitución, donde no se exige que haya abuso y, por tanto, hay que valorar si la persona necesita especial protección debido a la discapacidad que sufre.

la intervención penal en torno al supuesto objeto de protección plantea cuestiones acerca de la configuración típica de estos delitos como de peligro y, para una parte de la doctrina, como se verá más adelante, supone la entrada de otros bienes jurídicos colectivos, cercanos a una determinada moral sexual.

4.2. DELITOS SEXUALES RELACIONADOS CON MENORES DE EDAD, EN ESPECIAL, DE PORNOGRAFÍA INFANTIL. BREVE RECORRIDO HISTÓRICO A TRAVÉS DE LOS ANTECEDENTES EN LOS CÓDIGOS PENALES ESPAÑOLES DE 1822 Y SIGUIENTES, Y LAS REFORMAS PREVIAS AL CÓDIGO PENAL DE 1995

A continuación, se va a llevar a cabo una revisión histórica de la normativa en los distintos textos jurídicos desde el Código penal de 1822. Aunque este trabajo se centra en los delitos relativos a la pornografía, en especial la infantil, en el análisis se abordan también las principales reformas de los demás delitos sexuales en cada nuevo texto. Considero que resulta fundamental situar las decisiones de política criminal en torno a este concreto tipo penal en el contexto del resto de delitos sexuales. Además, creo que en un ámbito en el que ha habido una evolución tan relevante del bien jurídico protegido y parece estar produciéndose una vuelta a discursos que gravitan sobre una determinada moral sexual, es interesante tener en cuenta cuál ha sido esa evolución, pues ello puede ayudar a analizar algunas de las cuestiones problemáticas que se plantean.

El Código Penal de 1822[79] contemplaba ya algunos delitos de carácter sexual entre las conductas contra las buenas costumbres (como contrarios a la sociedad) y contra las personas. En concreto, entre las primeras, se sancionaban las palabras y acciones obscenas en sitios públicos, el exhibicionismo con motivo del baño en público, la producción, publicación, difusión o introducción en España de libros o escritos con lenguaje obsceno, o de material gráfico (estampas, pinturas, relieves, estatuas, etc.) de la misma naturaleza, no bastando que mostrasen desnudos sino requiriendo que representasen actos lúbricos o deshonestos. También entre estas conductas contrarias a la sociedad se castigaban las relacionadas con la prostitución no autorizada, la corrupción de niños o niñas que no hubieran llegado a la pubertad y de jóvenes de 20 años, y la de cualquier persona mediante «bebida, fuerza o ficción». En estos delitos se castigaba de manera más severa a quienes tuviesen alguna responsabilidad adicional hacia ellos (padres, madres, abuelos, sirvientes domésticos, empleados en casas de enseñanza, caridad, corrección, beneficencia, etc.), además de imponer en algunos casos inhabi-

---

79. Los textos originales de las normas analizadas han sido consultados en la recopilación de BARJA DE QUIROGA, J., RODRÍGUEZ RAMOS, L., RUIZ DE GORDEJUELA LÓPEZ, L. (2022): *Códigos penales españoles. Recopilación y concordancias* (Vol. I). Agencia Estatal Boletín Oficial del Estado. Madrid, págs. 126 y ss. (arts. 527 y ss.), y págs. 157 y 158 (arts. 683 a 689). Disponible en https://www.boe.es/biblioteca_juridica/abrir_pdf.php?id=PUB-DP-2022-270_1.

litaciones para el ejercicio de distintos derechos. Asimismo, cuando la situación de corrupción o prostitución de los jóvenes se hubiera producido por negligencia o abandono de sus cuidadores, tutores, maestros, etc., se imponía una inhabilitación a perpetuidad para ejercer esos cargos. Por lo que respecta a los delitos contra las personas, se sancionaban el adulterio y el estupro alevoso, aunque en ninguno de ellos se hacía referencia expresa a los menores de edad. Solo podía cometer adulterio la mujer, siendo el marido el único legitimado para denunciarlo y pudiendo decidir el tiempo de reclusión, con un máximo de 10 años, siempre que no hubiera consentido la relación adúltera, apartado a su esposa de su dormitorio o tuviera una manceba en casa (a la que también se sancionaba). Se castigaba a quien mediante engaño se hacía pasar por marido para abusar de mujer casada. Los abusos deshonestos mediante engaño, abuso de superioridad o provocando una situación de inconsciencia o falta de sentido, se sancionaban más gravemente si la víctima era mujer casada. Por otro lado, se castigaba el abuso deshonesto mediante matrimonio fingido, sancionándolo también si la víctima era «mujer pública», aunque con menos pena. Además, en caso de condena por rapto y violación forzada de niño o niña que no hubiera llegado a la pubertad, se prohibía la posibilidad de indulto particular.

El Código penal de 1848[80] supuso la tipificación de algunos delitos y un cambio en la ubicación y estructura de otros ya incluidos en 1822, configurando un sistema muy similar al actual, aunque en lo que respecta a las figuras cercanas a la pornografía (producción, publicación y difusión de libros o materiales escritos o ilustraciones obscenas), dejaron de estar tipificadas. En concreto, en los arts. 349 y ss., se contemplaban los delitos de violación, abusos deshonestos, estupro, adulterio (sancionando no solo a la mujer sino a quien lo cometía con ella), rapto con intención deshonesta, promoción de la prostitución o corrupción de menores y ofensas contra el pudor o las buenas costumbres, todos ellos con una redacción que se mantuvo apenas sin cambios en los siguientes códigos penales. Las disposiciones concretas relacionadas con víctimas menores de edad se encontraban en distintos lugares y con referencia a varias franjas de edad. Por un lado, se entendía que había violación (acceso carnal con víctima mujer) y abusos deshonestos (conductas sexuales distintas del acceso carnal con víctimas de ambos sexos), cuando el sujeto pasivo tenía menos de 12 años, aunque no se hubieran usado violencia, intimidación o abuso de una situación de privación de razón o de sentido, elementos necesarios si la víctima era mayor de esa edad. En el caso de obtener el consentimiento mediante prevalimiento o engaño, ya fuera para conseguir un acceso carnal (estupro) u otras conductas sexuales (abusos deshonestos), la víctima debía ser mujer entre 12 y 23 años, y se sancionaba más gravemente a determinados sujetos activos con responsabilidades especiales (autoridad, sacerdote, tutor, maestro, etc.), castigándose también si la víctima era mayor de 23 años cuando el autor era su hermano o ascendiente. Del mismo modo, se sancionaba al que con habitualidad o con abuso de superioridad o confianza, promovía o facilitaba la prostitución o corrupción de menores para satisfacer los

---

80. BARJA DE QUIROGA, J., y otros. (2022), vol. I, *op.cit.*, págs. 281 a 284 (arts. 349 a 364).

deseos de terceros. El rapto de mujer mayor de 23 años se castigaba si se ejecutaba con fines deshonestos y contra su voluntad, en cualquier caso cuando era menor de 12 años, y con una pena inferior si existía consentimiento cuando tenía entre 12 y 23 años. En cuanto a las disposiciones comunes, en los delitos de violación, estupro o rapto con miras deshonestas solo podía condenarse al culpable a instancia de la parte agraviada. Se preveía el castigo como autores de los cómplices que hubiesen abusado de su responsabilidad especial respecto a la víctima (tutores, maestros, ascendientes, autoridad, etc.) y la pena de inhabilitación especial a perpetuidad para los maestros o encargados de la educación o dirección de la juventud. Para estos sujetos y también para los condenados por corrupción de menores, se preveía la inhabilitación para ejercer el derecho de tutela y ser miembros del consejo de familia, además de la sujeción a vigilancia durante el tiempo que el tribunal estimase oportuno.

El Código Penal de 1850[81] no introdujo reformas relevantes, a excepción de la posibilidad de que el inicio del procedimiento en el estupro, la violación y el rapto con miras deshonestas, se produjese por denuncia de otras personas distintas de la agraviada, en concreto, su tutor, padres y abuelos, y en caso de que careciese de ellos y fuese menor de edad o sin capacidad («estado moral de personalidad») suficiente, también el procurador síndico o fiscal por fama pública.

En el Código Penal de 1870[82] no cambiaron significativamente los delitos en este ámbito, con la excepción de la inclusión de un capítulo dedicado a los delitos de escándalo público: abandono de consorte para contraer matrimonio con otra persona, ofensa al pudor o buenas costumbres con hechos de grave escándalo no comprendidos en otro lugar del Código, y la exposición o proclamación por medio de la imprenta y con escándalo de doctrinas contra la moral pública. Por primera vez se incluyó el perdón expreso o presunto de la persona ofendida como causa de extinción de la responsabilidad. En los códigos anteriores dicha extinción se producía si el autor se casaba con su víctima (sin que ello supusiera en realidad perdón alguno), pero en el Código de 1870 se incluye expresamente la figura del perdón (considerando igualmente que el matrimonio constituía un perdón presunto).

El Código Penal de 1928[83] introdujo algunas novedades en los delitos de violación y de abusos deshonestos de mujer mayor de 18 años: desapareció la mención a que existía violación cuando la víctima era menor de 12 años aunque no se dieran los medios comisivos típicos de fuerza, intimidación o abuso de privación de sentido o razón; se estableció una sanción más leve si la mujer se dedicaba a la prostitución o si la víctima era del mismo sexo que el culpable; y se introdujo una agravación por la comisión conjunta de dos o más personas. Junto al estupro, se añadió el delito de incesto, diferenciando en función de la relación

---

81. BARJA DE QUIROGA, J., y otros. (2022), vol. I, *op.cit.*, págs. 417 a 420 (arts. 358 a 374).

82. BARJA DE QUIROGA, J., y otros. (2022), vol. I, *op.cit.*, págs. 614 a 618 (arts. 448 a 466).

83. BARJA DE QUIROGA, J., RODRÍGUEZ RAMOS, L., RUIZ DE GORDEJUELA LÓPEZ, L. (2022): *Códigos penales españoles. Recopilación y concordancias (Vol. II)*. Agencia Estatal Boletín Oficial del Estado. Madrid Disponible en https://www.boe.es/biblioteca_juridica/abrir_pdf.php?id=PUB-DP-2022-270_2

entre autor y víctima, y la clase de relación sexual mantenida (acceso carnal u otros abusos deshonestos). Además, se ampliaron las conductas en torno a la prostitución y la corrupción de menores, y se añadió el inicio del procedimiento de oficio en casos de incesto y cuando los abusos deshonestos se produjeren entre hombres. En el caso del perdón, se incluyó la necesidad de que este fuese aprobado por la autoridad cuando los autores fuesen ascendientes, hermanos, guardadores legales o encargados de custodiar a la ofendida, o el delito se hubiera cometido con abuso de autoridad, cargo o confianza. Entre los delitos de escándalo público se incluyeron los actos contrarios al pudor con personas del mismo sexo. En cualquier caso, llama la atención que no se hiciera referencia a menores de edad salvo la que se presumía cuando existía una relación especial entre la víctima y el autor (incesto), ya que en los demás casos (violación, abusos deshonestos, estupro, rapto), la víctima debía ser mayor de 18 años y, en algunos casos, tener entre 18 y 23 años. Además, en la mayoría de los tipos penales la mujer víctima debía ser «honesta». Entre los delitos de escándalo público, se incorporaron los actos contrarios al pudor con personas del mismo sexo, siempre que se hiciera con habitualidad y escándalo, y se mantuvieron las ofensas al pudor o las buenas costumbres realizadas con escándalo grave (con la sanción a gerentes o dueños de establecimientos, teatros, etc., donde se realizasen esa clase de actos), añadiendo la sanción de la propagación de técnicas o prácticas anticonceptivas, siempre que no fuesen publicaciones meramente científicas o actos de corporaciones técnicas. Una de las novedades del Código penal de 1928 es la inclusión entre estos delitos de escándalo público, de un precepto dedicado a conductas relacionadas con la pornografía. Así, el art. 618 castigaba a los que, con fines de comercio, distribución o exhibición pública, realizasen, produjesen, poseyesen, importasen, transportasen, exportasen, anunciasen, etc., cualquier objeto obsceno (escrito, dibujo, grabado, cuadro, cinta cinematográfica, etc.), cometiendo la conducta total o parcialmente en España.

El Código Penal de 1932[84], recuperó la mención a la aplicación del delito de violación de mujer cuando la víctima fuese menor de 12 años, aunque no se dieran los medios comisivos de fuerza, intimidación o privación de sentido o razón que se exigían para las mayores de esa edad y que se había eliminado en el Código de 1928. En el caso de los abusos deshonestos, se estableció la misma pena para víctimas de ambos sexos. Desaparecieron los delitos de adulterio y convivencia sin matrimonio, así como la defensa y las circunstancias atenuantes para el hombre que matara o lesionara a su esposa o amante adúltera, o a su hija y a quien la corrompiera. Asimismo, se modificó el delito de violación por engaño, incluyendo el rapto consentido de una joven entre 12 y 23 años. Se introdujeron nuevos delitos relacionados con la prostitución adulta, incluyendo variantes de explotación y procura. El delito de promoción o fomento de la prostitución o corrupción de menores se amplió, creando tres nuevas figuras, y se eliminó el delito relacionado con la bigamia mediante matrimonio civil o religioso. Entre los delitos de escándalo público se mantuvieron los incluidos en el Código de 1850

---

84. BARJA DE QUIROGA, J., y otros. (2022), vol. II, *op.cit.*, págs. 1119 a 1204 (arts. 431 a 446).

de ofensa al pudor o buenas costumbres con hechos de grave escándalo no comprendidos en otro lugar del Código (aunque se eliminó la sanción a gerentes o dueños de establecimientos, teatros, etc., donde se realizasen esos actos, que se había incluido en el Código de 1928), y la exposición o proclamación por medio de la imprenta y con escándalo de doctrinas contra la moral pública. Desaparecieron la referencia expresa incluida en el Código de 1928 a actos contrarios al pudor con personas del mismo sexo, la sanción de la propagación de técnicas o prácticas anticonceptivas, y la referencia a conductas relacionadas con pornografía (imágenes, escritos u objetos obscenos en cualquier soporte). Por lo que respecta a los menores de edad, se incluyó como novedad entre las disposiciones comunes la posibilidad de que la autoridad gubernativa acordase el depósito en un albergue especial u otro lugar adecuado del menor que se encontrase en estado de prostitución o corrupción deshonesta, incluso con su consentimiento, siempre que estuviese desamparado o en estado de abandono por sus padres, tutores o marido, o careciera de ellos, o estos hubieran consentido dicha situación. Se preveía la privación de la patria potestad o tutela para ellos, y el nombramiento de un protector del menor (individual o colectivo) que procurase su enmienda y apartarle del «peligro de la liviandad o perversión de costumbres», aunque tuviese que permanecer recluido en un establecimiento a tal efecto hasta la mayoría de edad o el nombramiento de un tutor.

El Código Penal de 1944[85] reintrodujo el delito de adulterio y amancebamiento, pero no los relacionados con pornografía (sí se mantuvieron el resto de delitos de escándalo público del Código penal anterior). En el estupro, se incluyó la modalidad de engaño a mujeres entre 16 y 23 años, el acceso carnal de mujeres entre 12 y 23 años con abuso de situación de necesidad, y de mujeres entre 12 y 16 años sin concurrir ninguna circunstancia de engaño o abuso (siendo agravado si existía engaño). También se incluyó en el rapto un tipo agravado si la mujer tenía entre 12 y 16 años. En cuanto a la legitimidad para interponer denuncia que iniciase el procedimiento en caso de violación, abusos deshonestos, estupro y rapto, se incluyó por primera vez un orden de prelación: persona agraviada, cónyuge, ascendiente, hermano, representante legal o guardador de hecho. Además, en el caso de los menores de 16 años, podían denunciar el Ministerio Fiscal, la Junta de Protección de Menores o cualquier Tribunal de Menores. Por último, se mantuvieron las medidas «protectoras» para víctimas menores de edad que se encontrasen en situación de desamparo o abandono, y en estado de prostitución o corrupción, añadiendo que la competencia en caso de menores de 16 años pasaba a los Tribunales Tutelares de Menores. Por otro lado, respecto a las mujeres entre 16 y 23 años en estado de prostitución o en riesgo de prostituirse, sin medio lícito de subsistencia o de oficio o profesión que no ofreciera peligro para su moralidad, se podían aplicar las medidas protectoras dispuestas para los menores de edad, siendo competente para instalarlas el Patronato de Protección a la Mujer.

---

85. BARJA DE QUIROGA, J., y otros. (2022), vol. II, *op.cit.*, págs. 1383 y 1390 (arts. 429 a 446).

El texto de 1973[86] incluyó una agravación en el delito de ofensa al pudor o las buenas costumbres con escándalo público cuando la víctima fuera menor de 21 años y modificó los delitos de prostitución, aunque mantuvo las consecuencias supuestamente protectoras tanto para menores de edad como para mujeres entre 16 y 23 años que recogía el código de 1944. Se continuó agravando de manera general en caso de que el autor fuese ascendiente, tutor, maestro o actuase con abuso de autoridad o encargo (con posibilidad de privar de la patria potestad, tutela, autoridad marital y derecho a pertenecer a consejo de familia, además de la imposición de la pena en el grado máximo). La reforma de 1978 eliminó los delitos de adulterio y amancebamiento[87]. En 1988 y 1989 se llevaron a cabo dos reformas importantes que continuaron la tendencia de reconocer la libertad sexual individual como bien jurídico. En 1988[88] se eliminaron los delitos de escándalo público y faltas contra las buenas costumbres, introduciéndose en su lugar el delito de provocación sexual (actos lúbricos o de exhibición obscena ante menores de 16 años o personas con discapacidad psíquica), y el delito de difusión, venta o exhibición de pornografía ante menores de 16 años o personas con discapacidad psíquica. La reforma de 1989[89] fue especialmente relevante en la medida en que cambió la rúbrica del Título IX del Libro II, pasando de «Delitos contra la honestidad» a «Delitos contra la libertad sexual», y de su Capítulo Primero dedicado a la violación, que pasó a llamarse «De la violación y de las agresiones sexuales». En este delito, se equiparó la penetración anal y vaginal con la penetración oral y se creó un tipo intermedio entre violación y agresión sexual básica, consistente en la introducción de objetos por cualquiera de estos orificios (ano, vagina o boca), o el uso de medios brutales, degradantes o vejatorios. Además, se eliminó la posibilidad del perdón en los delitos de violación, agresiones sexuales, estupro y rapto.

4.3. LA REGULACIÓN DE LOS DELITOS SEXUALES CONTRA MENORES DE EDAD EN EL CÓDIGO PENAL DE 1995 Y SUS SUCESIVAS REFORMAS. ESPECIAL REFERENCIA A LOS DELITOS DE PORNOGRAFÍA ILÍCITA

La regulación de los delitos sexuales en el Código Penal de 1995 (Título VIII, arts. 178 a 194 bis) se caracteriza por haber sido objeto de numerosas reformas[90],

---

86. Decreto 3096/1973, de 14 de septiembre, por el que se publica el Código Penal, texto refundido conforme a la Ley 44/1971, de 15 de noviembre (arts. 429 a 452 bis g). Disponible en https://www.boe.es/buscar/doc.php?id=BOE-A-1973-1715

87. Ley 22/1978, de 26 de mayo, sobre despenalización del adulterio y del amancebamiento. Disponible en https://www.boe.es/buscar/doc.php?id=BOE-A-1978-13822

88. Ley Orgánica 5/1988, de 9 de junio. Disponible en https://www.boe.es/buscar/doc.php?id=BOE-A-1978-13822

89. Ley Orgánica 3/1989, de 21 de junio, de actualización del Código Penal. Disponible en https://www.boe.es/eli/es/lo/1989/06/21/3

90. Ley Orgánica 10/1995, de 23 de noviembre, del Código Penal, que entró en vigor seis meses después y que, a la fecha de redacción de este trabajo, ha sido reformada en 51 ocasiones (la última

algunas de ellas fruto de compromisos internacionales derivados de diversas convenciones y las recomendaciones de órganos supranacionales como el Consejo de Europa o la Unión Europea. El punto de partida es la libertad sexual, que ya se había incluido como objeto de protección en la reforma de 1989, como se ha señalado. En principio, las conductas se definen como ataques a dicha libertad, diferenciando únicamente en función de si estos se realizan además con algún otro medio comisivo especial. Por tanto, se tipifican los comportamientos sexuales no consentidos y se castigan más severamente si hay uso de violencia o intimidación (agresiones sexuales), que si no lo hay (abusos sexuales). Aunque se sigue dando especial relevancia a algunas conductas, como el acceso carnal (que se equipara a la introducción de objetos y a la penetración bucal o anal), se elimina inicialmente el término violación. Se incorporan una serie de agravaciones específicas entre las que se incluye la especial vulnerabilidad por razón de la edad tanto en las agresiones como en los abusos. Aunque no hay en un principio una regulación específica y diferenciada de los delitos sexuales sobre menores de edad, se establece inicialmente los 12 años como edad de consentimiento sexual y se considera, por tanto, abuso sexual, cualquier conducta consentida sobre dichos sujetos, además de proteger a quienes están en la franja de 12 a 16 años en los casos en que el consentimiento haya sido obtenido mediante engaño. Se introduce el acoso sexual cuando existe un abuso de una relación de superioridad. Continuando con la tendencia de las últimas reformas antes del nuevo código, el art. 185 sanciona la exhibición de partes íntimas o la realización de conductas sexuales ante menores o incapaces[91], y el art. 186, por su parte, castiga la conducta de vender, difundir o exhibir material pornográfico entre esas mismas personas con multa de 3 a 10 meses (en 1988 y 1989, sin embargo, estas conductas de provocación sexual solo se castigaban si se realizaban entre menores de 16 años). En cuanto a los delitos de prostitución, su práctica voluntaria no se sanciona, pero sí se castigan las conductas de determinar o coaccionar la prostitución de adultos bajo ciertas condiciones, y el favorecimiento de la de sujetos vulnerables, como menores y personas con discapacidad. Aunque se elimina inicialmente la referencia en el título del Capítulo V a la corrupción de menores, se castiga la utilización del menor o persona con discapacidad con fines o en espectáculos exhibicionistas o pornográficos, y en caso de encontrarse en estado de prostitución, la omisión del deber de impedirla por parte de quienes los tengan bajo su potestad, tutela, guarda o acogimiento. Asimismo, el art. 189.3 incluye la posibilidad de que el Ministerio Fiscal inste la privación de los derechos de patria potestad, tutela, guarda o acogimiento familiar, a quienes cometan cualquiera de las conductas referidas.

---

en 2024), de las cuales 8 han modificado los delitos abordados en este trabajo. Disponible en https://www.boe.es/eli/es/lo/1995/11/23/10/con

91. A partir de la reforma llevada a cabo por LO 1/2015, se les denomina personas con discapacidad necesitadas de especial protección.

La reforma de 1999[92] recupera el término de violación cuando la conducta de agresión sexual (con violencia o intimidación) consiste en acceso carnal por vía vaginal, anal o bucal, o introducción de objetos por alguna de las dos primeras vías. Por lo que respecta a las agravaciones específicas en las agresiones sexuales, se sigue haciendo referencia a aquella por razón de la edad, pero se incluye expresamente su aplicación cuando la víctima tenga menos de 13 años, considerando abuso sexual cualquier conducta consentida con un menor de dicha edad, o cuando medie engaño para conseguir el consentimiento con un menor entre 13 y 16 años. En el acoso sexual se incluyen también los casos en que este se produzca en una relación laboral, docente o de prestación de servicios, aunque no haya abuso de superioridad (considerándolo agravado si es así). El delito de difusión, venta o exhibición de pornografía entre menores de edad e incapaces del art. 186 sigue con la misma redacción (que continuará prácticamente idéntica hasta hoy), pero se sube la pena a prisión de 6 meses a 1 año o multa de 6 a 12 meses. El Capítulo V vuelve a recuperar en su título la «corrupción de menores», además de los delitos relativos a la prostitución. Así, en el art. 189.1, junto a los relacionados con la utilización de menores o incapaces con fines o en espectáculos exhibicionistas o pornográficos (donde se añade la elaboración de material pornográfico y se sanciona a quien financie dichas actividades), se incluyen otras conductas relacionadas con la pornografía ilícita, es decir, aquella en la que se haya utilizado a menores de edad o incapaces (producción, venta, distribución, exhibición o facilitación de todas esas conductas), con pena de prisión de 1 a 3 años. Se sanciona de manera atenuada (mitad inferior) la posesión del material con dichos fines, aunque no se castiga aún la posesión para consumo propio. Por primera vez se menciona expresamente en el art. 189.2 y se sanciona de manera más grave (pena superior en grado) la pertenencia del autor a una organización o asociación dedicada a estas actividades, incluso con carácter transitorio. Por último, respecto a la corrupción de menores e incapaces propiamente dicha, se castiga hacer participar al menor o incapaz en un comportamiento sexual que perjudique su evolución o desarrollo, y no impedir la continuación de un menor o incapaz en una situación de corrupción o prostitución cuando se ostente su patria potestad, tutela, guarda o acogimiento (apartados 3 y 4).

En 2003[93] se produce otra reforma en este ámbito que incluye como novedades, entre otras, la elevación de la edad de consentimiento sexual a los 13 años y la equiparación de la introducción de miembros corporales por vía anal o vaginal, junto a la de objetos, tanto en la violación como en los abusos sexuales. En la conducta de venta, exhibición o difusión de pornografía entre menores o incapaces del art. 186 se mantiene la pena de prisión de 6 meses a 1 año pero se eleva la multa alternativa, que pasa del marco de 6 a 12 meses al de 12 a 24 meses, pena que se mantiene hoy día. Por lo que respecta al Capítulo V, se eleva la pena del

---

92. Ley Orgánica 11/1999, de 30 de abril. Disponible en https://www.boe.es/buscar/doc.php?id=BOE-A-1999-9744

93. Ley Orgánica 15/2002, de 25 de noviembre. Disponible en https://www.boe.es/buscar/doc.php?id=BOE-A-2003-21538

tipo básico en los delitos relacionados con pornografía ilícita (siendo ahora de prisión de 1 a 4 años); la posesión para realizar las conductas del tipo básico ya no se castiga de manera atenuada, sino que se incorpora como una modalidad más de comisión; y se sanciona por primera vez la posesión para uso propio (art. 189.2) con pena atenuada (prisión de 3 meses a 1 año o multa de 6 meses a 2 años). Se añaden algunas agravaciones específicas en el art. 189.3, con una pena mayor de la que se había previsto anteriormente para la agravación por pertenencia a organización o asociación ya incluida en 1999, siendo ahora la pena para todas estas situaciones agravadas de prisión de 4 a 8 años. En concreto, junto a esta agravación, se añaden por primera vez las siguientes: cuando se utilice a menores de 13 años, cuando los hechos revistan un carácter particularmente degradante o vejatorio, o especial gravedad por el valor económico del material pornográfico, cuando se represente a niños o incapaces que sean víctimas de violencia física o sexual y cuando el responsable sea ascendiente, tutor, curador, guardador, maestro o cualquier persona encargada, de hecho o de derecho, del menor o incapaz. Una de las cuestiones más relevantes en este ámbito es la tipificación con una pena atenuada de las mismas conductas del tipo básico (producción, venta, distribución, exhibición o facilitación de las anteriores conductas) cuando el material pornográfico se haya creado sin utilizar directamente a los menores o incapaces sino usando su voz o imagen alterada o modificada (art. 189.7). Esta reforma supone un primer paso hacia la protección de intereses que van más allá de la libertad e indemnidad sexuales como bienes jurídicos individuales, que se analizará más adelante. Por último, se prevé la posibilidad de aplicar las medidas del art. 129 cuando la conducta se haya realizado en el contexto de sociedades, asociaciones u organizaciones que se dediquen a estas actividades.

La reforma llevada a cabo en 2010[94] supone por primera vez el reconocimiento de la responsabilidad penal de las personas jurídicas y la inclusión de la medida de seguridad de libertad vigilada para imputables. En concreto, respecto a lo primero, el nuevo art. 189 bis resulta aplicable cuando una persona jurídica es responsable de alguno de los delitos del Capítulo V, y respecto a lo segundo, se prevé la libertad vigilada siempre que se imponga pena de prisión por uno o varios delitos sexuales, salvo excepciones (delincuentes primarios que hayan cometido un solo delito y presenten un pronóstico de menor peligrosidad criminal). Además, en este ámbito, se incluye un nuevo Capítulo II bis, referido a los abusos y agresiones sexuales contra menores de 13 años (anteriormente art. 183), con conductas muy similares a las que se realizan sobre mayores de 13 años, salvo algunas diferencias, aunque con penas más elevadas. Junto a las conductas de agresiones y abusos sexuales, se incluye como novedad la figura del comúnmente llamado embaucamiento[95] a través de medios tecnológicos en el art. 183 ter (actual art. 183), inspi-

---

94. Ley Orgánica 5/2010, de 22 de junio. Disponible en https://www.boe.es/buscar/doc.php?id=BOE-A-2010-9953

95. Aunque este término se ha generalizado tanto en la doctrina como en la jurisprudencia para denominar a estas conductas, en realidad el Código penal solo lo utiliza en la que introduce posteriormente en el apartado 2º. Como se verá más adelante, se trata de una desafortunada traducción incorrecta que se produce en el ámbito legislativo europeo y se arrastra sin más al código penal español.

rada en el término anglosajón *online child grooming*. La exposición de motivos de la ley hace referencia a la conducta de adultos que se valen de las nuevas tecnologías para ganarse la confianza de los menores con el objetivo de establecer contacto con la finalidad de cometer los delitos de los arts. 183 y 189, es decir, abusos o agresiones sexuales, o alguno de los delitos relacionados con corrupción de menores y pornografía infantil. Sin embargo, la redacción del precepto no limita su aplicación a adultos y lo hace, por tanto, aplicable también a menores con responsabilidad penal (a partir de los 14 años)[96]. En lo que respecta al Capítulo V y en concreto a los delitos relativos a la pornografía ilícita, se vuelven a elevar las penas del tipo básico (prisión de 1 a 5 años) y de las agravaciones específicas (prisión de 5 a 9 años). En el art. 189.1 se añade en el primer apartado (a) la sanción a quien se lucre con las actividades, y en el segundo (b) el ofrecimiento del material pornográfico en el que se haya utilizado a menores o incapaces.

La reforma de 2015[97] supone la elevación de la edad de consentimiento sexual de 13 a 16 años, lo que se ha visto reflejado en varios lugares. Por un lado, en el art. 182 (abusos sexuales por engaño o abuso de confianza) que ahora protege a menores de entre 16 y 18 años, y por otro lado, en la rúbrica y en los diversos delitos del Capítulo II bis (abusos y agresiones sexuales a menores de 16 años). Se incluye en el antiguo art. 183 bis la conducta de hacer presenciar a un menor de 16 años actos o abusos sexuales sobre otras personas, aunque el autor no participe en ellos. En el antiguo art. 183 ter (actual 183) se añade un segundo apartado para los casos en que el autor embauca al menor para que le envíe material pornográfico o exhiba imágenes pornográficas en las que aparezca o se represente un menor. En definitiva, en 2010, con el primer apartado de este precepto, y en 2015, con el segundo, se tipifican actos preparatorios autónomos de los delitos de agresión y abuso sexual contra menores de 16 años y de pornografía infantil. Como se ha indicado anteriormente, se presume así que los contactos sexuales con menores de 16 años no pueden ser consentidos porque estos sujetos carecen de la capacidad legal para comprender todas las implicaciones de un encuentro sexual, volviendo inválido el consentimiento, incluso si poseen la capacidad natural para decidir. Dadas las posibles situaciones anómalas que pueden darse cuando ambos sujetos tienen edades o grado de madurez similares, pero uno de ellos es menor de 16 años y el otro tiene ya edad de responsabilidad penal (14 años), la reforma de 2015 introduce una cláusula en el que actualmente es el art. 183 bis, permitiendo eximir de responsabilidad penal en dichos casos, siempre que el consentimiento sea libre y se mantenga un contacto sexual consentido con una persona próxima en edad y grado de desarrollo o madurez.

---

96. Llaman la atención sobre la incongruencia de esta decisión político-criminal, en la medida en que también se pueda aplicar a menores de edad, entre otros, DÍAZ CORTÉS, L.M. (2017): «El debate sobre la penalización o no del *sexting primario* entre menores: El contexto de respuesta, su incoherencia y el desconocimiento de límites», en *Revista de Derecho Penal y Criminología*, UNED, 3ª Época, n° 18 (julio de 2017), pág. 47; FERNÁNDEZ CABRERA, M. (2024): *El menor como agresor sexual: Hacia una respuesta penal racional*, Tirant Lo Blanch, págs. 77 y ss.

97. Ley Orgánica 1/2015, de 30 de marzo. Disponible en https://www.boe.es/buscar/doc. php?id=BOE-A-2015-3439

Además de diversos cambios en el ámbito de los delitos de prostitución, en lo que respecta al objeto de este trabajo, la reforma de 2015 introduce importantes novedades en los delitos relativos a la pornografía ilícita, que no han sido apenas modificados posteriormente en las reformas de 2021[98], 2022 y 2023, por lo que la regulación actual coincide en gran medida con lo que se va a indicar a continuación y que se desarrollará más adelante. Es especialmente relevante la eliminación de los tipos atenuados relativos a pornografía virtual que se encontraban en el apartado 7 del art. 189 (conductas del tipo básico cuando el material pornográfico se hubiera creado sin utilizar directamente a los menores o incapaces sino usando su voz o imagen alterada o modificada), para incluir las referidas a pornografía infantil virtual en el tipo básico del apartado 1, donde se hace una definición mucho más detallada del material pornográfico objeto de estos delitos. En concreto, se elimina totalmente la referencia a sonidos (voz alterada o modificada), de manera que, en adelante, solo se considerará ilícito aquel consistente en imágenes, aunque la conducta sexual no sea real, como se verá a continuación. Además, la definición se refiere a «pornografía infantil o en cuya elaboración hayan sido utilizadas personas con discapacidad necesitadas de especial protección» ya que, como se verá, en lo que respecta al objeto material relacionado con menores de edad no se distingue entre supuestos en los que estos hayan sido directamente utilizados o no[99]. En concreto, se considera incluido, en primer lugar, «todo material que represente de manera visual a un menor o una persona con discapacidad necesitada de especial protección participando en una conducta sexualmente explícita, real o simulada»; o de los órganos sexuales de estos sujetos, siempre que se haga con fines principalmente sexuales. Por otro lado, también está incluida la representación visual de una persona que parezca ser un menor participando en una conducta sexualmente explícita, real o simulada, o de sus órganos sexuales, con fines principalmente sexuales, permitiendo en estos casos no sancionar si se demuestra que la persona tiene en realidad 18 años o más. Por último, como se ha indicado, se incluye la pornografía infantil virtual, es decir, las imágenes realistas de un menor participando en una conducta sexualmente explícita o de sus órganos sexuales con fines principalmente sexuales.

Por otra parte, se elimina del art. 189 la conducta de corrupción de menores del apartado 4, consistente en hacer participar a un menor de edad o incapaz en

---

98. Sí es destacable que se añade entre las personas vinculadas a la víctima a las que se les puede aplicar la agravante específica del actual art. 189.2.g, cualquiera que conviva con ella (no solo sus familiares).

99. Tal como menciona el legislador en la exposición de motivos de la LO 1/2015, se atiende a lo requerido por la Directiva 2011/93/UE, que justifica la mayoría de las modificaciones en este ámbito aunque, como se verá, en algunos casos no era necesario, pues ya se regulaba en el sentido requerido por la Directiva, o se ha decidido no incluir ciertas cláusulas permitidas por la Directiva que excluirían la responsabilidad penal en algunos casos. En relación con esta tendencia del legislador penal a situar la justificación de las reformas más punitivas en sus compromisos supranacionales, como un rasgo del modelo penal de la seguridad ciudadana, GARCÍA MAGNA, D. (2018), *op.cit.*, págs. 74 y ss., y 145 y ss.

un comportamiento de naturaleza sexual que perjudique su evolución o desarrollo, llevando dicha conducta al art. 183 bis, donde se sanciona (con mayor pena) determinar a un menor de 16 años a participar en una conducta de naturaleza sexual o a presenciar actos de carácter sexual. Se deja fuera así a las personas con discapacidad necesitadas de especial protección y a los mayores de 16 años, aunque en el caso de estos últimos, si no han cumplido los 18 años y se les involucra en una conducta de naturaleza sexual concurriendo engaño o abuso de confianza, autoridad o influencia, se aplicará el art. 182.

En cuanto a las agravantes, no se modifican las penas y se incluyen algunas circunstancias nuevas, aunque siguen previéndose las siguientes: la utilización de menores por debajo de la edad de consentimiento sexual, que los hechos revistan carácter particularmente degradante o vejatorio, que el material represente a menores o personas con discapacidad necesitadas de especial protección que sean víctimas de violencia física o sexual, que el culpable pertenezca a una asociación u organización dedicada a dichas actividades aun de manera transitoria, que el material pornográfico sea de especial gravedad (aunque antes se exigía que lo fuera por su valor económico y con la nueva redacción de 2015 solo se menciona que sea de notoria importancia, por lo que no es imprescindible atender solo a dicho valor), y que el responsable de los hechos sea ascendiente, tutor, curador, guardador, maestro o cualquier otra persona encargada, de hecho o de derecho, del menor o incapaz (en 2015 se añade que puede tratarse de una persona encargada aunque sea provisionalmente del sujeto). Como novedades, se añade a esta última agravación que el responsable sea cualquier miembro de la familia que conviva con el menor o la persona con discapacidad, o se trate de cualquier persona que haya abusado de su posición de reconocida confianza o autoridad. También se incluye como agravante la concurrencia de reincidencia y que el culpable haya puesto en peligro (de forma dolosa o por imprudencia grave) la vida o la salud de la víctima. Además, se añade una hiperagravación cuando la conducta del apartado a) del art. 189.1 (captar o utilizar a menores o personas con discapacidad con fines o en espectáculos exhibicionistas o pornográficos, o para producir material pornográfico o financiar o lucrarse con dichas actividades) se realice con violencia o intimidación, imponiendo la pena superior en grado a las de los tipos básicos o agravados, lo que lleva a poder imponer penas de entre 5 y 7 años y medio, o de 9 a 13 años y medio, respectivamente.

Respecto a las conductas de los consumidores, estas se amplían en dos sentidos, imponiendo la misma pena en todas ellas. Por un lado, junto a la posesión de material pornográfico para uso personal, se añade la adquisición y el acceso al material por medios tecnológicos. En la medida en que la nueva definición de material pornográfico ilícito del art. 189.1 párrafo 2º incluye también la pornografía infantil virtual (aquella en la que no han sido directamente utilizados los menores, sino que se ha producido mediante la manipulación de imágenes realistas), se amplía mucho el tipo, que antes de 2015 dejaba fuera el material generado alterando o modificando la imagen (antiguo apartado 7 del art. 189), pues hacía referencia expresa a que el material poseído debía haberse elaborado utilizando a menores de edad o personas con discapacidad necesitadas de especial protección (antiguo apartado 2 del art. 189). Como se ha indicado, a partir de 2015 el objeto material es la pornografía infantil, con independencia de que hayan sido realmente utilizados menores de edad o solo se les represente de manera realista. En el caso del material que afecte a personas con discapacidad necesitadas de especial protección, sí se sigue exigiendo que hayan sido realmente utilizados, ya que el material pornográfico virtual incluido en el tipo solo se refiere a menores de edad. Por otro lado, se sanciona al que asista a sabiendas a espectáculos exhibicionistas o pornográficos en los que participen menores o personas con discapacidad necesitadas de especial protección. En definitiva, se consideran de la misma gravedad conductas diversas, como el acceso a pornografía infantil virtual (en cuya elaboración no han sido directamente utilizados menores) o la asistencia a un espectáculo pornográfico en el que estos sí estén participando en directo.

Sigue sancionándose de la misma manera la conducta de quien no haga lo posible, o acuda a la autoridad, para impedir la continuación en la situación de prostitución o corrupción en que se encuentre un menor o persona con discapacidad que tenga bajo su potestad, tutela, guarda o acogimiento, promoviendo el Ministerio Fiscal las acciones oportunas para privarle de la patria potestad, tutela, guarda o acogimiento, en ese caso.

Por último, se prevé en el apartado 8 del art. 189 la adopción por parte de los jueces o tribunales de las medidas necesarias para la retirada de las páginas web o aplicaciones que contengan o difundan pornografía ilícita, o para bloquear el acceso a las mismas desde territorio español, pudiendo acordarse dichas medidas con carácter cautelar a petición del Ministerio Fiscal.

En 2021[100], se reforman algunos aspectos de los delitos sexuales en relación con menores de edad. En concreto, en los arts. 180, 183 y 188, añadiendo entre las agravantes específicas de las agresiones y abusos sexuales, y de los delitos relativos a la prostitución de menores de edad, el abuso de una situación de convivencia, y los casos en que la víctima fuese cualquier persona en una situación de especial vulnerabilidad. En la cláusula de exclusión de responsabilidad por proximidad de edad y madurez del art. 183 quater, se excluyen expresamente las conductas del art. 183.2 (aquellas realizadas con violencia o intimidación) que, en cualquier caso, ya quedaban fuera por no poder entenderse que en esos supuestos el consentimiento sea libre. Entre las agravantes de los delitos relativos a pornografía ilícita, se añaden al carácter particularmente degradante o vejatorio de los hechos, la representación de escenas de violencia física o sexual (a diferencia de la redacción anterior, que exigía que se representase a menores y personas con discapacidad que estuviesen siendo víctimas de violencia física o sexual[101]) y que el material pornográfico se haya obtenido mediante

---

100. Ley Orgánica 8/2021, de 4 de junio. Disponible en https://www.boe.es/buscar/act.php?id=BOE-A-2021-9347

101. Parece que habría que exigir que las escenas sexuales representadas impliquen que el menor o la persona con discapacidad está efectivamente siendo víctima de violencia real.

violencia o intimidación[102]. Además, se añade una nueva agravante cuando los menores de edad utilizados se encuentren en una situación de especial vulnerabilidad por razón de enfermedad, discapacidad o cualquier otra circunstancia. Por último, en la agravante del apartado g (relación especial entre sujeto activo y víctima), se amplía el grupo de posibles autores, al incluir a cualquier persona que conviva con el menor de edad o la persona con discapacidad, sea o no miembro de su familia.

Al igual que se ha hecho en otros lugares del Código penal, también aquí se incluye un delito de distribución o difusión pública a través de tecnologías, internet o teléfono, de contenidos específicamente destinados a promover, fomentar o incitar a la comisión de los delitos relativos a pornografía, prostitución, y agresiones y abusos sexuales a menores de 16 años. Se prevé la adopción de las medidas necesarias para la retirada de los contenidos, la interrupción de los servicios que los ofrezcan o su bloqueo cuando se encuentren en el extranjero. En las disposiciones comunes, junto a la inhabilitación especial para ejercer profesión u oficio que implique contacto regular y directo con menores de edad, impuesta a cualquier persona que haya sido condenada por un delito del Título VIII (sea o no contra menores de edad), se añade también la inhabilitación para realizar cualquier actividad remunerada o no que implique ese contacto.

En las reformas posteriores a 2021 no se han modificado los delitos relativos a pornografía, salvo para las personas jurídicas, pero sí ha habido cambios que afectan a los delitos contra menores de edad. A través de la reforma de 2022[103] se eliminó de la rúbrica del Título VIII la mención a la «indemnidad sexual», aunque en la medida en que sigue considerándose que ciertos sujetos no pueden disponer de su libertad en ese ámbito y todavía se sancionan conductas relativas a la corrupción de menores, entre otras, parece que los argumentos para sostener que dicho bien jurídico es el objeto de protección siguen vigentes. También se elimina la distinción entre agresión sexual y abuso sexual (denominando a ambas conductas como agresión), aunque poco después, en 2023[104], se han incluido agravaciones en caso de que la agresión sexual se haya realizado con violencia, intimidación o abuso de una situación de privación de sentido o conciencia, recuperando de alguna forma la anterior distinción entre agresión y abuso[105],

---

102. La inclusión de esta circunstancia entre las agravantes específicas del art. 189.2 impide, a mi modo de ver, la apreciación de la hiperagravación del apartado 3, aplicable cuando la conducta del art. 189.1 a) se realiza con violencia o intimidación, por infracción del principio *ne bis in idem* al menos en la segunda modalidad (utilización para elaborar material pornográfico), aunque no siempre será así en la primera (captación), dado que podría imaginarse una situación en la que se capte a los sujetos con violencia o intimidación y después no se usen dichos medios para elaborar el material pornográfico.

103. Ley Orgánica 10/2022, de 6 de septiembre. Disponible en https://www.boe.es/buscar/act. php?id=BOE-A-2022-14630#df-4

104. Ley Orgánica 4/2023, de 27 de abril. Disponible en https://www.boe.es/buscar/act.php? id=BOE-A-2023-10213#au

105. Las actuales agravaciones incluyen las conductas que antes de 2022 se consideraban agresiones sexuales (uso de violencia o intimidación), pero incorporan además aquellas realizadas

aunque manteniendo el término de agresión para todas las conductas sexuales no consentidas, también aquellas realizadas con menores de edad. Aunque ya antes de 2022 se mencionaba el consentimiento (en los abusos sexuales) y se entendía que la conducta de agresión debía realizarse sin él, pues constituía un atentado a la libertad sexual, en 2022 se menciona expresamente que dicho ataque debe realizarse sin consentimiento y se incluye en el art. 178.1 una referencia a que solo se puede entender que existe (y, por tanto, no habrá agresión sexual) si este se manifiesta libremente mediante actos que expresen de manera clara la voluntad de la persona. Además de producirse algunos cambios significativos en las agravaciones específicas de los arts. 180 y 181.4[106], en la cláusula de exclusión de responsabilidad del antiguo art. 183 quater (actual art. 183 bis), se introduce la exigencia expresa de que la conducta no se realice con los medios comisivos del art. 178.2 (violencia, intimidación, abuso de superioridad o vulnerabilidad, incluidas situaciones en las que la víctima tenga anulada su voluntad, esté privada de sentido o se abuse de su situación mental), aunque dicha exigencia ya se encontraba implícita en la redacción anterior, que solo permitía aplicarla si el consentimiento era libre. Además, se concreta que la cercanía en el grado de desarrollo o madurez debe ser tanto física como psicológica. En el delito de acoso sexual se incluye un apartado (art. 184.5) que permite exigir responsabilidad penal a las personas jurídicas y, en el ámbito de los delitos del Capítulo V (prostitución, explotación sexual y corrupción de menores), se modifica el art. 189 ter para incluir como obligatoria, junto a la multa, la disolución de la persona jurídica responsable (pena que hasta el momento era solo potestativa, junto a las demás de los apartados c a g del art. 33 bis).

En cuanto a la regulación de las disposiciones comunes, de acuerdo con la regulación vigente a la fecha de realización de este trabajo (2025), es de destacar que cuando se condena a pena de prisión por la comisión de uno o más delitos sexuales, se impone de forma preceptiva una medida de libertad vigilada a cumplir tras la privación de libertad, que puede oscilar entre 1 y 5 años, cuando se trate de delitos menos graves, o entre 5 y 10 años, si alguno de los delitos es grave. En el caso de delincuentes primarios que hayan cometido un solo delito,

---

con prevalimiento (abuso de superioridad, vulnerabilidad, situación mental o privación de sentido, y anulación de voluntad), que antes eran considerados abusos sexuales.

106. No se detallan aquí al no ser objeto de estudio en este trabajo todos los delitos sexuales, sino tan solo los relativos a pornografía, aunque sí es de destacar que en 2022 se hace mención expresa a que las agravantes no se aplicarán si dichas circunstancias ya han sido tenidas en cuenta para encuadrar la conducta en los tipos básicos respectivos (algo que no era necesario mencionar, dado que se aplicaría en ese caso el principio *ne bis in idem*). En 2023, sin embargo, no solo se ha eliminado dicha mención, sino que se ha optado por incluir expresamente en los arts. 180.1 pfo. 2º y 181.5 pfo. 2º que en esos casos se deberá aplicar la regla 4ª del art. 8, es decir, resolver como un concurso de leyes por alternatividad, que siempre implicará optar por el tipo agravado y, en consecuencia, considerar de nuevo la circunstancia que ya haya sido tenida en cuenta para encuadrar la conducta en el tipo básico. Esta decisión se contradice no solo con el principio *ne bis in idem*, sino también con la Directiva de 2011, en la medida en que en su art. 9 determina a los Estados a que incluyan agravaciones en base a determinadas circunstancias, «siempre que no formen parte de los elementos constitutivos de las infracciones».

la imposición de dicha medida es facultativa, atendiendo al peligro representado por el autor (art. 192.1). Además, continuando con la regulación anterior respecto a víctimas menores de edad, la conducta se sanciona más gravemente (con la pena en su mitad superior) si el autor o partícipe es ascendiente, tutor, curador, guardador, maestro o cualquier otra persona encargada (de hecho o de derecho) del menor o de la persona discapacitada vulnerable, salvo que la circunstancia ya esté prevista en el delito (art. 192.2). Además, se podrá imponer la privación de la patria potestad o la inhabilitación especial temporal para ejercer la patria potestad, tutela, curatela, acogimiento o guarda, y la inhabilitación temporal para el ejercicio de cargos públicos o profesiones, durante un periodo de 6 meses a 6 años. Se prevé la inhabilitación especial para cualquier profesión o actividad que implique contacto regular y directo con menores, aunque el delito se haya cometido contra una persona adulta, pudiendo extenderse más allá de la pena de prisión impuesta, entre 5 y 20 años en caso de delitos graves o entre 2 y 20 años en delitos menos graves. Asimismo, la sentencia de condena debe incluir, en su caso, el pronunciamiento correspondiente sobre la declaración de filiación y pensión alimenticia (art. 193). En cuanto al plazo de prescripción, existe una regulación especial para el inicio del cómputo cuando la víctima es menor de edad, comenzando a contar cuando esta cumple 35 años o, en caso de fallecimiento previo, a partir de la fecha del deceso (art. 132.1.3º). Se ha elevado así el momento de inicio del plazo, que antes comenzaba cuando la víctima alcanzaba la mayoría de edad. Respecto a la asistencia a las víctimas, se prevé ayuda pública no solo en delitos violentos (cubriendo también gastos en salud mental), sino también cuando se produzcan lesiones graves o daños que puedan ocasionar una incapacidad permanente o temporal superior a 6 meses. En materia procesal es importante señalar que el testimonio de la víctima puede ser suficiente como única prueba, siempre que se cumplan ciertas garantías (ausencia de incredulidad subjetiva, corroboraciones objetivas y persistencia en la denuncia), incluso si el único testigo es un menor. Se recomienda evitar el enfrentamiento visual entre la víctima y el acusado (utilizando, por ejemplo, videoconferencias o barreras físicas). En los delitos de acoso y agresión sexual se requiere la denuncia de la parte ofendida o de su representante legal para iniciar el procedimiento, salvo cuando la víctima sea menor o una persona con discapacidad que requiera protección especial, en cuyo caso puede iniciarlo el Ministerio Fiscal (art. 191). En cuanto al perdón de la víctima, este no extingue la responsabilidad penal ni influye en la acción penal, aunque sí puede ser relevante para la responsabilidad civil. Las condenas de tribunales extranjeros por cualquier delito sexual se tendrán en cuenta a efectos de la circunstancia agravante de reincidencia (art. 190). Por último, el art. 194 contempla el cierre definitivo (hasta 2023 se podía optar también por que fuera temporal) y como medida cautelar facultativa, de los locales o establecimientos donde se hayan cometido delitos de exhibicionismo, provocación sexual, prostitución y explotación sexual, o corrupción de menores. Se menciona expresamente en el nuevo art. 194 bis que las penas se impondrán sin perjuicio de las que correspondan por los actos de violencia física o psíquica realizados.

4.4. RECAPITULACIÓN Y SÍNTESIS DE LOS ANTECEDENTES Y REGULACIÓN ACTUAL DE LOS DELITOS RELATIVOS A PORNOGRAFÍA

Una vez planteado el desarrollo histórico de los delitos sexuales, en especial, de los cometidos sobre menores de edad, y abordada la regulación actual de los relativos a pornografía ilícita, antes de pasar a plantear las cuestiones más relevantes en torno a estos delitos y la realidad de la aplicación práctica de los preceptos, creo preciso realizar una breve síntesis de la evolución reflejada en las páginas precedentes, ahora ya centrada en exclusiva en los delitos de pornografía. Así, hay que recordar que la inclusión por primera vez de conductas relacionadas con pornografía se produjo en el Código penal de 1822, que sancionaba la producción, publicación, difusión o introducción en España de libros o escritos con lenguaje obsceno, o de material gráfico de la misma naturaleza, tales como estampas, pinturas, relieves, estatuas, etc. En el Código de 1848 estas conductas dejaron de estar tipificadas y no se reintrodujeron hasta 1928 (a excepción de la sanción en 1870 de la difusión por medio de la imprenta de doctrinas contra la moral pública, aunque no se hacía referencia a materiales gráficos). Así, en el art. 618 del Código penal de 1928 se sancionaban multitud de conductas relacionadas con diferentes materiales considerados obscenos (escritos, dibujos, grabados, cuadros, cintas cinematográficas, etc.), tales como su producción, posesión, difusión o exhibición. El Código de 1932 eliminó estos delitos, que no se reintrodujeron en 1944 ni en 1973. En la reforma de 1988 se incluyó el delito de difusión, venta o exhibición de pornografía ante menores de 16 años e incapaces. Esta conducta se mantuvo en el Código penal de 1995, junto con el delito de utilización de menores o incapaces con fines o en espectáculos exhibicionistas o pornográficos, siendo en la reforma de 1999 cuando se introdujo el delito de producción de pornografía infantil o en la que se empleasen personas con discapacidad.

Por lo que respecta a las circunstancias a las que se va a prestar una atención especial en este trabajo, esto es, aquellas relacionadas con la comisión de conductas en contextos de especial desprotección y vulnerabilidad de los menores de edad afectados (especial relación entre el infractor y la víctima, o pertenencia del sujeto a una organización o asociación dedicada a tales actividades), es interesante sintetizar aquí también en qué momento histórico se aborda su sanción de manera diferenciada y más severa, aunque no desde el principio referida a delitos de pornografía en la que se hubiese utilizado o apareciesen menores de edad, que no se sancionan hasta el código actual en 1995. Por lo que respecta a otras conductas sexuales o de corrupción de menores, ya en el Código penal de 1822 se agravaban y se imponía en algún caso inhabilitación especial para el ejercicio de distintos derechos relacionados con la posición ostentada por el autor del delito cuando este abusaba de una situación de especial responsabilidad respecto al menor, en concreto, cuando se trataba de su padre, madre, abuelos, sirvientes domésticos, empleados de casas de enseñanza, caridad, corrección, beneficencia, etc. Si la situación de corrupción o prostitución se debía a negligencia o abandono de sus cuidadores, tutores, maestros, etc., se imponía inhabilitación a perpetuidad para ejercer dichos cargos. En el Código penal de 1848 se castigaban más gravemente las conductas de violación, abusos deshonestos y estupro en caso de que el autor fuese autoridad, sacerdote, tutor, maestro, etc., o hermano o ascendiente de la víctima, sancionándoles como autores incluso si su conducta era de complicidad y previendo la pena de inhabilitación a perpetuidad para los maestros o encargados de la educación o dirección de la juventud, su inhabilitación para ejercer el derecho de tutela y ser miembros del consejo de familia, y la sujeción a vigilancia durante un tiempo variable a estimación del tribunal. En los códigos de 1850 y 1870 no hubo reformas en este sentido, pero en 1928 se incluyó la necesidad de aprobación por la autoridad del perdón otorgado hacia ascendientes, hermanos, guardadores legales o encargados de la custodia, o cuando hubiese mediado abuso de autoridad, cargo o confianza. En el código de 1932 se introdujo la posibilidad de acordar el ingreso del menor que se encontrase en estado de prostitución o corrupción, en una institución especial, privando de la patria potestad o tutela a quienes lo hubiesen desamparado o abandonado, o hubiesen consentido su situación. Dichas medidas de protección se mantienen en el código de 1944, añadiendo la posibilidad de aplicarlas también a mujeres entre 16 y 23 años en dichas situaciones, y se continúan en el texto de 1973 y sucesivos, donde seguían agravándose las conductas cuando el autor era ascendiente, tutor, maestro o hubiese actuado con abuso de autoridad o encargo. Ya en el código de 1995 se incluye por primera vez la utilización de menores de edad o incapaces con fines o en espectáculos exhibicionistas o pornográficos, pero es en la reforma de 1999 cuando se incorpora el delito de producción de material pornográfico en el que se hubiera utilizado a estos sujetos y por primera vez se sanciona más gravemente la pertenencia del autor a una organización o asociación dedicada a estas actividades. La reforma de 2003 aumenta la pena en esos casos y añade otras agravaciones entre las que está la de que el responsable sea ascendiente, tutor, curador, guardador, maestro o persona encargada del menor o incapaz. Las siguientes reformas (2010, 2015, 2021, 2022 y 2023) no contienen modificaciones relevantes en este sentido, más allá del hecho de que se amplía el objeto material y, por tanto, ello también se aplica a las agravaciones. En 2015 sí se incorpora entre los sujetos a los que se agrava la conducta por tener una relación especial con la víctima, a quienes estén encargados del menor aunque sea provisionalmente y a cualquier familiar (en 2021 se amplía a cualquier persona) que conviva con él o que haya abusado de su posición de reconocida confianza o autoridad.

Para facilitar en adelante la lectura y poder consultar las diferentes redacciones del art. 189 CP hasta la actualidad, en especial, la numeración concreta de los tipos y las agravaciones, la tabla 1 refleja de manera sintética todas las modificaciones de dicho precepto en el Código penal vigente[107], sin incluir

---

otras conductas que también se encuentran en dicho precepto pero no están directamente relacionadas con la pornografía ilícita[108]. Para no ampliar en exceso la tabla, no se incluyen el art. 190 (reincidencia internacional), que no ha sufrido cambios, el delito de incitación a través de TIC a la comisión de estas conductas (art. 189 bis, introducido por LO 8/2021), la responsabilidad penal de las personas jurídicas (incluido inicialmente en el art. 189 bis, por LO 5/2010, y después en el art. 189 ter, por LO 10/2022), ni las disposiciones comunes (arts. 191 a 194 bis).

TABLA 1
Modificaciones en las conductas relacionadas con pornografía ilícita del art. 189 CP (1995-2023)

	Art. 189 CP
Redacción inicial LO 10/1995	– Art. 189.1: utilizar menores o incapaces para fines o espectáculos exhibic. o pornográficos (pr. 1-3 años) – Art. 189.3: MF promueve priv. d^{os} patria potestad, tutela, etc.
LO 11/1999	– Art. 189.1.a: utilizar menores o incapaces para fines o espectáculos exhibic. o pornográficos / para elaborar material pornográfico / financiar activ. (pr. 1-3 años) – Art. 189.1.b: Producir, vender, distribuir, exhibir, o facilitar lo anterior (pr. 1-3 años) – Art. 189.1. 2º pfo.: Poseer para esos fines (pena ½ inf.) – Art. 189.2: agrav. pertenencia a asoc. u org. (pena sup. 1 grado → pr. 3-4,5 años) – Art. 189.5: MF promueve priv. d^{os} patria potestad, tutela, etc.

10/1995, de 23 de noviembre, https://www.boe.es/eli/es/lo/1995/11/23/10/con) que solo incluía el art. 189 y el art. 190 (reincidencia internacional); LO 11/1999, de 30 de abril (https://www.boe.es/eli/es/lo/1999/04/30/11), que modificó el art.189; LO 11/2003, de 29 de septiembre (https://www.boe.es/eli/es/lo/2003/09/29/11), que modificó el art. 189; LO 5/2010, de 22 de junio (https://www.boe.es/eli/es/lo/2010/06/22/5), que modificó el art. 189 e introdujo el art. 189 bis (responsabilidad penal de las personas jurídicas); LO 1/2015, de 30 de marzo (https://www.boe.es/eli/es/lo/2015/03/30/1/con), que modificó el art. 189; LO 8/2021, de 4 de junio (https://www.boe.es/eli/es/lo/2021/06/04/8/con), que modificó los arts. 189 y 189 bis, e introdujo el art 189 ter (incitación a través de TIC); LO 10/2022, de 6 de septiembre (https://www.boe.es/eli/es/lo/2022/09/06/10/con), que modificó el art. 189 ter; y LO 4/2023, de 27 de abril (https://www.boe.es/eli/es/lo/2023/04/27/4/con), que modificó el art. 189 bis.

108. Sobre la delimitación conceptual de las conductas incluidas en el art. 189, en concreto, las constitutivas de «corrupción de menores» y de «pornografía», MORILLAS FERNÁNDEZ, D.L. (2005): *Análisis dogmático y criminológico de los delitos de pornografía infantil. Especial consideración de las modalidades comisivas relacionadas con Internet*, págs. 147 y ss.

	Art. 189 CP
LO 15/2003	– Art. 189.1.a: utilizar menores o incapaces para fines o espectáculos exhibic. o pornográficos / elaborar material pornográfico / financiar (pr. 1-4 años) – Art. 189.1.b: Producir, vender, distribuir, exhibir o facilitar lo anterior / Poseer para esos fines (pr. 1-4 años) – Art. 189.2: Poseer para propio uso (pr. 3m-1año o mul. 6m-2años) – Art. 189.3: Conductas art. 189.1 agravadas (pr. 4-8 años): a) Utilizar menores 13 años / b) Carácter degradante o vejatorio / c) Especial gravedad (valor económico) / d) Representar niños o incapac. víctimas de violencia física o sexual / e) Pertenencia a asociación u organización / f) Ascendiente, tutor, curador, guardador, maestro o persona encargada. – Art. 189.6: MF promueve priv. d^{os} patria potestad, tutela, etc. – Art. 189.7: Producir, vender, exhibir, etc., no utilizando menores o incapac. sino voz o imagen alterada (pr. 3m-1año o mul. 6m-2años) – Art. 189.8: Medidas art. 129 si pertenencia a asociación, sociedad, organización
LO 5/2010	– Art. 189.1.a: captar o utilizar menores o incapaces para fines o espectáculos exhibic. o pornográficos / elaborar material pornográfico / financiar o lucrarse (pr. 1-5 años) – Art. 189.1.b: Producir, vender, distribuir, exhibir, ofrecer, o facilitar lo anterior / Poseer para esos fines (pr. 1-5 años) – Art. 189.2: s.c. – Art. 189.3: Conductas art. 189.1 agravadas s.c. salvo pena → pr. 5-9 años – Art. 189.6: s.c. – Art. 189.7: s.c. – ~~Art. 189.8: Medidas art. 129 si pertenencia a asociación, sociedad, organización~~
LO 1/2015	– Art. 189.1.pfo.1° a) y b): s.c., salvo «persona con discapac. necesitada esp. protección», en lugar de «incapaz» – Art. 189.1.pfo.2°: define material pornográfico – Art. 189.2: Conductas art. 189.1 agravadas (pr. 5-9 años): a) Utilizar menores 16 años / b) Carácter degradante o vejatorio / c) Representar niños o pers. discap. víctimas de violencia física o sexual / d) Puesta en peligro vida o salud víctima (dolo o imprud.)/ e) Notoria importancia material pornográfico / f) Pertenencia a asociación u organización / g) Ascendiente, tutor, curador, guardador, maestro o persona encargada de hecho o derecho; o familiar con quien conviva; o abuso confianza o autoridad / h) Reincidencia – Art. 189.3: conductas 189.1.a con violencia o intimidación (pena sup. 1 grado) – Art. 189.4: asistencia a espectáculos exhib./pornográficos menores o pers. discap. (pr. 6m-2años) – Art. 189.5: Adquirir o poseer para propio uso / Acceder a través de TIC (pr. 3m-1año o mul. 6m-2años) – Art. 189.7: s.c. – Art. 189.8: Tribunal puede ordenar retirada de webs o aplicaciones que contengan o difundan / bloqueo de acceso en España / tb. como medida cautelar (petición MF)

	Art. 189 CP
LO 8/2021	– Art. 189.1: s.c. – Art. 189.2: Conductas art. 189.1 agravadas (pr. 5-9 años): a) s.c. / b) Carácter degradante o vejatorio; emplear o representar violencia física o sexual / c) Utilizar menores de edad en situación de especial vulnerabilidad / d) s.c. / e) s.c. / f) Pertenencia a asociación u organización / g) términos inclusivos y se añade cualquier persona con quien conviva/ h) s.c. – Art. 189.3: s.c. – Art. 189.4: s.c. – Art. 189.5: s.c. – Art. 189.7: s.c. – Art. 189.8: s.c.
LO 10/2022	s.c.
LO 4/2023	s.c.

Fuente: Elaboración propia (si el precepto no sufre cambios se indica con s.c.).

Como se desprende del recorrido histórico de estos delitos que se acaba de realizar, la configuración del concepto de pornografía ilícita como objeto material[109] y el alcance de las conductas tipificadas, han ido variando con el tiempo, planteándose en un principio (códigos de 1822 y 1928) únicamente como tipos de provocación sexual, es decir, difusión de materiales en diversos soportes con contenidos pornográficos (u obscenos) en general y que podían dirigirse a cualquier persona, pues el bien jurídico protegido era la moral sexual u honestidad[110]. Estos delitos han llegado hasta nuestros días, alternándose con períodos en los que no se sancionaba ninguna conducta relacionada con pornografía (códigos de 1848, 1850, 1870, 1932, 1944 y 1973), aunque desde 1988 ya solo se castigan como delitos de exhibicionismo y provocación sexual cuando se dirigen a menores de diferentes edades (16 años en 1988, y 18 años desde 1995) o personas con discapacidad (desde 1995), siendo el bien jurídico protegido su indemnidad sexual, que se vería afectada al entrar en contacto visual con pornografía de cualquier tipo. A partir de 1995, además de los delitos de provocación sexual, se tipificaron otros relacionados con material pornográfico en el que apareciesen menores de edad o personas con discapacidad, abarcando una gran variedad de conductas: aquellas

---

109. Más adelante se llevará a cabo un análisis detallado del concepto de pornografía que es objeto material de los delitos del art. 189 CP actual. Para un análisis minucioso de la evolución del concepto de pornografía en la regulación previa al Código penal actual, DÍEZ RIPOLLÉS, J.L. (1982), *op.cit.*, págs. 265 y ss. Respecto al concepto de pornografía en el Código penal de 1995, TERRADILLOS BASOCO, J.M. (2019), *op.cit.*, págs. 373 y ss.

110. Los bienes jurídicos afectados a los que se hace referencia en este resumen esquemático de la regulación histórica, son los que indica el propio texto de cada código penal, sin tener en cuenta, por supuesto, que en todos los casos existe discusión doctrinal al respecto. Aunque ya se ha aludido a dicha discusión en páginas anteriores, respecto a la regulación actual se tratará este tema en profundidad en el capítulo 8.

que afectan directamente a la libertad o indemnidad sexual de dichos sujetos a los que se utiliza para producir el material pornográfico, las realizadas por quienes no utilizan a los sujetos pero contribuyen a la difusión del material, se lucran con él, o solo lo consumen o acceden al mismo, y más recientemente las de producción y posesión de materiales en los que aparecen imágenes ficticias de menores y sonidos modificados. La tabla 2 muestra de manera esquemática la evolución que se acaba de apuntar, considerando que «sin cambios» se refiere a que no se han producido modificaciones importantes en las conductas típicas, el objeto material y los sujetos y bienes jurídicos afectados, pero sin tener en cuenta que las penas sí han variado y, al menos en las reformas del código actual, siempre han ido en aumento, tanto en las conductas de exhibicionismo del art. 186 (elevándose en 1999 y en 2003), como en las de pornografía del art. 189 (en la tabla 1 se incluyen concretamente todos los cambios de penas). Se sombrean ligeramente los periodos en los que no se sancionan conductas relacionadas con pornografía (de cualquier tipo) y un poco más aquellos en que sí se han incluido dichas conductas en el código penal. Se muestran con una tonalidad aún más oscura los períodos en que la amplitud de las conductas sancionadas se incrementa (ya sea por alcanzar a un número mayor de comportamientos, porque el objeto material es más amplio o porque aumentan los posibles sujetos pasivos afectados).

TABLA 2
Evolución de los delitos de pornografía (1822-2023): conducta, objeto material, sujetos pasivos y bien jurídico

Cód. Pen. / Reforma	Conducta	Objeto material	Sujeto pasivo / bien jurídico
1822	Producción, publicación, difusión, introducción	Libros, escritos, material gráfico: actos lúbricos o deshonestos (cualq. persona)	Cualquiera (exhibición) / honestidad
1848	No se sanciona	No se sanciona	No se sanciona
1850	No se sanciona	No se sanciona	No se sanciona
1870	No se sanciona	No se sanciona	No se sanciona
1928	Producción, posesión, difusión, anuncio, etc., para fines de comercio, distribución o exhibición pública.	Objetos obscenos: escritos, dibujos, grabados, cintas, etc. (cualquier persona)	Cualquiera (exhibición) / BJ honestidad
1932	No se sanciona	No se sanciona	No se sanciona
1944	No se sanciona	No se sanciona	No se sanciona
1973	No se sanciona	No se sanciona	No se sanciona

Cód. Pen. / Reforma	Conducta	Objeto material	Sujeto pasivo / bien jurídico
1988	Difusión, venta, exhibición a menores de 16	Pornografía de todo tipo	Menores 16 (exhib.) / BJ indem. sex.
1989	Sin cambios	Sin cambios	Sin cambios
1995	Art. 186: difusión, venta, exhibición entre menores e incap.	Pornografía de todo tipo	Menores 18 e incap. (exhib)/ BJ indem.sex.
	Art. 189: utilizar menores/ incap. fines o espectáculos exhib./pornogr.	Pornografía de menores/ incapac.	Menores 18 e incap. protagonistas del material / BJ indem. sex.
1999	Art. 186: sin cambios	Sin cambios	Sin cambios
	Art. 189: + utilizar para elaborar material + financiar + producir, vender, distribuir, exhibir, facilitar + poseer para esos fines	Sin cambios	Sin cambios
2003	Art. 186: sin cambios	Sin cambios	Sin cambios
	Art. 189: + poseer para uso propio + producir, vender, etc., sin utilizarles	Sin cambios Pornografía imagen/sonido (menores/incapac.)	Sin cambios + BJ infancia
2010	Art. 186: sin cambios	Sin cambios	Sin cambios
	Art. 189: + captar + lucrarse	Sin cambios	Sin cambios
2015	Art. 186: sin cambios	Sin cambios	Sin cambios
	Art. 189: + adquirir o acceder para uso propio	Pornografía solo imagen (menores/incapac.) + ficticia	Sin cambios

Fuente: Elaboración propia.

5. Bases para un análisis crítico de la regulación de los delitos relacionados con pornografía infantil

Antes de plantear las principales cuestiones problemáticas en este ámbito, es interesante tomar un primer contacto con la realidad de aplicación de toda esta normativa y poner de manifiesto que las estadísticas sobre delincuencia disponibles en España adolecen de ciertos problemas que es preciso tener en cuenta a la hora de decidir dónde acudir para encontrar la información o cómo combinar las diferentes fuentes[111]. Por lo que respecta a la pornografía infantil, el hecho de que una importante proporción de las conductas se cometan en el ámbito de internet, facilita que se puedan obtener algunos datos sobre ciberdelincuencia que ofrece el Ministerio del Interior en el Portal Estadístico de Criminalidad y que sí se encuentran desglosadas por delito concreto, aunque presentando solo datos policiales sobre hechos conocidos, esclarecidos, personas detenidas e investigadas y victimizaciones. No ocurre lo mismo con las procedentes del Instituto Nacional de Estadística (condenas), ya que se agrupa en un solo apartado la información de todos los delitos relativos a prostitución, explotación sexual y corrupción de menores, no siendo posible desglosar la de los delitos relacionados con pornografía. Sí son más detalladas las memorias de la Fiscalía General del Estado, aunque no precisan las diligencias incoadas por

111. CEREZO DOMÍNGUEZ, A.I.; GARCÍA CORNEJO, R. (2020): «La ciberdelincuencia en España: Un estudio basado en las estadísticas policiales», en *Revista Electrónica de Estudios Penales y de la Seguridad: REEPS*, n.º 6, 2020, pág. 4. Sobre la dificultad de obtener una visión de la realidad de la delincuencia cometida por menores de edad, por ejemplo, FERNÁNDEZ CABRERA, M. (2024), *op.cit.*, págs. 23 a 26, y FERNÁNDEZ MOLINA, E. (2013): «Datos oficiales de la delincuencia juvenil: valorando el resultado del proceso de producción de datos de la Fiscalía de menores», en *Indret. Revista para el Análisis del Derecho*, n.º 2, 2013, págs. 4 y ss.

modalidades comisivas concretas, pero muestran separados los delitos de pornografía infantil, centrándose por tanto en el art. 189. Por lo que respecta a los datos cuantitativos y partiendo de esa misma fuente pero con un nivel de detalle mayor que el que proporciona el Instituto Nacional de Estadística, en la tabla 3 se muestra información sobre la aplicación de los distintos apartados del art. 189 recogida en el VII Informe periódico de España al Comité sobre los Derechos del Niño (CRC).

TABLA 3
Adultos condenados por delitos relacionados
con pornografía ilícita (2018-2022)

Cód. tipo delito	Tipo de delito	Artículo del código penal	Número de sentencias				
			2018	2019	2020	2021	2022
20810	Utilización de menores o personas con discapacidad necesitadas de especial protección con fines pornográficos / Financiar o lucrarse con estas actividades	189.1.a CP	30	19	11	20	26
2081001	Utilización de menores o personas con discapacidad necesitadas de especial protección con fines pornográficos. Modalidades agravadas	189.2 CP					1
20811	(-)Producción, distribución o tenencia material pornográfico	189.1b, 189.2 CP hasta LO 1/2015; desde LO 1/2015	2				1
2081101	Producción, distribución o tenencia material pornográfico con víctima menor /discapacitado	189.1b, 189.2 CP hasta LO 1/2015; desde LO 1/2015	220	222	140	209	208
2081102	Producción, distribución de material pornográfico con voz/ imagen alterada de menores/discapacitados	189.7 hasta LO 1/15; desde LO 1/15 189.1b, 189.5	16	17	19	20	13
2081103	Producción, distribución o tenencia para estos fines de pornografía infantil o de en cuya elaboración hayan sido utilizadas personas con discapacidad necesitadas de especial protección. Agravaciones	189.2 CP					8
2081104	Tenencia para propio uso/acceso a pornografía infantil o en cuya elaboración hayan sido utilizadas personas con discapacidad necesitadas de especial protección	189.5 CP			1		50
20812	Corrupción de menores	189.4 CP hasta LO 1/2015; 183 bis desde LO 1/2015	192	182	136	152	131
2081201	Incitación a la comisión de delitos sexuales contra menores por medios telemáticos	189 bis CP					2
20818	Omisión de deberes de guarda de menor o persona con discapacidad necesitada de especial protección en estado de prostitución o corrupción	189.5 CP hasta LO 1/15; desde LO 1/15, 189.6 CP	16	2	9	5	6
20819	Asistencia a espectáculos exhibicionistas o pornográficos de menores o personas con discapacidad necesitadas de especial protección	189.4 CP		1	2	1	1
TOTAL Corrupción de menores			**467**	**437**	**305**	**398**	**428**

Fuente: VII Informe periódico de España al Comité sobre los Derechos del Niño (CRC), pág. 69.

Como se refleja en la tabla 3 la gran mayoría de las conductas relacionadas con pornografía infantil que son objeto de sentencias condenatorias son las del art. 189.1.b y 189.2 antes de las reformas introducidas con la LO 1/2015. Hay que recordar que antes de 2015, en el apartado 2 del art. 189 se encontraba tipificada la posesión de material pornográfico para uso propio, y en el art. 189.1.b la producción, distribución, venta o difusión de material (sin haber utilizado a los menores, ni financiado dicha actividad ni haberse lucrado con ella) y la posesión para esos fines. Podría pensarse, por tanto, que la mayoría de las sentencias recaen sobre conductas de producción o difusión secundaria (es decir, sin utilizar a los menores y, por ejemplo, compartiendo imágenes en los foros), y de posesión para dichos fines o para uso propio[112]. Llama la atención asimismo el escaso número de sentencias en las que se aplica el art. 189.1.a, que son las conductas más graves, en la medida en que se produce la utilización de los menores o personas con discapacidad para elaborar el material (o se financian dichas actividades o, desde 2010, se obtiene un beneficio económico de las mismas)[113]. En cualquier caso, como se apuntará más adelante, incomprensiblemente, el legislador ha previsto el mismo marco penal para todas las conductas de elaboración o difusión de material, se haya llevado a cabo la utilización de los sujetos o solo de sus imágenes.

Merece la pena hacer una mención a las cifras existentes procedentes de la misma fuente, sobre menores de edad que cometen estos delitos[114]. La tabla 4 muestra que el art. 189.2 (agravaciones) ha sido impuesto en muy pocas ocasiones (solo 2 veces, en 2022), aunque sin poder conocer cuál de sus apartados se ha aplicado. En el caso de los adultos, la cifra de las agravaciones tampoco es alta, siendo tan solo de 9 en 2022. Por otro lado, la tenencia para propio uso solo se ha aplicado a adultos en 51 sentencias, casi en su totalidad en 2022, mientras que en el caso de los infractores menores de edad este delito no aparece detallado y por tanto se desconoce el número de sentencias recaídas. De todas formas, al igual que sucede con los adultos, en el caso de los menores de edad también

---

112. SOLDINO GARMENDIA, V., CARBONELL VAYÁ, E.J. (2022): *Perfil del detenido por delitos relativos a la pornografía infantil. Proyecto CPORT España*. Ministerio del Interior, pág. 23, destacan que el 74,9% de los detenidos en su estudio lo eran por difusión de material, pero en realidad solo el 13% fueron considerados distribuidores activos (casos en que no se trata de una distribución automatizada a través de redes P2P encriptadas). Entre los distintos perfiles de la muestra (347 detenidos adultos, entre 2009 y 2013), aquellos sin antecedentes policiales habían sido detenidos en mayor medida por difusión de material (76,3%) que los detenidos con antecedentes policiales por delitos sexuales de contacto con menores (que constituyen un 5% de la muestra). En cambio, entre estos últimos era mayor el porcentaje de producción (55,5%) que en los otros grupos (detenidos sin antecedentes policiales y con antecedentes policiales no sexuales), entre los que esta conducta se encontraba en el 1% (detenidos sin antecedentes) y el 11% (detenidos con antecedentes).

113. Obtienen resultados similares, CEA RÍOS, B., FERNÁNDEZ RODRÍGUEZ, S., MONTES CAMPOS, Á. (2023): «Análisis psicosocial de sentencias judiciales en casos de pornografía infantil», en *Revista Iberoamericana de Justicia Terapéutica*, n.º 7, octubre 2023, págs. 3 y 4, en una muestra aleatoria de 100 sentencias de Audiencias Provinciales dictadas entre 2018 y 2023 en delitos de elaboración, posesión y/o difusión de pornografía infantil con víctimas menores de 16 años, encontrando que el 89,2% de los condenados lo son por delito de posesión, el 56,9% por distribución y el 39,2% por producción (dándose en muchos casos varias de las conductas), no constando victimizaciones directas en el 51% de los casos, lo que indica que el material no procede o no se puede probar que proceda de la utilización de menores identificables o se trata de material ficticio.

114. FERNÁNDEZ CABRERA, M. (2024), *op.cit.*, apunta también a algunos de los factores explicativos de las conductas sexuales cometidas por infractores menores de edad. En cualquier caso, se abordará esta cuestión más adelante.

es mayoritaria la sanción de los delitos relacionados con la producción y difusión de material secundario (incluida la posesión con esos fines), en relación con la de utilización de los sujetos para producir el material directamente.

TABLA 4
Menores de edad condenados por delitos relacionados con pornografía ilícita (2018-2022)

Cód. tipo delito	Tipo de delito	Artículo del código penal	Número de sentencias				
			2018	2019	2020	2021	2022
20810	Utilización de menores o personas con discapacidad necesitadas de especial protección con fines pornográficos / Financiar o lucrarse con estas actividades	189.1.a CP	5	5	5	11	6
20811	(-)Producción, distribución o tenencia material pornográfico	189.1b, 189.2 CP hasta LO 1/2015; desde LO 1/2015					
2081101	Producción, distribución o tenencia material pornográfico con víctima menor /discapacitado	189.1b, 189.2 CP hasta LO 1/2015; desde LO 1/2015	22	31	28	30	20
2081102	Producción, distribución de material pornográfico con voz/imagen alterada de menores/discapacitados	189.7 hasta LO 1/15; desde LO 1/15 189.1b, 189.5	3	2	3	4	
2081103	Producción, distribución o tenencia para estos fines de pornografía infantil o de en cuya elaboración hayan sido utilizadas personas con discapacidad necesitadas de especial protección. Agravaciones	189.2 CP					2
20812	Corrupción de menores	189.4 CP hasta LO 1/2015; 183 bis desde LO 1/2015	8	11	17	14	11
20818	Omisión de deberes de guarda de menor o persona con discapacidad necesitada de especial protección en estado de prostitución o corrupción	189.5 CP hasta LO 1/15; desde LO 1/15, 189.6 CP				1	3
20819	Asistencia a espectáculos exhibicionistas o pornográficos de menores o personas con discapacidad necesitadas de especial protección	189.4 CP				1	
TOTAL Corrupción de menores			36	49	53	63	39

Fuente: VII Informe periódico de España al Comité sobre los Derechos del Niño (CRC), pág. 70.

Tal como se observa en los estudios al respecto, los menores tienen un papel muy relevante en estas conductas[115], en la medida en que a partir de los 14 años tienen responsabilidad penal y vida sexual, relacionándose lógicamente con otros menores y haciendo un uso intenso de internet y las redes sociales.

---

115. CEREZO DOMÍNGUEZ, A.I.; GARCÍA CORNEJO, R. (2020), *op.cit.*, pág. 14, gráfico 10, muestran cómo en las cifras de detenidos e investigados por ciberdelincuencia en 2018, destacan los infractores entre 14 y 18 años en los delitos sexuales incluidos en esta tipología cometida en contextos online, muy por encima del siguiente grupo de edad (de 18 a 25 años). Ciertamente, entre los delitos sexuales que recoge esta fuente se encuentran muy diversas conductas y no solo las de pornografía infantil, pero la diferencia tan acusada en relación con el resto de tipologías de cibercriminalidad es significativa. FERNÁNDEZ CABRERA, M. (2024), *op.cit.*, también llama la atención sobre la incidencia mayor de estos delitos en menores de edad en comparación con otras tipologías, aludiendo a que precisamente son los menores quienes más se relacionan con otros menores.

5.1. PRINCIPALES CUESTIONES PROBLEMÁTICAS EN TORNO A LAS CONDUCTAS RELACIONADAS CON PORNOGRAFÍA INFANTIL

Una vez presentada tanto la normativa como algunos de los datos disponibles sobre la realidad de su aplicación, se pueden avanzar ya ciertos aspectos problemáticos que todo ello genera. Así, como se desarrolla a continuación, se plantean distintas cuestiones relacionadas con la decisión político-criminal de tipificar algunas conductas y agravar otras, la tramitación legislativa de las reformas más significativas, los aspectos criminológicos que podrían incidir en dichas decisiones, algunas cuestiones dogmáticas en torno al bien jurídico protegido, el objeto material y la estructura típica de los delitos, la difícil convivencia entre tipos penales cercanos, el impacto real de las agravantes específicas y la dificultad de aplicación de algunas de ellas, como la de pertenencia a organización o asociación dedicada a estas actividades, los efectos de criminalizar conductas realizadas por menores con edad de consentimiento sexual, etc.

Por otra parte, teniendo en cuenta el modelo de análisis del que se parte, dichas cuestiones deberían abordarse desde diversos ámbitos del sistema penal en su conjunto, es decir, estudiando los indicadores que pueden estar presentes en cada una de sus fases (legislativa, policial, judicial y penitenciaria) y aquellos otros aspectos relacionados, como la evolución sociológica y criminológica de realidades que influyen tanto en los operadores del sistema como en los destinatarios del mismo (víctimas, victimarios y ciudadanía general). Entiendo que solo de esta forma es posible valorar si en las decisiones adoptadas en diferentes niveles se están descuidando algunos principios del Derecho penal, tanto a nivel normativo como de aplicación práctica, lo que permite evaluar la racionalidad del sistema en su conjunto. Aunque en este trabajo no se podrá abarcar en su totalidad el análisis planteado, sí creo conveniente avanzar cuáles son los aspectos más problemáticos, que se seguirán investigando en trabajos futuros. Como ya se ha indicado anteriormente, se parte de la base de que el modelo penal de la seguridad ciudadana contiene los instrumentos oportunos para poder abordar el análisis que se pretende, pues en el ámbito de la gestión de la delincuencia sexual y de la pornografía ilícita en particular se han detectado indicadores de gran influencia de este modelo político-criminal.

En particular, los aspectos que a continuación se señalan como puntos que requieren un análisis profundo se presentan ordenados atendiendo al ámbito de estudio que considero que ofrece una mejor capacidad para abordarlos, sin perjuicio de que, en su mayoría, presenten proyecciones o derivaciones en otras disciplinas. Por ello, la clasificación que se propone no debe interpretarse como una división rígida o como una compartimentación estanca, sino más bien como un planteamiento conceptual y analíticamente permeable. El orden en que se formulan las cuestiones atiende al modelo de análisis adoptado que, como se ha indicado anteriormente, considera esencial no limitarse a un estudio de los aspectos problemáticos que surgen en la aplicación de las normas por sus intérpretes (jueces), como ha venido produciéndose de manera tradicional, sino que aboga por un estudio más amplio que alcance también las fases de elaboración de dichas normas, de control, prevención e intervención por las fuerzas policiales, y de ejecución penitenciaria de las sanciones impuestas.

Empezando por las cuestiones de política legislativa y dada la enorme influencia de los organismos supranacionales en este ámbito, con normativa que es obligatorio trasponer a nivel interno (como lo fue la Decisión Marco 2004/68/JAI[116] y posteriormente la Directiva 2011/92/UE[117], además de los proyectos que se encuentran en este momento en tramitación[118]), una de las cuestiones a explorar es de qué manera se ha llevado a cabo la trasposición, para identificar aquello que el legislador español ha copiado tal cual y lo que ha decidido no incluir. Además, resulta oportuno investigar qué factores han podido influir en el proceso legislativo, para poder comprobar la naturaleza de dichos elementos y cómo han acabado entrando en la normativa, en su caso.

Por lo que respecta a las cuestiones criminológicas, además de esclarecer la información sobre la realidad de comisión de estas conductas a través de estudios empíricos, dado que las fuentes oficiales no ofrecen una imagen completa, considero necesario comprobar si la preocupación social por la pornografía infantil encuentra una base empírica suficiente o si, por el contrario, responde a una lógica de amplificación mediática o política del riesgo. En este sentido, se hace preciso abordar los mitos y estereotipos que rodean tanto a los autores de estos delitos como a las propias víctimas, así como la manera en que Internet se ha convertido en el principal escenario de riesgo sobre el que se construyen ciertas narrativas de inseguridad. También es necesario reflexionar sobre el concepto mismo de pornografía, cuya extensión y ambigüedad ha favorecido la expansión del tipo penal, al provocar la inclusión en el objeto material de representaciones ficticias o virtuales que no implican una efectiva lesión del bien jurídico pretendidamente protegido. Finalmente, se deberían abordar las cuestiones que surgen en torno al desarrollo afectivo-sexual de los adolescentes y sus comportamientos en los contextos no físicos.

En cuanto a las cuestiones dogmáticas, se plantean diversos ámbitos sobre los que es necesario profundizar. En primer lugar, por lo que respecta al bien jurídico protegido, como ya se ha apuntado brevemente en el análisis histórico que se ha llevado a cabo, la progresiva ampliación del objeto material (incluyendo material pornográfico simulado o ficticio), de los sujetos afectados y de las

---

116. Disponible en https://www.boe.es/buscar/xml.php?id=DOUE-L-2004-80095
117. Disponible en https://www.boe.es/doue/2012/026/L00001-00021.pdf
118. Se trata del Proyecto de Directiva del Parlamento Europeo y del Consejo relativa a la lucha contra los abusos sexuales y la explotación sexual de los menores y el material de abuso sexual de menores y por la que se sustituye la Decisión Marco 2004/68/JAI del Consejo (procedimiento 2024/0035 (COD)), que incluye aspectos muy relevantes a tener en cuenta, como la propuesta de incremento de las penas, la eliminación de los plazos de prescripción o la definición del consentimiento para menores que superan la mayoría de edad sexual, entre otros muchos. Por otro lado, también se encuentra en tramitación el procedimiento 2022/0155/COD (Propuesta de Reglamento del Parlamento Europeo y del Consejo por el que se establecen normas para prevenir y combatir el abuso sexual de los menores), de especial relevancia en el ámbito de las conductas relacionadas con pornografía ilícita. Ambas iniciativas serán objeto de análisis en un trabajo de investigación que se realizará próximamente.

conductas tipificadas, hace necesario reflexionar sobre cuál es el interés que el legislador ha pretendido proteger, en la medida en que se plantean enormes dificultades para identificarlo con claridad en algunos casos, como por ejemplo ocurre con los delitos de posesión o de conductas de tráfico cuando solo se manipulan imágenes, sin que se haya producido realmente una conducta sexual real o simulada, o cuando las imágenes han sido totalmente generadas de manera artificial y, por tanto, ni siquiera existe una persona real que pueda haberse visto afectada en alguno de sus derechos. Otro de los aspectos problemáticos, aunque relacionado con el anterior, es el concepto de pornografía infantil como objeto material del delito y la opción del legislador de incluir en él contenidos que exceden la posible lesión a bienes jurídicos individuales. En cuanto a la estructura típica de estos delitos, resulta necesario indagar sobre si se configuran como de lesión o de peligro, de mera actividad o de resultado, o si existe la posibilidad de sanción de la omisión en la modalidad de acceso al material, cuestiones que dependen en gran medida de la decisión que se adopte respecto al bien jurídico protegido. Un aspecto especialmente relevante lo constituyen los problemas concursales que se pueden dar respecto a otras conductas próximas, como el *sexting* secundario cuando el material muestra a menores de edad (e incluso el primario, que actualmente no es delito pero que se podría sancionar si se entiende que implica una conducta de producción y difusión de pornografía) o el embaucamiento de menores, que constituye un acto preparatorio. Es necesario reflexionar sobre las incoherencias de un sistema que reconoce capacidad de consentimiento sexual a partir de los 16 años, pero sanciona algunas conductas sexuales, relativamente habituales, por debajo de 18. Por otra parte, la tipificación en el art. 189 bis de la difusión a través de las TIC de contenidos dirigidos a promover, fomentar o incitar cualquiera de las conductas del art. 189, también plantea problemas de proporcionalidad, pues tiene una pena mayor que alguna de las conductas a las que se refiere (como las de asistencia a espectáculos, o las de acceso, adquisición o posesión para uso propio, de los arts. 189.4 o 5, respectivamente). Mención aparte merecen las cuestiones que se plantean en torno a las conductas más graves, como las redes de explotación infantil, los delitos cometidos por personas vinculadas a las víctimas (familiares o personas responsables de menores institucionalizados) o las relacionadas con agresiones sexuales con violencia o intimidación. Se hace necesario reflexionar sobre el fundamento de las agravaciones, sobre todo en casos en los que el material pornográfico es ficticio, y también sería conveniente comprobar cómo se están aplicando en la práctica, para verificar si los recursos del sistema se están dirigiendo a las conductas más graves. Por último, es preciso tener en cuenta de manera particular el papel de los menores de edad como infractores. En efecto, las diferencias entre la edad de consentimiento sexual y la edad de responsabilidad penal, así como las peculiaridades que pueden darse en el ámbito de la culpabilidad plantean dilemas complejos que es preciso abordar. En concreto, destacan las contradicciones en la valoración de la capacidad de emitir consentimiento (en este y otros delitos) y de la capacidad de culpabilidad o imputabilidad, y la posibilidad de apreciar errores de prohibición e incluso circunstancias que impliquen la inexigibilidad en algunas situaciones. Además, es interesante conectar este debate con la denominada cláusula «Romeo y Julieta» del art. 183 bis, no aplicable a estos delitos. En definitiva, resulta fundamental tomar en consideración las dificultades que se plantean para compatibilizar la protección penal de la infancia con el respeto a la autonomía progresiva de los adolescentes.

Aunque no se van a abordar en este trabajo las cuestiones procesales, el hecho de que las investigaciones sobre pornografía infantil se desarrollen en entornos tecnológicos complejos, a menudo con dificultades probatorias, en ocasiones con intervención de redes internacionales y supuestos de aplicación extraterritorial de la ley, plantea desafíos significativos. Los problemas relativos a la aplicación de la ley penal en el espacio, la identificación del material ilícito y las dificultades para comprobar si se trata de material sintético o real, la posible contradicción con las garantías procesales respecto a la autenticidad de las pruebas obtenidas, la dificultad para probar la intención del sujeto al que se le encuentra material pornográfico ilícito (para diferenciar entre los distintos tipos de posesión), o la colaboración con autoridades policiales y judiciales extranjeras son algunos ejemplos de las cuestiones problemáticas que se plantean en este ámbito. Además, cuando las conductas se realizan en el contexto de redes organizadas, la cooperación internacional aparece como un elemento esencial para la persecución de estos delitos. No obstante, la gravedad de estas formas de criminalidad no debería servir de pretexto para extender la misma lógica punitiva a comportamientos de menor lesividad, como la mera posesión para uso propio, o en los que es difícil identificar cuál es el bien jurídico, como en todas las relacionadas con material ficticio.

Por último, en el ámbito penitenciario, que tampoco será objeto de este trabajo, se plantean cuestiones muy interesantes. En este sentido, dada la incidencia de estas conductas entre los adolescentes, resulta fundamental examinar no solo la ejecución de las penas impuestas a adultos, sino también de las medidas aplicadas a menores de edad. Para ello, en primer lugar, sería preciso comprobar qué clase de sanciones se están imponiendo y qué programas se aplican, en su caso. Aunque en general con dichos programas se pretende trabajar sobre el riesgo de reincidencia de pederastas, dicho enfoque puede estar determinado por una concepción errónea del perfil del sujeto autor de estos delitos, relacionada con los mitos al respecto, que deberían analizarse en el ámbito de las cuestiones criminológicas en relación con la realidad de comisión de estos delitos. Ello puede ser reflejo de una orientación de carácter predominantemente inocuizador e incluso simbólico en algunos casos, al no identificar correctamente en qué puntos se debería intervenir.

5.2. PROPUESTAS PARA UN ANÁLISIS TRANSVERSAL DE LAS POLÍTICAS PÚBLICAS FRENTE A LAS CONDUCTAS RELACIONADAS CON PORNOGRAFÍA INFANTIL

Como ya se ha indicado anteriormente, una de las premisas de este trabajo es que en el tratamiento de los delitos sexuales, al igual que en otros ámbitos del sistema penal, también se ha producido una deriva securitaria perceptible en todas sus fases. Concretamente, algunas modalidades de conductas relacionadas con la pornografía infantil constituyen ámbitos representativos de la expansión punitiva del sistema penal contemporáneo y ejemplos de dicho modelo político-criminal. Su evolución normativa y su aplicación práctica revelan las tensiones entre las exigencias de protección de bienes jurídicos especialmente sensibles, como la libertad e indemnidad sexuales de los menores, y la tendencia hacia un abuso del derecho penal como herramienta de control frente a riesgos indeterminados. En este contexto, la preocupación por las conductas que involucran a menores de edad y suceden o se preparan en el ámbito virtual ha adquirido un protagonismo notable tanto en la agenda política a nivel internacional como en el debate público, lo que ha contribuido a la configuración de un modelo legislativo caracterizado por la extensión de los tipos penales, la desproporción de las sanciones y la aplicación de los recursos existentes en conductas que no tienen la gravedad suficiente[119]. En efecto, se suele considerar que internet y las redes sociales se configuran como agentes victimizadores de los menores de edad[120]. Tal como describe Villacampa Estiarte[121], se trata de entornos que cuentan con herramientas que incrementan la accesibilidad, favorecen la comunicación personal desconectada, incorporan tecnología conductora, tienen el elemento de universalidad en el acceso y, por tanto, externalidad o beneficio de la red (favoreciendo que pueda haber muchos más usuarios que en otros contextos), amplían o reducen la percepción del tiempo, implican un bajo coste económico y por ello están al alcance de prácticamente cualquier persona, permiten actuar con un doble electrónico que no tiene por qué coincidir con el yo real, reducen la asimetría en el acceso a la información (y dicho acceso se percibe como ilimitado, dando lugar a encuentros independientes del tiempo y el espacio, y a que la posibilidad de que se incrementen sea mayor), tienen el elemento de la ubicuidad, suelen facilitar una mayor riqueza de la información que se transmite y permiten la comunicación bidireccional. Frente a estas cualidades del entorno digital, que en su mayoría son positivas, es cierto que los menores de edad tienen una menor capacidad[122] que las personas adultas para percibir los riesgos y, en

---

119. PASCUAL, A., GIMÉNEZ-SALINAS, A., IGUAL, C. (2017): «Propuesta de una clasificación española sobre imágenes de pornografía infantil», en *Revista Española de Investigación Criminológica*, artículo 1, n.º 15 (2017), pág. 3, no obstante, indican que en una entrevista realizada con expertos policiales en investigaciones sobre pornografía infantil se les informó de que en los últimos años (en torno a 2011/2015) hubo un incremento notable en «la cantidad de material detectado por la policía, por lo que la prioridad policial se ha decantado por la investigación de los casos más graves (videos de menores de 13 años, ejerciendo conductas sexuales de especial gravedad y con repercusión internacional)».

120. MIRÓ LLINARES, F. (2011): «La oportunidad criminal en el ciberespacio. Aplicación y desarrollo de la teoría de las actividades cotidianas para la prevención del cibercrimen», en *Revista Electrónica de Ciencia Penal y Criminología*, 13-07 (2011), págs. 1-55, analiza las características del ciberespacio como un ámbito de oportunidad criminal distinto al físico, que incrementaría el riesgo de victimización en especial para determinados usuarios, como los menores de edad.

121. VILLACAMPA ESTIARTE, C. (2015), *op.cit.*, págs. 37 y ss.

122. Sobre las aportaciones de la neurociencia al conocimiento que se tiene sobre cómo funciona el cerebro adolescente y la repercusión que ello tiene en el ámbito de la capacidad para tomar

consecuencia, se hace necesario adoptar políticas públicas que otorguen una protección reforzada ante determinadas situaciones[123]. En cualquier caso, ello no es un argumento suficiente como para priorizar la intervención punitiva, sobre todo si eso implica infringir determinados principios fundamentales. En ese sentido, este trabajo pretende rebatir algunos de los argumentos que se han podido identificar en textos doctrinales y de organismos oficiales (a nivel interno y supranacional), y que, con base en el control de riesgos, sostendrían la necesidad de la regulación actual, tales como la dificultad o imposibilidad de distinguir entre material pornográfico real y sintético, la mayor probabilidad de

decisiones y, en concreto, en la imputabilidad, POZUELO PÉREZ, L. (2015): «Sobre la responsabilidad penal de un cerebro adolescente: Aproximación a las aportaciones de la neurociencia acerca del tratamiento penal de los menores de edad», en *Indret: Revista para el Análisis del Derecho*, n.º 2, 2015, págs. 5 y ss. Sobre los avances en el conocimiento de las peculiaridades del sistema de toma de decisiones de los adolescentes desde el ámbito cognitivo (siguiendo a Kahneman) y no solo emocional (desarrollado especialmente por Steinberg), OLIVA DELGADO, A. (2019): «El desarrollo psicológico de la capacidad para tomar decisiones», en COUCEIRO, A (coord.) *El menor maduro. Cinco aproximaciones a un perfil poliédrico*. Madrid: Centro Reina Sofía sobre Adolescencia y Juventud, págs. 42-46. En cuanto a la posibilidad de tener en cuenta la edad en una eventual aplicación del error de prohibición, BAUER BRONSTRUP, F. (2018): *Los delitos de pornografía infantil. Análisis del art. 189 CP*. Bosch Penal, págs. 194 y ss., plantea que se podría aplicar en casos de error de comprensión y error cultural, poniendo como ejemplos situaciones que se pueden dar por una comprensión diferente de la desnudez, distintos ámbitos de tolerancia hacia ciertas conductas y una interpretación subjetiva de lo que es pornográfico. Ponen de manifiesto el escaso conocimiento que tienen los adolescentes sobre la normativa en este ámbito, ALEXY, E.M., BURGUESS, A.W., PRENTKY, R.A (2009): «Pornography use as a risk marker for an aggressive pattern of behavior among sexually reactive children and adolescents», en *J Am Psychiatr Nurses Assoc.*, enero 2009, 14(6), págs. 442-453, y EXPÓSITO CAMACHO, P.; GARCÍA MAGNA, D. (2018), *op.cit*. Sobre la aplicación por la jurisprudencia de estos casos como errores de prohibición y el concepto de error de comprensión culturalmente condicionado, CISNEROS ÁVILA, F. (2019): «El error de comprensión en los delitos culturales. Una visión distinta del error de prohibición», en *Cuadernos de política criminal*, n.º 128, 2019, págs. 157 y ss. Por su parte, ROGERS, C.R., JIMÉNEZ, V., BENJAMIN, A., RUDOLPH, K.D., TELZER, E.H. (2023): «The Effect of Parents and Peers on the Neural Correlates of Risk Taking and Antisocial Behavior During Adolescence», en *J Youth Adolesc*, agosto 2023, 52(8), págs. 1674-1684, han puesto de manifiesto que la realización de conductas antisociales en la adolescencia está relacionada con factores biológicos, pero también sociales (presión del grupo de pares), por lo que se podría plantear también una menor exigibilidad de obediencia al derecho en algunos casos, en particular teniendo en cuenta que la relación entre adolescentes en redes sociales a veces implica que se deban enviar imágenes íntimas para fortalecer la posición en el grupo. Sobre la necesidad de considerar el delito como fenómeno social y atender a puntos de vista intersubjetivos, de un lado, y a la concreta representación de la subjetividad en cada modelo de sociedad y momento concreto, MELENDO PARDOS, M. (2002): *El concepto material de culpabilidad y el principio de inexigibilidad sobre el nacimiento y evolución de las concepciones normativas*. Editorial Comares, pág. 609 y ss.

123. BENÍTEZ JIMÉNEZ, M.J. (2025): «Adolescencia y ocio desviados en redes sociales», en *Revista de Victimología*, nº 19/2025, págs. 22 y 23, hace una revisión de informes y estudios que ponen de manifiesto que el uso de las redes sociales y de internet en la adolescencia temprana implica una mayor probabilidad de implicarse en conductas arriesgadas o ilícitas, o de ser víctima de las mismas, y por tanto, ello justificaría ya de por sí la adopción de estrategias públicas de protección de los niños y adolescentes, sobre todo porque, además, los estudios sobre el tema también ponen de manifiesto que esa exposición a los contenidos y formas de mostrarlos, incide en la manera en que los menores perciben la socialización normal.

que las personas que consumen pornografía infantil cometan otros delitos sexuales al considerar ese consumo un factor de riesgo de comisión de otras conductas o entender que quien accede a esos contenidos se ve obligado a generar y publicar nuevo contenido. Entiendo que cuestiones derivadas de la práctica habitual en los foros donde se comparte pornografía infantil o la ausencia o insuficiencia de recursos para prevenir riesgos no debería llevarnos a sancionar conductas en las que no se lesionan o ponen en peligro bienes jurídicos, o a forzar estructuras típicas más allá de lo admisible, incumpliendo el principio de intervención mínima del Derecho penal y probablemente descuidando el control de aquellas otras conductas que sí tienen la gravedad suficiente como para justificar una intervención más severa[124].

Desde esta perspectiva, considero que la investigación no puede limitarse exclusivamente al examen de la normativa aplicable, sino que debe abarcar el conjunto del sistema, es decir, tanto el proceso de elaboración legislativa (con especial atención al discurso del legislador y a los factores que inciden en la adopción de decisiones), como las prácticas de los distintos operadores jurídicos. En este sentido, también resulta esencial analizar las estrategias de control y persecución policial, la aplicación judicial de las normas y la ejecución penitenciaria de las sanciones impuestas, con el fin de identificar cómo se materializa en la práctica la orientación hacia el modelo securitario.

En consecuencia, como se ha indicado en el apartado anterior, un análisis completo y transversal implica combinar el estudio dogmático de los preceptos penales con el análisis político-criminal y criminológico, que proporcione un enfoque empírico sobre el funcionamiento del sistema. Creo que solo de este modo es posible valorar con rigor su racionalidad, entendida como el respeto hacia los principios del Derecho penal, la coherencia del discurso legislativo, la calidad normativa de las leyes promulgadas y, en última instancia, la incidencia real del sistema penal en el fenómeno delictivo objeto de estudio. En este sentido, se parte del modelo de racionalidad de Díez Ripollés[125], para comprobar si

---

124. Apunta a que en el ámbito de los delitos de pornografía se están dirigiendo los recursos hacia conductas menos graves (en un claro ejemplo de Derecho penal del enemigo), en lugar de controlar las redes de producción de material en las que sí se produce abuso sexual infantil, HAVA GARCÍA, E. (2019), *op.cit.*, pág. 410.

125. DÍEZ RIPOLLÉS, J.L. (2013): *La racionalidad de las leyes penales*, 2ª ed., Editorial Trotta, págs. 91 y ss. Adaptando el modelo de ATIENZA, M. (1997): *Contribución a una teoría de la legislación*. Ed. Civitas, el autor lo plantea específicamente para su aplicación en el ámbito penal proponiendo que el análisis de las racionalidades se realice comenzando por la ética (que se ocupa del sistema de creencias válido dentro de una determinada colectividad y, en el plano penal, de los principios que deben informar las decisiones) y siguiendo por la teleológica (que se centra en la existencia de un proceso en el que hayan podido tener voz los contenidos éticos no asumidos de manera consensuada por la colectividad y los intereses particulares y de diversos sectores, como los profesionales, los de los agentes sociales o los de los grupos de presión), la prágmática (que debe conseguir que los objetivos marcados en el plan de la racionalidad teleológica se puedan realizar, tanto por los ciudadanos como por los operadores jurídicos, llevando así a un cumplimiento de las normas voluntario o coactivo), la jurídico-formal (que asegura una inserción coherente de la norma en el sistema) y la lingüística (que garantiza la comprensión de la norma por sus destinatarios).

la regulación de los delitos relacionados con pornografía infantil adolece de irracionalidad legislativa. En concreto, se dará irracionalidad ética en la medida en que se vulneren los principios de la protección, de la responsabilidad y de la sanción penal, y se estructure la regulación en torno a intereses o bienes jurídicos que no se hayan concretado en base al criterio democrático o de las convicciones generales[126]. Habrá irracionalidad teleológica si los objetivos que se persiguen con la regulación no han surgido de un auténtico proceso deliberativo democrático en el que se hayan tenido en cuenta todos los elementos ético-políticos importantes y se haya llegado a un acuerdo al respecto, o cuando no se refleje tal acuerdo y en consecuencia, no se formulen claramente los objetivos perseguidos con la regulación, el objeto de tutela, el grado de protección deseable, y el nivel de exigencia de responsabilidad y sanción que implicará dicha protección. En cuanto a la racionalidad pragmática, esta faltará cuando no se observe un cumplimiento considerable de las normas por parte de la ciudadanía o no se apliquen estas de forma satisfactoria por los órganos policiales, judiciales o penitenciarios, y también cuando no se consigan los objetivos que se pretendían con la regulación. Existirá irracionalidad jurídico-formal en la medida en que las leyes sean incoherentes en sí mismas o introduzcan elementos de incoherencia en el sistema jurídico en el que se insertan. Por último, habrá irracionalidad lingüística cuando la redacción de las normas constituya en sí misma un obstáculo para la comprensión de su contenido para quienes deben cumplirla o aplicarla. Por otra parte, se considera que el sistema será eficaz si consigue los objetivos de tutela perseguidos (protección de los bienes jurídicos, aplicación de la norma acorde a los principios de la responsabilidad y ejecución de la pena atendiendo a los principios de la sanción), será efectivo si consigue el cumplimiento de las normas por sus destinatarios (ya sea de manera voluntaria, satisfaciendo así la norma su función directiva, o a través de la aplicación coactiva por los operadores jurídicos, satisfaciendo así el sistema su función como expectativa normativa), y será eficiente si consigue que los costes de su aplicación no superen a los beneficios (debiendo realizarse este análisis en cada una de las racionalidades, al tratarse de una dimensión transversal).

Así, en el caso concreto de la regulación de los delitos de pornografía infantil, considero que algunos de los aspectos de irracionalidad que se apuntan

---

126. Adopto así la construcción en torno a la racionalidad ética que al respecto realiza DÍEZ RIPOLLÉS, J.L. (2013), *op.cit.*, págs. 96 y 97, y 136 y ss., que incluye entre los principios de la protección los de lesividad, fragmentariedad, interés público, correspondencia con la realidad y subsidiariedad, y considera el bien jurídico como el instrumento para identificar los contenidos de tutela penal, como elementos básicos de la convivencia. Los principios de la responsabilidad son los de seguridad jurídica, responsabilidad por el hecho, imputación personal, reprochabilidad o culpabilidad y jurisdiccionalidad, siendo los instrumentos necesarios en este ámbito la norma y el delito. Por último, los principios de la sanción son los de humanidad de las penas, teleológico o de los fines de la pena, de proporcionalidad y de monopolio punitivo estatal, siendo los conceptos básicos en este ámbito la pena, la medida de seguridad y la medida en el ámbito de los menores de edad con responsabilidad penal.

en este trabajo, llevan a que se pueda afirmar que el sistema adolece de falta de eficacia, efectividad y eficiencia, en la medida en que la regulación de las conductas de posesión para uso propio y algunas de difusión, especialmente en el caso del material ficticio, está desviando la atención del sistema hacia comportamientos que no afectan a los bienes jurídicos que realmente se estarían lesionando con los delitos directamente relacionados con las conductas de instrumentalización sexual de personas, especialmente respecto a los colectivos más vulnerables, que en la práctica pueden no estar siendo protegidos de manera satisfactoria, como los que se encuentran institucionalizados y los sometidos a redes de explotación sexual.

6. LA POLÍTICA LEGISLATIVA PENAL EN LAS REFORMAS MÁS PROBLEMÁTICAS FRENTE A LA PORNOGRAFÍA INFANTIL

Como ya se ha indicado en apartados anteriores, la definición actual de pornografía ilícita y la regulación de las conductas relacionadas con ella, es fruto de diversas tendencias político-criminales que han influido en los organismos supranacionales y, a su vez, en la configuración de la normativa a nivel interno. En concreto, el art. 2 de la Directiva 2011/93/UE[127], la define como: todo material que represente de manera visual a un menor participando en una conducta sexualmente explícita real o simulada; toda representación de los órganos sexuales de un menor con fines principalmente sexuales; todo material que represente de forma visual a una persona que parezca ser un menor participando en una conducta sexualmente explícita real o simulada, o cualquier representación de los órganos sexuales de una persona que parezca ser un menor, con fines principalmente sexuales; o imágenes realistas de un menor participando en una conducta sexualmente explícita o imágenes realistas de los órganos sexuales de un menor, con fines principalmente sexuales. Por otro lado, el mismo art. 2 de la Directiva, también define lo que debe considerarse «espectáculo pornográfico», entendido como la exhibición en directo dirigida a un público, incluso por medio de las tecnologías de la información y la comunicación de un menor participando en una conducta sexualmente explícita real o simulada, o de los órganos sexuales de un menor con fines principalmente sexuales[128].

---

127. Directiva 2011/93/UE del Parlamento Europeo y del Consejo, de 13 de diciembre de 2011, relativa a la lucha contra los abusos sexuales y la explotación sexual de los menores y la pornografía infantil y por la que se sustituye la Decisión marco 2004/68/JAI del Consejo. Disponible en https://www.boe.es/buscar/doc.php?id=DOUE-L-2011-82637.

128. Sobre el concepto de pornografía infantil, considerando que debería quedar fuera del ámbito penal la pornografía irreal o simulada, es decir, aquella ficticia en la que no aparezcan

A partir de ahí, el art. 189.1 del Código Penal define «material pornográfico» en relación con menores de edad o personas con discapacidad necesitadas de especial protección, abarcando representaciones visuales de conductas sexuales explícitas (reales o simuladas), la representación de los órganos sexuales con fines predominantemente sexuales, o imágenes realistas de un menor involucrado en conductas sexuales:

> Art. 189.1 párrafo 2°: «A los efectos de este Título se considera pornografía infantil o en cuya elaboración hayan sido utilizadas personas con discapacidad necesitadas de especial protección:
>
> a) Todo material que represente de manera visual a un menor o una persona con discapacidad necesitada de especial protección participando en una conducta sexualmente explícita, real o simulada.
>
> b) Toda representación de los órganos sexuales de un menor o persona con discapacidad necesitada de especial protección con fines principalmente sexuales.
>
> c) Todo material que represente de forma visual a una persona que parezca ser un menor participando en una conducta sexualmente explícita, real o simulada, o cualquier representación de los órganos sexuales de una persona que parezca ser un menor, con fines principalmente sexuales, salvo que la persona que parezca ser un menor resulte tener en realidad dieciocho años o más en el momento de obtenerse las imágenes.
>
> d) Imágenes realistas de un menor participando en una conducta sexualmente explícita o imágenes realistas de los órganos sexuales de un menor, con fines principalmente sexuales.»

Además, se castigan todas las conductas incluidas en el ciclo de la elaboración y consumo de material pornográfico ilícito, desde la captación y utilización de los sujetos para producirlo y su creación (sea real o ficticia), pasando por la financiación, la obtención de lucro y la difusión (venta, exhibición, oferta, etc.), hasta la adquisición y la posesión para uso propio[129].

---

realmente menores de edad, en mi opinión con razón, MORILLAS FERNÁNDEZ, D.L. (2005), *op.cit.*, págs. 67 y ss.

129. Sobre los bienes jurídicos protegidos en todo ese abanico de conductas y, especialmente crítico respecto a la conducta de posesión para uso propio, donde parece protegerse la moral sexual, entre otros, MORILLAS FERNÁNDEZ, D.L. (2005), *op.cit.*, págs. 173 y 174. Hay que destacar que, como se verá más adelante, aunque la Directiva 2011/93/UE, en su art. 8.3, permitía no sancionar las conductas de producción, adquisición o posesión de material pornográfico en el que interviniesen voluntariamente menores de edad que hubiesen alcanzado la edad de consentimiento sexual, siempre que el material pornográfico elaborado se destinase al uso privado de las personas involucradas, el legislador español decidió no incluir dicha cláusula de exclusión en el art. 189. De igual forma, el art. 8.2 de la Directiva permitía a los Estados no sancionar la asistencia espectáculos pornográficos sin contraprestación económica, en los que participasen voluntariamente menores con edad de consentimiento sexual o entre sujetos con edades y grado de desarrollo o madurez próximos, algo que el legislador español tampoco ha incorporado. Además, como se analizará en este trabajo, no parece posible poder aplicar la cláusula del art. 183 bis a estos delitos, por encontrarse en un capítulo no mencionado expresamente en dicho artículo.

No hay duda de que la tipificación y la progresiva agravación de las conductas relacionadas con la pornografía infantil en la mayoría de los países occidentales responde a la necesidad de dar una respuesta penal contundente frente a la creciente sofisticación y expansión de estos delitos en el entorno digital, así como a la especial vulnerabilidad de los menores de edad cuando se encuentran en determinadas situaciones, acentuada en muchos casos por su acceso creciente a entornos digitales. Esta tendencia hacia penas cada vez más altas y una ampliación desmesurada de las conductas ha estado fuertemente influida por compromisos supranacionales que han impulsado una política criminal común[130] orientada a la prevención, persecución y sanción de estas conductas. Entre los principales instrumentos destacan la Convención sobre los Derechos del Niño de 1989[131] y su Protocolo Facultativo relativo a la venta de niños, la prostitución infantil y la utilización de niños en la pornografía (2000)[132], en el ámbito del Consejo de Europa la Resolución 1099(1996) sobre la explotación sexual de niños y la trata de seres humanos, el Convenio de Budapest sobre Ciberdelincuencia (2001)[133], y el Convenio de Lanzarote para la protección de los niños contra la explotación y el abuso sexual (2007)[134], y en el de la Unión Europea la Decisión Marco 2004/68/JAI[135] y, posteriormente, la Directiva 2011/93/UE[136], que armoniza la tipificación de estos delitos y establece estándares mínimos de protección y asistencia a las víctimas[137]. Por otra parte, la inclusión expresa de las personas con discapacidad necesitadas de especial protección en los tipos penales relacionados con la pornografía y los delitos sexuales es fruto de una evolución de la política criminal orientada a reconocer su especial situación de vulnerabilidad cuando se exponen a contextos de explotación o abuso, también en línea con instrumentos internacionales que han determinado que los Estados refuercen su protección jurídica. En el plano internacional, la Convención sobre los Derechos de las Personas con Discapacidad de 2006 (CDPD)[138], adoptada por Naciones Unidas y ratificada por España en 2008, exige a los Estados adoptar medidas para protegerlas frente a toda forma de explotación, violencia y abuso (art. 16), incluidas las que puedan producirse en el ámbito sexual. Aunque la Directiva 2011/93/UE, sobre la lucha contra los abusos sexuales y la explotación sexual de

---

130. Hace una revisión de cómo los diversos países del G7 (Estados Unidos, Reino Unido, Alemania, Francia, Italia, Canadá y Japón) han regulado estas conductas, BOLDOVA PASAMAR, M.Á. (2016): «El nuevo concepto de pornografía infantil: una interpretación realista», en *Revista Penal*, n.º 38, julio 2016, págs. 46-50.

131. Disponible en https://www.un.org/es/events/childrenday/pdf/derechos.pdf

132. Disponible en https://www.ohchr.org/es/instruments-mechanisms/instruments/optional-protocol-convention-rights-child-sale-children-child

133. Disponible en https://rm.coe.int/16802fa403

134. Disponible en https://rm.coe.int/una-herramienta-munidal-para-proteger-a-los-ninos-y-ninas-de-la-violen/1680ad1518

135. Disponible en https://www.boe.es/buscar/doc.php?id=DOUE-L-2004-80095

136. Disponible en https://www.boe.es/buscar/doc.php?id=DOUE-L-2011-82637

137. Para una revisión pormenorizada de los diferentes instrumentos internacionales que han influido en este ámbito, MORILLAS FERNÁNDEZ, D.L. (2005), *op.cit.*, págs. 31 y ss.

138. Disponible en https://www.un.org/esa/socdev/enable/documents/tccconvs.pdf

los menores y la pornografía infantil, también incorpora esta perspectiva inclusiva al exigir a los Estados miembros que consideren como agravante la comisión de estos delitos contra menores con discapacidad o en situación de especial vulnerabilidad (art. 9.5), en realidad no se refiere expresamente a adultos con discapacidad, por lo que ha sido una decisión autónoma del legislador español añadirles como sujetos especialmente protegidos en estos tipos al incorporarles a la definición de material pornográfico ilícito del art. 189.1. Aunque el objeto de este trabajo se centra en la pornografía infantil, en la medida en que no es posible desagregar la información estadística disponible, los datos que se han incorporado en el capítulo anterior incluyen también conductas en las que el material pornográfico se refiere a adultos con discapacidad. Aunque el número reducido de víctimas adultas en estos delitos puede indicar que la incidencia reflejada en los datos oficiales no es preocupante, es muy probable que en este ámbito la cifra negra sea significativa, por lo que sería conveniente contar con más estudios empíricos que permitiesen conocer la realidad de comisión de conductas de explotación sexual de personas con discapacidad.

En España, esta influencia normativa se ha traducido en sucesivas reformas del Código Penal, particularmente en los artículos 189 y 189 bis, orientadas no solo a sancionar la producción, distribución y posesión de material pornográfico infantil, sino también a tipificar nuevas modalidades delictivas vinculadas a las tecnologías digitales, como el embaucamiento de menores o la mera tenencia de archivos ilícitos en entornos virtuales. Como se ha reflejado en el análisis histórico de la normativa, antes del Código penal de 1995 las conductas relacionadas con pornografía se fundamentaban en el bien jurídico protegido en aquel momento y, por tanto, el objeto material no tenía por qué referirse a personas especialmente protegidas, sino a la idea de que era necesario impedir su proliferación en general, para preservar la moral pública. En este sentido, no cabía hablar de pornografía ilícita, pues toda ella se consideraba obscena y, como tal, estaba incluida en el tipo penal. La protección especial de personas por debajo de determinadas edades siempre se había incluido en los delitos de abusos y agresiones sexuales, además de aquellos relacionados con su prostitución y otras situaciones de corrupción en que pudieran encontrarse. Sin embargo, no es hasta la reforma de 1989 cuando se modifica la rúbrica de estos delitos y se sustituye la honestidad por la libertad sexual como bien jurídico protegido, de manera que la pornografía ya no se consideraba ilícita en cualquier caso, por atentar a la moral pública, sino solo en la medida en que se exhibiese o difundiese entre menores e incapaces, es decir, partiendo de la idea de que estos sujetos debían ser especialmente protegidos. En esa misma línea continúa el Código penal de 1995, sancionando tanto la exhibición o difusión de material pornográfico entre estos sujetos, como su utilización para fines o en espectáculos exhibicionistas o pornográficos. Como se ha descrito anteriormente, la reforma de 1999 añadió la indemnidad sexual como bien jurídico protegido y el delito de utilización de estos sujetos para elaborar el material, reforzando así la idea de que la pornografía solo es ilícita en la medida en que involucre a sujetos especialmente protegidos, que deben quedar apartados de conductas que les puedan perjudicar en su desarrollo sexual.

A partir de esta idea y aceptando que desde el punto de vista del bien jurídico protegido es coherente sancionar conductas en las que se instrumentalice sexualmente a sujetos para elaborar pornografía (al margen de la cuestión sobre si las penas son proporcionadas o si el desvalor de la conducta podría quedar ya abarcado por la sanción del abuso o agresión sexual en sí mismos, aspectos estos que se analizarán más adelante), sí parece necesario indagar sobre la motivación del legislador para adoptar la decisión de ir un paso más allá y tipificar conductas en las que no se utiliza realmente a menores de edad o personas con discapacidad para elaborar dicho material, en especial, cuando este se va a limitar a un uso privado sin difusión a terceros. Como se ha observado en el análisis histórico de este precepto y se resume en la tabla 1, las reformas llevadas a cabo por las leyes orgánicas de 2003 y 2015 son las que han introducido los cambios más polémicos. La LO 15/2003 introdujo, como tipos atenuados, la posesión para consumo propio de material pornográfico real en el que se hubiera utilizado a menores o incapaces, y la producción y difusión de pornografía ficticia (en la que tan solo se hubiera usado su voz o imagen alterada o modificada). La LO 1/2015 amplió el concepto de material pornográfico ilícito, incluyendo imágenes ficticias realistas y, por tanto, sancionando la posesión y el acceso por medios tecnológicos a dicho material con la misma pena que si se tratase de pornografía en la que sí se hubiera utilizado a dichas personas. Con la pretensión de indagar en la adopción de las decisiones más polémicas por parte del legislador español, a continuación se van a analizar tanto las exposiciones de motivos como la tramitación parlamentaria de ambas leyes.

En lo que respecta a las modificaciones introducidas por la LO 15/2003, en la exposición de motivos no se aportan demasiadas explicaciones. El endurecimiento de las penas se justifica de manera general para todos los delitos en los que se produce, en aplicación de los principios de proporcionalidad, coherencia y sistemática, de acuerdo a las circunstancias sociales, económicas y culturales[139]. Por otro lado, ya concretamente respecto a los delitos de pornografía infantil, se argumenta que se ha pretendido mejorar la técnica en la descripción de las conductas, pero no se explica por qué se han introducido los tipos de posesión de material en el que se ha utilizado a menores o personas con discapacidad, y de producción y difusión de pornografía infantil virtual.

Cuando se acude a la tramitación parlamentaria de la LO 15/2003, en el Congreso de los Diputados se hace referencia a que había un consenso doctrinal y político respecto a la tipificación de la posesión para propio consumo (DS Congreso nº255, 29/05/2003, pág. 13177), aunque ninguno de los dos argumentos es cierto. Por lo que respecta al citado consenso político, por un lado, el Partido Nacionalista Vasco presentó una enmienda ante el Congreso de los Diputados en contra, por entender que cuando no hay ánimo de difusión la sanción de la mera

---

139. GARCÍA MAGNA, D. (2018), *op.cit.,* págs. 116 y ss., para un análisis pormenorizado de los antecedentes de la tramitación de esta ley, en un ambiente político-criminal alarmista y populista.

posesión sobrepasa los límites de la protección de bienes jurídicos para proteger meras concepciones morales. Por otro lado, el Partido Socialista también solicitó su supresión «porque la criminalización del consumidor de pornografía resulta desproporcionada con los fines perseguidos por este precepto», que son la protección de la libertad e indemnidad sexuales (DS Congreso n°802, 3/9/2003, pág. 25323). En cuanto al supuesto consenso doctrinal no solo no existía, sino que se podría decir que era mayoritaria la postura contraria[140]. Ya en el Senado, se hace referencia a la necesidad de transponer normativa europea (DS Senado n°157, 30/10/2003, pág. 9916), aunque no se menciona cuál ni en el proyecto de ley ni posteriormente[141]. Además, desde el grupo parlamentario del Partido Socialista se recuerdan las palabras del ministro de Justicia que en medios había alertado de la necesidad de endurecer el sistema penal porque en España había delitos impunes, como la pornografía infantil, y penas que no se cumplían, afeándole al gobierno (del Partido Popular) que, si eso era así, curiosamente habían pasado los últimos 8 años dejando impunes delitos muy graves.

Por lo que respecta a la LO 1/2015, el preámbulo adelanta ya en su primer expositivo que buena parte de las reformas que incluye atienden a compromisos supranacionales. En concreto, atendiendo al ámbito de estudio en este trabajo, se menciona la Directiva 2011/93/UE, relativa a la lucha contra los abusos sexuales y la explotación sexual de los menores y la pornografía infantil. Posteriormente, en el expositivo XII, con el resto de modificaciones en el ámbito de los delitos sexuales, se vuelve a hacer referencia a la necesidad de transponer normativa europea, como único motivo de la tipificación de conductas relacionadas con imágenes realistas «aunque no reflejen una realidad sucedida». Únicamente se explica que el castigo del mero uso o la adquisición de pornografía infantil por medios tecnológicos se produce «en la conciencia de que las

---

140. Entre otros, ESQUINAS VALVERDE, P. (2006): «El tipo de mera posesión de pornografía infantil en el código penal español (art. 189.2). Razones para su destipificación», en *Revista de Derecho Penal y Criminología*, n° 18, págs. 171-228. BOLDOVA PASAMAR, M.Á. (2016), *op.cit.*, pág. 62.

141. La definición de lo que debía considerarse pornografía infantil no se mencionaba en la Decisión del Consejo de 29 de mayo de 2000 relativa a la lucha contra la pornografía infantil en Internet (2000/375/JAI) (disponible en https://eur-lex.europa.eu/legal-content/ES/TXT/PDF/?uri=CEL EX:32000D0375&from=ES), aunque sí se proponían medidas de control y cooperación para combatir las conductas relacionadas, incluida la posesión. Por su parte, la Decisión n° 276/1999/CE del Parlamento Europeo y del Consejo, de 25 de enero de 1999, por la que se aprueba un plan plurianual de acción comunitaria para propiciar una mayor seguridad en la utilización de Internet mediante la lucha contra los contenidos ilícitos y nocivos en las redes mundiales (disponible en https://eur-lex. europa.eu/legal-content/ES/ALL/?uri=celex%3A31999D0276), proponía adoptar medidas de autorregulación del sector para evitar contenidos como la pornografía infantil. Es con la Decisión marco 2004/68/JAI del Consejo, de 22 de diciembre de 2003, relativa a la lucha contra la explotación sexual de los niños y la pornografía infantil, cuando se incorporó una definición de pornografía infantil virtual como aquella en la que aparecen imágenes realistas de un niño inexistente (art. 1.b.iii) y se pedía a los Estados que incluyeran entre las conductas punibles la de posesión y adquisición (art. 3.1.d). Posteriormente, ya con la Directiva 2011/93/UE, relativa a la lucha contra los abusos sexuales y la explotación sexual de los menores y la pornografía infantil, se confirma la definición de material pornográfico ilícito tal como se ha indicado en estas páginas.

nuevas tecnologías constituyen una vía principal de acceso», explicando que por ello se faculta a los tribunales para que puedan ordenar medidas para la retirada o el bloqueo del acceso a las páginas web que contengan o difundan pornografía infantil.

En cuanto a la tramitación parlamentaria de la LO 1/2015, la mayoría de las alusiones a las modificaciones en el ámbito de la pornografía hacen referencia a la necesidad de adoptar las medidas impuestas por la Directiva de 2011 y a las bondades de una reforma que pretende reforzar la protección de los menores de edad (DS Congreso, nº736, 15/01/2015, págs. 19 y 20; DS Congreso nº254, 21/01/2015, pág. 46; DS Senado nº146, 11/03/2015, pág. 13987), en una argumentación que neutraliza cualquier crítica, por considerarla contraria a la necesidad de una mayor protección de este colectivo especialmente vulnerable, en especial ante la falta de control suficiente sobre su acceso a las nuevas tecnologías[142]. Si bien en el proyecto de ley se recogía la posibilidad de no sancionar algunas conductas de producción y posesión para uso privado del propio productor del material pornográfico, dicha cláusula se suprimió al aceptar el Grupo Parlamentario Popular una enmienda del Grupo Mixto, en concreto de Unión del Pueblo Navarro (DS Senado nº146, 11/03/2015, pág. 13988), por considerar que podría dar lugar a inseguridad jurídica dejar abierta «la posible determinación de la edad por métodos que pueden no ser del todo fiables». Teniendo en cuenta que el proyecto de ley parecía contener una errata que sorprendentemente fue tratada como si no lo fuera, la argumentación para decidir suprimir la cláusula deja de tener sentido, ya que se encontraba de todas formas incluida en la definición de pornografía infantil del art. 189.1 pfo. 2º c), que no se modificó, de manera que era evidente que la alusión a la misma en el apartado 6 que acabó suprimiéndose, resultaba errónea y se estaba refiriendo a otra cuestión. En efecto, parece que el proyecto de ley quería incluir otra cláusula distinta referida a la posesión de material virtual, también recogida en la Directiva, pero simplemente se había producido una errata en el apartado citado, que debía ser el d en lugar del c. Así, la Directiva de 2011 permitía en su art. 5, apartados 7 y 8, que los Estados decidieran si sancionar o no las conductas relacionadas con material del art. 2 c iii) en el que apareciesen personas que aparentasen ser menores de 18 años pero en realidad fuesen mayores de edad, y las de producción y pose-

---

142. La senadora del Grupo Parlamentario Popular, Armisén Pedrejón se refiere a ello en su intervención, considerando que reforzar la protección de los menores frente a «la pornografía infantil es una exigencia de la generalidad, y la accesibilidad a las nuevas redes nos exige dar una respuesta, mucho más a esos menores que libremente, y muchas veces sin ningún control, tienen acceso a las nuevas tecnologías». CRUZ MÁRQUEZ, B. (2019): «La construcción penal de los delitos contra la libertad e indemnidad sexuales de los menores y adolescentes: Un análisis crítico a partir de la "visibilidad" y el "grado de acuerdo social"», en RODRÍGUEZ MESA, M.J. (dir.), DEL REAL CASTRILLO, C., MALDONADO GUZMÁN, D. (coords.) *Pederastia. Análisis jurídico-penal, social y criminológico*, Thomson Reuters Aranzadi, págs. 149 y ss., destaca cómo en los debates parlamentarios se presumen elementos como la imagen del agresor sexual online extraño, o altamente reincidente y resistente a la rehabilitación, sin tener en realidad soporte empírico para realizar tales afirmaciones. Así, menciona que, según la propia información del Ministerio del Interior, la mayoría de los delitos sexuales contra menores son cometidos por hombres conocidos por la víctima.

sión para uso privado de material pornográfico virtual en el que no se hubiere utilizado a personas reales del art. 2 c iv). El legislador español incluyó en el proyecto de ley ambas modalidades de material pornográfico en los apartados c y d del art. 189.1 pfo. 2º, respectivamente, y la cláusula de exclusión referida a que el sujeto tuviera en realidad más de 18 años en el apartado c) («salvo que la persona que parezca ser un menor resulte tener en realidad dieciocho años o más en el momento de obtenerse las imágenes»), tal como permitía la Directiva en el art. 5.7. En realidad, parece que también quiso incluir en el art. 189.6 la segunda posibilidad de exclusión de responsabilidad del art. 5.8 de la Directiva (referida a la producción y posesión de material virtual para uso privado), sin embargo, el art. 189.6 se refería al material del apartado c en lugar del d, siendo evidente que se trataba de una errata, y que la intención era dejar fuera estas conductas en las que no se había utilizado a personas reales y no había riesgo de difusión del material[143]. Lejos de rectificar la errata o poner de manifiesto la incongruencia, la argumentación tanto en la enmienda que pide la supresión, como en la respuesta de la senadora del grupo parlamentario popular aceptándola, denotan un proceso legislativo muy deficiente que a menudo no entra al fondo de los asuntos y se limita a trasladar lo que las normas supranacionales indican y, en caso de no hacerlo así, ni siquiera se cuestiona las posibles incongruencias con el sistema interno.

Una vez analizadas las exposiciones de motivos y los debates parlamentarios de las leyes que han introducido las modificaciones más relevantes a los efectos del análisis crítico que se está realizando en este trabajo, y teniendo en cuenta la especial repercusión que han tenido los instrumentos supranacionales en este ámbito y, en especial, la Directiva de 2011, se hace preciso acudir a su tramitación[144] para identificar los argumentos político-criminales que han llevado a tipificar la posesión y acceso al material para consumo propio y la ampliación del objeto material. En primer lugar, la propuesta[145] incorpora una interesante alusión a la diferente gravedad de las conductas y a la necesidad de que ello se tenga en cuenta a la hora de tipificar conductas. Así, en lo que respecta a aquellas relacionadas con la pornografía infantil, dice que «la producción, que suele implicar la captación y el contacto sexual con el niño, es más grave que los deli-

---

143. Concretamente, el apartado 6 del art 189 en el proyecto de la LO 1/2015, decía así: «La producción y posesión de pornografía infantil no serán punibles cuando se trate del material pornográfico a que se refiere la letra c) del párrafo segundo del apartado 1 de este artículo, siempre que el material esté en posesión de su productor únicamente para su uso privado, y en su producción no se haya utilizado el material pornográfico a que se refieren las letras a) y b) del mismo». La enmienda de supresión de este apartado se acepta con la siguiente motivación: «Se suprime el apartado 6, porque no parecía aceptable que empezara refiriéndose a una pornografía infantil no punible y porque su redacción podría dar lugar a una gran inseguridad jurídica» (BOCG Senado, nº493, 25/03/2015, pág. 110).

144. Se puede consultar todo el procedimiento en https://eur-lex.europa.eu/procedure/ES/2010_64

145. Propuesta de Directiva del Parlamento Europeo y del Consejo relativa a la lucha contra los abusos sexuales, la explotación sexual de los niños y la pornografía infantil, por la que se deroga la Decisión marco 2004/68/JAI. Disponible en https://eur-lex.europa.eu/legal-content/ES/TXT/?uri=celex%3A52010PC0094

tos de distribución o de ofrecimiento, que a su vez son más graves que la posesión o el acceso». No obstante, el legislador español no ha tenido en cuenta esta referencia expresa al principio de proporcionalidad, pues incluye las dos primeras conductas en el mismo precepto y con igual pena (haya o no captación o contacto sexual con menores), considerando, eso sí, la posesión y el acceso como un tipo atenuado[146]. Por lo que respecta a la definición de pornografía infantil, la propuesta hace referencia tanto a la representación visual como a la descripción de un menor participando en una conducta sexualmente explícita real o simulada, en una ampliación desmesurada, ya que, si bien la representación visual se refiere a imágenes concretas, la descripción llevaría a incluir también otro tipo de contenidos que simplemente detallasen o relatasen dichas imágenes. Afortunadamente, la versión final de la Directiva acotó la ya amplia definición, eliminando la referencia a la conducta de descripción y limitándose a las representaciones visuales y las imágenes realistas.

Además de la propuesta de directiva, resulta interesante analizar también los informes y dictámenes posteriores. Por un lado, el Dictamen del Comité Económico y Social Europeo[147] apuntaba a la necesidad de avanzar en medidas más punitivas, como considerar estos delitos imprescriptibles, que se sustituyese el término «pornografía infantil» por el de «imágenes o contenidos de abusos sexuales contra la infancia», e incluir en el objeto material no solo material visual o imágenes, sino cualquier representación. En cualquier caso, el documento se centra en la prevención y la asistencia tanto a víctimas como a autores para su reinserción y considera que es necesario un debate más intenso en torno a cuestiones como la edad de consentimiento sexual y las conductas realizadas por menores que prestan su consentimiento, no mencionando en ningún momento la posesión de material. Por otro lado, el Dictamen del Supervisor Europeo de Protección de Datos[148] apuntaba a la necesidad de que el control y la prevención de conductas delictivas en Internet se realice en condiciones que respeten los derechos de los usuarios finales, incluyendo la obligación para los Estados de garantizar «procedimientos armonizados, claros y pormenorizados de lucha contra el contenido ilícito, bajo la supervisión de las autoridades públicas independientes»,

---

146. Y ello a pesar de que el informe del Consejo Fiscal de 8 de enero de 2013 (disponible en https://s01.s3c.es/imag/_v3/ecoley/documentos-iuris/18-01-2013/16.informeFiscalia.pdf), pág. 163, hacía referencia expresa a esta incongruencia y proponía sancionar con diferente pena el consumo compartido mediante programas P2P, la distribución con ánimo de lucro o la utilización de menores reales para elaborar el material, pues se trata de conductas de muy diversa gravedad que quedarían subsumidas en el mismo art. 189.1 con la misma pena.

147. Dictamen del Comité Económico y Social Europeo sobre la «Propuesta de Directiva del Parlamento Europeo y del Consejo relativa a la lucha contra los abusos sexuales, la explotación sexual de los niños y la pornografía infantil, por la que se deroga la Decisión marco 2004/68/JAI». Disponible en https://eur-lex.europa.eu/legal-content/ES/TXT/?uri=CELEX%3A52010AE1173&qid=175 6458376111

148. Dictamen del Supervisor Europeo de Protección de Datos sobre la propuesta de Directiva del Parlamento Europeo y del Consejo relativa a la lucha contra los abusos sexuales, la explotación sexual de los niños y la pornografía infantil, por la que se deroga la Decisión marco 2004/68/JAI. Disponible en https://eur-lex.europa.eu/legal-content/ES/TXT/?uri=celex%3A52010XX1130%2802%29

algo que la propuesta de directiva no concretaba. En cuanto a los debates en el Consejo, estos se produjeron en varias sesiones[149], aunque los ministros se centraron sobre todo en la posibilidad de inhabilitación para ejercer profesiones que supongan contacto directo con menores para los condenados por estos delitos, y la retirada o al menos bloqueo de acceso a páginas web que contengan o difundan pornografía infantil. En este sentido, en el Consejo no se llegó a plantear un debate en torno a cuestiones polémicas como el amplio concepto de pornografía infantil propuesto o la legitimidad de la sanción de la posesión o acceso a contenidos en los que no se haya utilizado realmente a menores. Por su parte, el Parlamento aprobó la resolución en primera lectura sin modificaciones en la parte relativa a la pornografía infantil[150].

En definitiva, del análisis de política legislativa de ambas leyes se desprende que no ha habido un debate auténtico sobre el fondo de las cuestiones incluidas y que, en este asunto concreto, como sucede en otros, el legislador se ha limitado a transponer compromisos supranacionales sin demasiadas objeciones, optando por tomar las pocas decisiones propias en un sentido más punitivo que lo que exigía la normativa supranacional. Así, tal como se ha señalado, se ha dejado de incluir alguna posibilidad que la directiva ofrecía de optar por una menor severidad, como la exclusión del tipo de producción y posesión de material virtual para uso privado, aunque probablemente por un error en la redacción del proyecto de ley de 2015. Como se ha observado, el único argumento que se emplea en la tramitación parlamentaria es que se pretende proteger mejor a personas vulnerables, sin entrar a valorar los aspectos concretos de esa protección (que como se apunta en este trabajo, finalmente puede ser menor de lo que se pretendía), ni si resultan respetuosos con los principios del Derecho penal, en una argumentación demagógica y simplista basada en que quien critica la reforma no quiere mejorar la protección de los menores de edad[151].

---

149. Los debates del 7 y 8 de octubre de 2010, de la Comisión de Justicia y Asuntos de Interior, se pueden consultar en https://ec.europa.eu/commission/presscorner/detail/en/pres_10_262 (pág. 16) y los del 2 y 3 de diciembre de 2010 aquí (pág. 22): https://ec.europa.eu/commission/presscorner/detail/en/pres_10_322

150. Resolución legislativa del Parlamento Europeo, de 27 de octubre de 2011 (posición del Parlamento Europeo aprobada en primera lectura). Se aprueba la resolución indicando a los Estados que comprueben si en su normativa interna se encuentra claramente definido el embaucamiento de menores «en la vida real» con fines sexuales. Disponible en https://eur-lex.europa.eu/legal-content/ES/TXT/?uri=celex%3A52011AP0468

151. Considera que atender a las directrices supranacionales como se ha hecho en este caso constituye una vulneración de los valores reconocidos constitucionalmente en el art. 9.2 y 10 de la Constitución española, TERRADILLOS BASOCO, J.M. (2019), *op.cit.*, pag. 369.

7. Algunas reflexiones desde lo empírico relacionadas con las decisiones de política-criminal en torno a la pornografía infantil

Antes de analizar las cuestiones dogmáticas que surgen con la regulación de los delitos relativos a pornografía infantil y tras observar cómo desde instancias supranacionales, prácticamente no cuestionadas por el legislador interno, se aboga por una extensión de la intervención penal, es preciso plantearse si dicha expansión se puede justificar en base a la realidad de realización de estas conductas o si, por el contrario, tal como se ha establecido como premisa en este trabajo, nos encontramos ante un ejemplo más de la influencia del modelo político-criminal de la seguridad ciudadana, que da lugar a decisiones basadas en mitos y estereotipos sobre las víctimas y los autores de estos delitos[152], y en una amplificación del riesgo real para los bienes jurídicos individuales de los menores de edad[153].

Como se ha señalado, es difícil tener una imagen real de la incidencia de comisión de estos delitos y, en especial, de la afección a sujetos concretos, no solo por las deficiencias en la presentación de los datos por las fuentes oficiales

---

152. VILLACAMPA ESTIARTE, C. (2015), *op.cit.*, págs. 84 y ss., destaca que frente al mito del depredador sexual, es conveniente tener en cuenta que no es un concepto que haya nacido con internet, sino que ya existía anteriormente, y que la pedofilia, que se suele asociar con hombres, inadaptados, de otra raza o subclase, se encuentra también presente en mujeres y personas respetables.

153. Llega a conclusiones similares, CUERDA ARNAU, M.L. (2017), *op.cit.*, págs. 32 y ss., tras una revisión de los datos disponibles sobre la incidencia real de la regulación sobre delitos sexuales previa a las reformas de 1999, 2010 y 2015, en contraposición con las razones esgrimidas por el legislador para llevarlas a cabo.

(que no suelen desagregar por tipos concretos), sino sobre todo porque se han incluido en el art. 189 conductas que no suponen una lesión a bienes jurídicos individuales y se ha ampliado de manera desmesurada el objeto material, fruto de una configuración del concepto penal de pornografía extenso y ambiguo, que se ha transferido desde ámbitos extrajurídicos. En efecto, mientras que en el caso de las personas con discapacidad las menciones al objeto material en los diferentes lugares del art. 189 exigen expresamente «que se haya utilizado» a estas personas para elaborarlo, cuando se trata de «pornografía infantil» no se hace referencia a que «hayan sido utilizados menores de edad», y ello porque, efectivamente la presencia de un menor real no es necesaria para considerar ilícito el material. Así, el art. 189.1 pfo. 2º describe qué se entiende por pornografía infantil, incluyendo: a) su representación visual participando en una conducta sexualmente explícita real o simulada, b) la representación de sus órganos sexuales con fines principalmente sexuales, c) la representación visual de una persona que parezca ser un menor de edad participando en una conducta sexualmente explícita real o simulada, o de los órganos sexuales de una persona que parezca ser un menor con fines principalmente sexuales (salvo que se pueda probar que en realidad se trata de un adulto), y d) las imágenes realistas de un menor participando en una conducta sexualmente explícita o de sus órganos sexuales con fines principalmente sexuales. De dicha definición se desprende que, en realidad, solo en el primer caso estaríamos hablando de una instrumentalización del menor que afectaría a su libertad o indemnidad sexual cuando la conducta es real, mientras que en el resto de casos sucede que el material se corresponde con una conducta que existe realmente pero no es sexual, sino simulada, o las imágenes, aunque realistas, son ficticias o generadas artificialmente (es decir, no involucran al menor en ninguna conducta real o el menor directamente no existe). A pesar de esta disparidad de posibles contenidos mencionados por el art. 189.1 pfo. 2º, en la definición de las conductas sancionables, sin embargo, no se distingue entre unos y otros, ya que todos ellos integran el objeto material al que se hace referencia en todas las conductas del art. 189, esto es, pornografía infantil, en una definición amplia que procede en realidad de ámbitos extrajurídicos. En efecto, desde un punto de vista educativo, sociológico o psicológico se podría considerar que todo material pornográfico, real o ficticio, en el que se sugiera o se muestre abiertamente que aparecen menores de edad es pornografía infantil. Ello llevaría a incluir también los contenidos totalmente ficticios y aquellos reales en los que aparecen adultos con apariencia aniñada. Puede resultar adecuado a efectos preventivos y de políticas públicas sociales, educativas o sanitarias (si hablamos de parafilias) considerar pornografía infantil no solo aquella que muestra o representa a un menor real implicado en actividades con significado sexual, sino también representaciones visuales en las que la imagen del menor se ha insertado en un contexto sexual mediante un montaje, imágenes pornográficas de adultos simulando ser niños, representaciones en las que la imagen del menor se ha obtenido alterando la imagen de personas adultas, e incluso imágenes de niños en actividades sexuales totalmente generadas de manera artificial. Sin embargo, el traslado al ámbito penal de ese concepto amplio y extrajurídico que promueven las instancias supranacionales genera muchos problemas a nivel no solo dogmá-tico[154]. Además, no parece que se vaya a producir una reversión de esta tenden-cia, ya que las propuestas normativas que se encuentran en este momento en tramitación siguen en la misma línea expansiva[155].

No hay duda de que la emergencia de las nuevas tecnologías constituye todo un conjunto de desafíos en este tipo de conductas, debido a la mayor facilidad en el acceso y difusión de los contenidos[156], las crecientes dificultades que supo-ne para la investigación policial la identificación de conductas sospechosas, y el desarrollo de técnicas avanzadas de producción de material pornográfico, ya sea a partir de imágenes reales o elaborándolo completamente de manera artificial. Así, la tecnología *Deepfake* utiliza imágenes o vídeos auténticos que no tienen contenido sexual (caras o partes del cuerpo en un contexto no sexual, como la playa, un vestuario, etc.), alterándolos mediante inteligencia artificial para que adquieran dicho significado o se sitúen en contextos sexuales, lo que genera material pornográfico muy realista. Algunas organizaciones ponen de manifiesto que casi la totalidad del material generado de manera artificial por esta tecnolo-gía es pornográfico[157].

Precisamente, uno de los argumentos que se suelen señalar para justificar esta ampliación del control de conductas relacionadas con contenidos ficticios se sitúa en la dificultad para distinguir entre material sintético y real, tal como se-ñala la propia Fiscalía General del Estado[158]. En ese sentido, aunque el material pornográfico no refleje un abuso sexual que se haya producido realmente y, en

---

154. VILLACAMPA ESTIARTE, C. (2015), *op.cit.*, pág. 80, alude a que la «ampliación desmesurada del concepto de pornografía» se debe a una evolución del significado de la infancia como algo que en realidad ha derivado en una visión pedófila de la realidad, considerando que los niños son obje-tos suaves, dóciles o pasivos, víctimas inocentes, en definitiva, a las que se protege pero también se sexualiza (tradicionalmente de manera normal en la literatura, pero también más recientemente en la publicidad). TERRADILLOS BASOCO, J.M. (2019), *op.cit.*, págs. 374 y 375, considera que el con-cepto de pornografía mencionado adoptado por la jurisprudencia, por ejemplo, en la STS 332/2019, se aleja de una interpretación acorde al art. 3 del Código civil.

155. Por lo que respecta en concreto al ámbito de la Unión Europea, continúan asumiendo ese concepto extensivo que incluye como «abuso de menores online» las conductas de elaboración de material ficticio, tanto la propuesta de reglamento para prevenir y combatir el abuso sexual de me-nores en línea, como la propuesta de directiva relativa a la lucha contra el abuso, la explotación y el material de abuso sexual de menores. AGUILERA MORALES, M. (2024): «El nuevo marco europeo contra el abuso sexual de menores y su «incidencia» procesal», en *Revista Española de Derecho Euro-peo*, 90, abril-junio 2024, págs. 82 y ss., analiza los aspectos procesales pero también sustantivos de ambas reformas, destacando que en el concepto de «material de abuso sexual a menores» que incor-pora la propuesta se incluye la difusión de manuales de pedofilia y las ultrafalsificaciones (imágenes totalmente generadas a través de inteligencia artificial, sustituyendo por ejemplo el rostro de una persona adulta por la de un menor o incluso un «avatar con retroalimentación sensorial»).

156. Acerca de las nuevas formas de relacionarse socialmente debido a estas tecnologías, GAR-CÍA MAGNA, D. (2020), *op.cit,*, pág. 157.

157. FAPMI y ECPAT (2021): «La explotación sexual online de la infancia y la adolescencia en Es-paña». Disponible en https://ecpat-spain.org/Descargar/149/monograficos-sobre-esia/52646/fapmi-ecpat-espana-2021-la-explotacion-sexual-online-de-la-infancia-y-la-adolescencia-monografico.pdf, pág 16.

158. Así se hace referencia a que la expansión típica se justifica porque pronto será imposible distinguir entre imágenes reales y generadas por ordenador (Circular 2/2015 FGE, apartado 2.3).

ocasiones, ni siquiera implique la manipulación de imágenes auténticas, se justifica la intervención penal porque en algunos casos no es posible diferenciarlo del material en el que sí se haya explotado sexualmente a un menor. Así, se manifiesta abiertamente que se ha decidido castigar conductas en las que no hay afección a ningún bien jurídico personal, ya sea relacionado con la libertad o indemnidad sexuales, o con el honor, la intimidad o los derechos vinculados a la propia imagen. Ello supone ignorar deliberada y notoriamente algunos de los principios fundamentales del Derecho penal (tales como los de lesividad o impunidad del mero pensamiento), en aras de un supuesto mayor control sobre posibles conductas lesivas hacia menores de edad. Al margen de lo inquietante que resulta esta tendencia, no solo desde el punto de vista jurídico-penal sino también por lo que supone desde una perspectiva de recorte de garantías para la ciudadanía, cabe plantearse si realmente es tan difícil diferenciar el material sintético del real y, en cualquier caso, si hay una proporción alta de contenidos en los que se refleje una explotación sexual infantil real o, si por el contrario, la mayoría del material que circula actualmente en internet es ficticio.

Según el estudio llevado a cabo por Ajder y otros, tras una recopilación de los contenidos disponibles en sitios web dedicados a la pornografía y a los vídeos *deepfake* de todo tipo y de las visitas que reciben dichas páginas, se desprende que la mayoría de los vídeos pornográficos ficticios analizados tienen como protagonistas a actrices (inglesas, estadounidenses, australianas e israelíes) y a cantantes coreanas (de *k-pop*, especialmente)[159]. Evidentemente, no se encuentran aquí recogidas todas las webs o espacios de almacenamiento e intercambio de archivos que incluyen contenidos pornográficos ilícitos (con menores de edad), pero sí es interesante destacar que el estudio muestra una tendencia creciente a crear contenidos ficticios en los que no se ha utilizado a personas reales y que, probablemente dicho material podría bastar para colmar los intereses sexuales de personas que tienen tendencias consideradas desviadas.

Ciertamente la dificultad en distinguir contenidos reales y ficticios existe y probablemente irá en aumento, sin embargo, los mismos avances tecnológicos que facilitan la producción del material, también se están usando para desarrollar instrumentos que permitan detectarlo[160]. En cualquier caso, no parece aceptable que se utilice un elemento procesal (la dificultad de prueba) para tipificar conductas

---

159. AJDER, H.; PATRINI, G; CAVALLI, F.; CULLEN, L., (2019): «The State of Deepfakes: Landscape, Threats, and Impact», Deeptrace, pág. 7. Además, señalan que el 96% de los vídeos *deepfake* analizados tienen contenido pornográfico.

160. EUROPOL (2025): *Evaluación para la amenaza de la delincuencia grave y organizada de la Unión Europea (EU-SOCTA)*. Resumen Ejecutivo, 4ª edición, sitúa la explotación sexual de menores en línea a través del uso de la IA generativa para crear material de abuso sexual infantil, como una de las 7 amenazas graves actuales, que requieren un enfoque colaborativo. En este sentido, se están desarrollando estrategias de investigación en colaboración con empresas privadas del sector para implementar aplicaciones de detección de dicho material. Recientemente, se ha llevado a cabo una operación a nivel internacional que ha involucrado a 19 países y que ha dado lugar a la desarticulación de una red de distribución de dicho material pornográfico (Operación Cumberland). Disponible en https://www.europol.europa.eu/media-press/newsroom/news/25-arrested-in-global-hit-against-ai-generated-child-sexual-abuse-material.

que no lesionan ningún bien jurídico, pues ello vulnera al menos el principio de lesividad[161]. Como se ha indicado antes, aunque desde un punto de vista sociológico y educativo sea conveniente elaborar políticas públicas para mitigar la sexualización de la infancia y la adolescencia, ello no puede trasladarse sin más al ámbito penal en casos en los que no se lesiona realmente ningún bien jurídico.

Otro de los argumentos que se esgrimen para justificar la tipificación de conductas muy alejadas de la posible lesión a bienes jurídicos personales de los menores, como sucede en la posesión para uso propio, es que el consumo de dicho material es un factor de riesgo de comisión de delitos más graves, ya sean de pornografía infantil real o de otros cometidos en entornos físicos en los que se busque el contacto sexual con menores de edad. Como se verá a continuación, dicha vinculación resulta apresurada, en la medida en que existen estudios que no la confirman e incluso la desmienten. Además, es necesario tener en cuenta que los perfiles de acceso a dichos contenidos son muy variados y no reflejan la imagen estereotipada de que los usuarios que consumen pornografía infantil presentan necesariamente parafilias[162].

Aunque más adelante se volverá sobre la cuestión del bien jurídico protegido y la estructura típica de estos delitos, es preciso apuntar ahora que en la tipificación de conductas relacionadas con material pornográfico generado artificialmente, en las que no se afecta a personas concretas, parece que se estuviera protegiendo la incolumidad de la infancia en un sentido idealizado o una determinada moral sexual, entendida como tendencia sexual normalizada o comúnmente aceptada, salvo que se entienda que se trata de delitos de peligro abstracto respecto a otras conductas en las que sí se utilizasen personas reales o al menos

---

161. Ya criticaba que la dificultad de prueba en el ámbito procesal se resuelva con definiciones genéricas (refiriéndose a la corrupción de menores), en la tramitación de la reforma de los delitos sexuales en 1999, la diputada del Grupo parlamentario Mixto, Cristina Almeida (DOCG, 16 feb. 1998, pág. 27), tal como refleja TAMARIT SUMALLA, J.M. (2002), *op.cit.*, pág. 56.

162. Sobre el perfil heterogéneo del consumidor de pornografía infantil, HAVA GARCÍA, E. (2019), *op.cit.*, pág. 410; SETO, M. C., AHMED, A. G. (2014): «Treatment and management of child pornography use», en *The Psychiatric Clinics of North America*, 37(2), págs. 207-214, quienes señalan que el consumo de pornografía infantil no necesariamente denota un interés pedófilo, sino que a veces es solo una manifestación de un comportamiento sexual compulsivo o hipersexual. En cualquier caso, también existe ya bastante investigación sobre los efectos de los tratamientos penitenciarios específicos en delincuencia sexual, destacando que los niveles de reincidencia se reducen más que en otras tipologías delictivas cuando se aplican programas de intervención especializados. En ese sentido, NGUYEN T., FRERICH, N., REDONDO ILLESCAS, S., ANDRÉS PUEYO, A. (2014), *op.cit.* Por otro lado, apuntan a la dificultad que supone la prevención a través de la intervención psicológica, en un contexto social de estigmatización y consideración del consumo de pornografía infantil como forma de perversión extrema e imperdonable, SOLDINO GARMENDIA, V., CARBONELL VAYÁ, E.J. (2019): «Consumidores de pornografía infantil: dificultades en el acceso a tratamiento psicológico», en *ReCRIM: Revista de l'Institut Universitari d'Investigació en Criminologia i Ciències Penals de la UV*, n.º 22, 2019, pág. 215, aludiendo a que «no resulta frecuente, por tanto, que estas personas presenten una motivación intrínseca para el tratamiento antes de la detención». En un sentido similar, CRUZ MÁRQUEZ, B. (2019), *op.cit.*, pág. 153, destaca la necesidad de prestar mayor atención al tratamiento de la pedofilia como orientación sexual y de fomentar la confianza para que estos sujetos puedan solicitar ayuda especializada para evitar buscar contactos sexuales con menores.

sus imágenes. Ello implica aceptar que quien consume estos materiales pornográficos presenta un riesgo alto de cometer otros delitos contra la libertad o la indemnidad sexuales contra víctimas reales, algo que ni la criminología ni los datos disponibles han confirmado. En efecto, la investigación de Aebi y otros[163] menciona diversos estudios que no encuentran una relación robusta entre el consumo de pornografía infantil y la comisión posterior de delitos sexuales, incluyendo su propia investigación centrada en adolescentes que consumen dicho material, donde la relación es mucho menor. A pesar de las limitaciones del estudio (insuficiencia de información oficial, tamaño reducido de la muestra y metodología exploratoria), consideran que, dada la relación entre consumo de pornografía infantil y pedofilia, sería necesario distinguir entre adolescentes consumidores habituales y no habituales, para poder diseñar y aplicar diferentes estrategias de evaluación e intervención. Así, mientras que en el grupo de consumidores no habituales podría ser suficiente con medidas educativas sobre la naturaleza abusiva de las imágenes y las normas que regulan los delitos sexuales, en el grupo de consumidores habituales podrían ser necesarias intervenciones desde el ámbito de la práctica forense de salud mental (pudiendo llegar a la asistencia psiquiátrica sobre posibles problemas sexuales conductuales). En nuestro país también se ha llevado a cabo algún estudio que aborda el perfil criminológico de los consumidores de pornografía infantil, como el de Pérez Ramírez y otros, que comparan sus resultados con los de otros estudios más amplios realizados en Estados Unidos[164], mostrando que el porcentaje de agresores duales (consumidores de pornografía infantil que también han cometido delitos de abusos sexuales a menores) varía entre un 9% (muestra de condenados en España en 2015) y un 16% (muestra de detenidos por la policía en EEUU).

---

163. AEBI, M., PLATTNER, B., ERNEST, M., KASZYNSKI, K. Y BESSLER, C. (2014): «Criminal history and future offending of juveniles convicted of the possession of child pornography», en *Sex Abuse. A Journal of Research and Treatment*, vol. 26, nº 4, pág. 376, mencionan que entre el 3% y el 15% de los consumidores de pornografía infantil son menores de edad (Carr, 2004; Finkelhor y Ormrod, 2010; Swiss Federal Institute for Statistics, 2009); además, basándose en diversos estudios sobre el tema, apuntan que los factores de riesgo de cometer delitos de pornografía infantil en estas edades se encuentran en: su distribución casi predominantemente online, siendo los adolescentes algunos de los usuarios más frecuentes de Internet (Gross, 2004; Guan y Subrahmanyam, 2009); el escaso conocimiento que los adolescentes tienen de la normativa que regula la pornografía infantil (Alexy, Burgess, y Prentky, 2009); su curiosidad hacia temas sexuales y, por tanto, la mayor probabilidad de buscar pornografía ilícita (Luder et al., 2011; Svedin, Akerman, y Priebe, 2011); el hecho de que las parafilias a menudo tienen su origen en la etapa adolescente (Abel et al., 1987); y que algunos jóvenes descargan pornografía de menores prepúberes para obtener una gratificación sexual (Barbaree, 2006). En cualquier caso, concretamente en el estudio exploratorio aquí citado y teniendo en cuenta sus limitaciones (págs. 386 y 387), los autores concluyen que los adolescentes consumidores de pornografía infantil no presentan un riesgo alto de cometer otros delitos (sexuales o no) en el futuro, por lo que esto sugeriría que la mayoría serían capaces de controlar sus intereses y comportamientos sexuales desviados.

164. PÉREZ RAMÍREZ, M.; HERRERO MEJÍAS, Ó.; NEGREDO, L.; PASCUAL, A.; GIMÉNEZ-SALINAS FRAMIS, A.; DE JUAN ESPINOSA, M. (2017): «Informe sobre consumidores de pornografía infantil», en *Revista de Estudios Penitenciarios*, nº 260, 2017, págs. 113-115, y 122 y ss., a partir de una muestra tomada en España en 2015 de sujetos condenados a una pena alternativa a la prisión.

Otro de los estudios sobre el tema que presenta resultados relevantes, es el llevado a cabo por Soldino y Carbonell[165], quienes valoran diferentes indicadores de una muestra de detenidos por pornografía infantil entre 2009 y 2013. La investigación diferencia entre sujetos que no tienen antecedentes policiales (82%), quienes los tienen por delitos no violentos o violentos pero no sexuales (13%), y quienes sí cuentan con antecedentes policiales por delitos sexuales que impliquen contacto físico, llamados detenidos duales y que representan solo el 5% de la muestra. En cuanto al tipo delictivo concreto por el que han sido detenidos[166], aunque el 75% lo fueron por difusión, en realidad solo el 13% son considerados activos, es decir, en la mayoría de los casos se entiende que hay difusión porque la conducta de consumo se produce en plataformas donde se comparte material[167]. Un 5% fueron detenidos solo por posesión o acceso, un 20% por adquisición (al haber pagado por el material) y solo un 6% por producción. Solo un 1% de los detenidos que no tienen antecedentes policiales, lo ha sido por producir material. Entre los detenidos duales, es decir, quienes tienen antecedentes policiales por delitos sexuales con contacto físico (5% de la muestra), los porcentajes son distintos: solo un 6% han sido detenidos solo por posesión del material, mientras que el 28% lo han sido por adquisición, el 56% por producción, y el 50% por difusión. De dichos resultados se desprende que el porcentaje de sujetos que consume pornografía infantil y ha materializado supuestamente un riesgo de comisión de delitos sexuales con contacto físico es muy reducido (5%), y que en general, la gran mayoría de los consumidores de material pornográfico no lo producen (solo lo hace un 6% de la muestra), siendo también pequeño el número de personas que realizan una difusión activa de contenidos (solo un 13% en este estudio).

En cuanto al tipo de material que se consume, en un 70% de los casos del estudio[168] las personas que aparecen son niñas, y respecto a la edad, un 72% son prepúberes, frente al 21% de púberes y al 7% de bebés. Si se analizan los materiales consumidos por los detenidos duales, los porcentajes cambian, apareciendo niñas en el 39% y niños en el 56% de los casos. También es sumamente interesante analizar qué tipo de imágenes aparecen en el material consumido. A través de la Clasificación de imágenes de explotación sexual infantil (CIESI)[169],

---

165. SOLDINO GARMENDIA, V., CARBONELL VAYÁ, E.J. (2022), *op.cit.* El estudio permite evaluar la herramienta CPORT (Child Pornography Offender Report Tool).

166. *Ibid.*, págs. 23 y 24.

167. Se suele considerar que hay delito de difusión de pornografía infantil cuando el sujeto accede al material a través de plataformas P2P no encriptadas, por entender que estas requieren que se comparta material además de acceder al que se encuentra disponible. *Ibid*, pág. 24, destaca que la mayoría de los detenidos por pornografía infantil (95%) acceden de manera prioritaria al material a través de plataformas P2P no encriptadas, siendo muy pocos (8,6%) los que utilizan medidas de protección como el cifrado, el acceso en cibercafés o el uso de TOR. Además, solo el 14,4% de los detenidos había contactado con otros usuarios.

168. *Ibid.*, págs. 24 y ss.

169. PASCUAL, A., GIMÉNEZ-SALINAS, A., IGUAL, C. (2017), *op.cit.*, creada a partir de una investigación para la Unidad Central de la Policía Judicial de la Guardia Civil, con el objetivo de diseñar una herramienta que aumentase la eficacia de las investigaciones y la eficiencia en relación con

se puede evaluar la gravedad de lo que aparece en el material pornográfico, con independencia de si se trata de imágenes reales, manipuladas o generadas totalmente de manera artificial. Es una herramienta que parte de un concepto criminológico de pornografía infantil, más amplio que el que se incluye en el texto legal, en la medida en que permite clasificar también imágenes intervenidas en las actuaciones policiales que puedan tener interés para un adulto aunque no sean constitutivas de delito. Por otra parte, la clasificación de las imágenes también tiene interés científico a efectos de mejorar las estrategias de prevención y represión, en la medida en que puede aportar información sobre las tipologías de consumo y los perfiles de consumidor. Así, la clasificación de Pascual y otros[170] incluye en el nivel 0 las imágenes con contenido penalmente irrelevante (no eróticas y no sexualizadas, pero que muestran niños total o parcialmente vestidos o desnudos, procedentes de fuentes legítimas: álbumes familiares, publicidad, etc.); en el nivel 1 se sitúan las imágenes de desnudos totales o parciales, poses provocativas o que se centren especialmente en los genitales); en el nivel 2 se incluyen imágenes de actividad sexual entre niños o masturbación propia; en el nivel 3 se sitúan las imágenes de actividad sexual entre niños y adultos, excluida la penetración de adulto a niño (sí se incluye la penetración de niño a adulto); en el nivel 4 se incluirían las imágenes de actividad sexual con penetración de adulto a menor; y en el nivel 5 se situarían las imágenes que representen actividades sexuales sádicas (con dolor físico o humillación innecesarias) y bestialismo (actividad sexual entre niños y animales). La clasificación presenta algunas limitaciones, ya que en ocasiones es difícil situar el material en uno u otro nivel, o cuando la edad es dudosa puede suceder que se considere irrelevante por entender que los sujetos son mayores de edad o situarse en niveles altos por entender que los sujetos son menores aunque no lo sean realmente. En cualquier caso, a partir de esta clasificación, en el estudio de Soldino y Carbonell[171], la mayoría del material pornográfico se clasifica en los niveles 0, 1 y 2, aunque los porcentajes varían ligeramente si se diferencian por sujetos (especializados si no tienen antecedentes de otro tipo, con versatilidad delictiva si los tienen pero no sexuales, y duales si tienen antecedentes por delitos sexuales con contacto físico). Contrariamente a lo que pudiera pensarse, y tal como se muestra en los gráficos 1 y 2, entre los detenidos duales los contenidos de nivel 0 y 1 son más frecuentes que en el resto de detenidos. Es destacable, en cualquier caso, que en un 45,5% de la muestra no se contenía información (presencia/ausencia) sobre el material de nivel 0.

---

los recursos disponibles y la enorme cantidad de material pornográfico infantil que se debe analizar en las investigaciones policiales. La escala CIESI se crea a partir de otras tres escalas existentes en otros países: la del proyecto COPINE (Combating Peadophile Information Networks in Europe), la escala SAP (Sentencing Advisory Panel) y la escala de Canadá, tras el visionado y clasificación de 4116 fotografías y 400 videos identificados por la Guardia Civil entre 2008 y 2013.

170. *Ibid.*, pág. 15

171. SOLDINO GARMENDIA, V., CARBONELL VAYÁ, E.J. (2022), *op.cit.*, págs. 24 y ss.

GRÁFICO 1
Distribución de material de niveles 1-5 según perfil de los detenidos

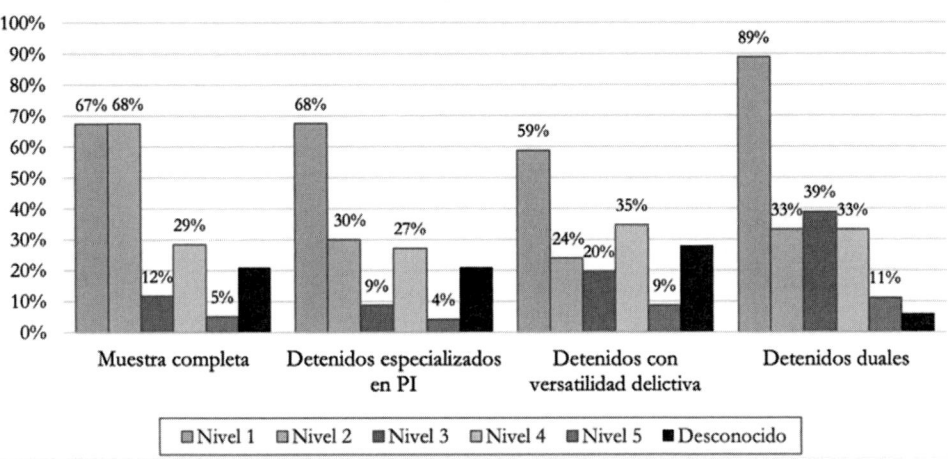

Fuente: Soldino y Carbonell (2022, 26). La edición no permite apreciar los colores originales, pero los niveles se presentan en orden dentro de cada grupo.

GRÁFICO 2
Distribución de material de nivel 0 según perfil de los detenidos

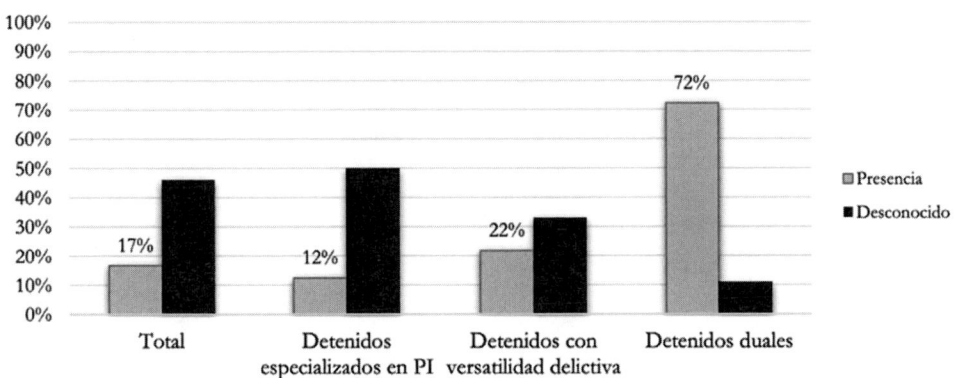

Fuente: Soldino y Carbonell (2022, 26).

En la muestra de Pascual y otros[172], sin embargo, aunque la gran mayoría de las fotografías (80%) se clasifican en los niveles 0 a 2 (el 13% en el nivel 0, el 55% en el nivel 1 y el 11% en el nivel 2), y solo un 1% se clasifica en el nivel 5, no

---

172. PASCUAL, A., GIMÉNEZ-SALINAS, A., IGUAL, C. (2017), *op.cit.*, pág. 17.

sucede lo mismo con los vídeos, que en su mayoría (39%) se clasifican en el nivel 4, mientras que solo un 15% es de nivel 1. Estos autores ponen de manifiesto que los estudios existentes a nivel internacional no son concluyentes en un sentido u otro, presentando también resultados dispares, lo que implica que hace falta más investigación. Además, las diferencias entre la clasificación de las fotos y los vídeos pueden explicarse por la mayor probabilidad de que una escena desarrollada en un vídeo pueda en algún momento clasificarse en un nivel mayor, mientras que un solo fotograma a menudo no es suficiente para detectar un contenido sexual más grave.

Por lo que respecta al argumento de la presencia de parafilias en los consumidores de pornografía infantil, el estudio de Soldino y Carbonell solo detecta una puntuación de 3 o más puntos en la escala CASIC para el diagnóstico de la pedofilia/hebefilia[173] en el 9,5% de la muestra (sobre todo entre los detenidos duales). La media fue de 1,86%, por lo que la gran mayoría no presentaban parafilias.

En cuanto al argumento de que es necesario sancionar el consumo de pornografía infantil porque es un factor de riesgo para la comisión de nuevas conductas delictivas (de pornografía infantil o de otros delitos sexuales), tras revisar la información sobre nuevas detenciones tras un seguimiento de 6,7 años[174], solo un 9,2% ha sido nuevamente detenido por algún delito, pero en realidad, los porcentajes de nuevas detenciones por delitos de pornografía infantil (3,5%), por delitos sexuales de contacto (1,4%) o sin contacto (3,7%), son muy bajos, salvo en el caso de los detenidos duales, en que los porcentajes son mayores que en los otros dos grupos, llegando al 17% para los delitos sexuales de contacto. Lo cierto es que al ser pequeña la muestra de los detenidos duales respecto al total (solo un 5%), este porcentaje hay que interpretarlo con cautela. En el grupo de detenidos especializados (aquellos que carecen de antecedentes policiales) solo uno fue detenido en una ocasión por un delito sexual de contacto en el periodo de seguimiento tras la detención por pornografía infantil, y solo uno de los detenidos duales tenía antecedentes por pornografía infantil en su primera detención por un delito sexual. Otro de los resultados interesantes del estudio destaca que en el grupo de detenidos duales se usan en mayor medida alternativas legales de consumo de imágenes que en los otros. En efecto, en este grupo se encontró en mayor medida material de nivel de gravedad 0 (22%) o incluso narrativo (72%), entendido este último como texto escrito describiendo encuentros sexuales con menores[175]. En definitiva, los resultados de este estudio confirman las conclusiones de otros realizados anteriormente y a nivel internacional[176], respecto a la ausencia de relación directa y robusta entre

---

173. SOLDINO GARMENDIA, V., CARBONELL VAYÁ, E.J. (2022), *op.cit.*, pág. 29. La puntuación de 3 o más puntos se utiliza como indicador del interés sexual en menores, aunque ello no denota necesariamente que haya una tendencia a la comisión de delitos sexuales contra menores.

174. *Ibid.*, pág. 31.

175. *Ibid.*, págs. 43 y 44.

176. BOLDOVA PASAMAR, M.Á. (2016), *op.cit.*, págs. 63 y 64.

el consumo de pornografía infantil y el riesgo de comisión de otros delitos sexuales de contacto físico.

Aunque la cuestión concreta de la implicación activa de los menores de edad en estos delitos se tratará más adelante, desde el punto de vista criminológico, es interesante señalar aquí que otro de los argumentos a favor de propuestas expansivas de criminalización de conductas relacionadas con la pornografía infantil, como el *sexting* primario realizado por menores de edad, se refiere a que dichas conductas podrían asociarse a un mayor riesgo de victimización sexual o a la participación posterior en comportamientos más graves relacionados con la sexualidad en el ámbito digital. Así, algunos estudios identifican factores correlacionados con el *sexting* (como actitudes menos restrictivas hacia la privacidad, la aprobación de la pornografía, determinadas creencias morales sobre las relaciones sexuales o la promiscuidad) que, a su juicio, actuarían como predictores de formas de victimización posteriores[177]. Desde esta óptica, la potencial conexión entre el consumo de pornografía por menores de edad, las conductas de *sexting* y otros comportamientos en los que se pueden ver involucrados, como la victimización sexual, el acoso, la coacción o la participación en intercambios de contenido sexual más graves, se invoca como razón suficiente para configurar tipos penales de peligro abstracto que buscan anticipar la intervención punitiva, incluso cuando existe una amplia investigación empírica que no encuentra relación entre el consumo de pornografía infantil por menores de edad y la posterior comisión de otras conductas delictivas (sexuales o no)[178]. Esta línea argumental plantea serios problemas desde una perspectiva garantista, ya que convertir en ilícitos penales comportamientos exploratorios, impulsivos o vincu-

---

177. AGUSTINA, J.R.; GÓMEZ DURÁN, E.L. (2016): «Factores de riesgo asociados al sexting como umbral de diversas formas de victimización. Estudio de factores correlacionados con el sexting en una muestra universitaria», en *Revista de Internet, Derecho y Política*, n° 22, junio 2016, pág. 42. Sin embargo, no se obtuvieron resultados significativos respecto al acceso a la tecnología y los hábitos tecnológicos. GARCÍA MAGNA, D., EXPÓSITO CAMACHO, P. (2018), *op.cit.*, sí hallaron una mayor frecuencia en la comisión de estas conductas en aquellos adolescentes que se habían iniciado a menor edad en el uso de móviles. Apuntando a otros factores de riesgo que podrían incidir en la práctica del *sexting* y en sus posibles consecuencias respecto a otras conductas infractoras, MERCADO CONTRERAS, C.T.; PEDRAZA CABRERA, F.J.; MARTÍNEZ MARTÍNEZ, K.I., «Sexting: su definición, factores de riesgo y consecuencias», en *Revista sobre la infancia y la adolescencia*, n.° 10, abril 2016, pág. 10, señalan como factores de riesgo, los contextuales (presión del grupo, compañeros problemáticos, poca comunicación y supervisión de los padres), la percepción del fenómeno e información (percepción de que el sexo es normativo, diversión y aburrimiento, estrés financiero, desconocimiento de las leyes) la personalidad (dificultad en competencias emocionales, conciencia emocional y autoeficacia emocional, ansiedad, depresión, impulsividad, altos niveles de neuroticismo y niveles bajos de amabilidad), el interés sexual (mayor edad, búsqueda de experimentación sexual, actividad sexual previa, atraer la atención de alguien, intención de regalo a la pareja, comunicación en la pareja a distancia, sentirse atractivo o ser considerado popular), y otros factores como el consumo de alcohol o drogas recreativas, el uso problemático del móvil o internet, la asunción de riesgos por su ilegalidad o la propensión a involucrarse en actividades delictivas. DÍAZ CORTÉS, L.M. (2017), *op.cit.*, págs. 78 y 79, enumera algunos de los riesgos que constituyen argumentos para penalizar el *sexting* primario.

178. AEBI, M., y otros (2014), *op.cit.*, págs. 386 y 387.

lados al desarrollo afectivo-sexual de los menores, implica acudir a la vía punitiva en lugar de abordarse prioritariamente mediante políticas educativas, preventivas y de acompañamiento.

De todo lo expuesto, por tanto, se desprende que quedarían desactivados (al menos parcialmente, en algún caso), los diferentes argumentos usualmente planteados por diferentes organismos internos y supranacionales para legitimar una intervención punitiva como la que se configura con la tipificación expansiva de los delitos de producción y posesión de material pornográfico, en especial, cuando no se utiliza realmente a ningún sujeto y los contenidos se generan de manera artificial. Además, tal como se ha apuntado anteriormente, cuando el legislador opta por tipificar conductas de diferente gravedad (tales como la producción de material real o la difusión de material ficticio) con penas similares, sobre todo en ámbitos relacionados con opciones personales sobre las preferencias sexuales (que no siempre implican la presencia de parafilias), se están criminalizando vías de escape inocuas a dichas tendencias sexuales, lo que puede resultar criminógeno para aquellos sujetos que realmente presentan un pronóstico de criminalidad respecto a otros delitos sexuales de contacto[179]. En efecto, el porcentaje de sujetos consumidores de material pornográfico infantil en sentido extenso (real y ficticio, incluyendo también el de tipo narrativo) que también cometen o presentan riesgo de reincidencia sexual es muy bajo y no justifica que se criminalicen de manera generalizada conductas que no afectan realmente a bienes jurídicos individuales. Pero es que ni siquiera la constatación de una conducta como factor de riesgo de comisión de otras puede legitimar una decisión de tipificación penal que contravenga los principios más elementales del Derecho penal. En efecto, aunque en algunos casos el consumo de pornografía infantil (junto con otros factores) puede indicar una determinada peligrosidad para la comisión de otras conductas delictivas, entre las que puede estar la elaboración de dicho material para su difusión u otros delitos sexuales contra menores de edad, en sí mismo no parece suponer una lesión o puesta en peligro de bienes jurídicos individuales. En algunos casos, como la creación de contenidos artificiales o su consumo, además, ni siquiera supone lesión de otros bienes jurídicos colectivos como pueda ser la protección de la infancia en general. Siendo así, la tipificación como delito de una conducta que constituye tan solo un factor de riesgo de comisión de otras conductas, resulta a todas luces irracional desde el punto de vista de un Derecho penal garantista propio de un Estado de derecho. Sucedería lo mismo si, para minimizar el riesgo de que se produjesen conductas violentas reales, se prohibiese el consumo de material gráfico o audiovisual con contenido violento.

---

179. En el mismo sentido, ORTS BERENGUER, E. (2022): «Delitos contra la libertad e indemnidad sexuales (y III): Exhibicionismo y provocación sexual. Prostitución, explotación sexual y corrupción de menores», en GONZÁLEZ CUSSAC, J.L. (coord.) *Derecho penal Parte especial*, 7ª ed., Tirant lo Blanch, pág. 275, se pregunta si no es preferible que «el pedófilo satisfaga sus pulsiones contemplando una producción pornográfica elaborada con menores virtuales o con dibujos que representen a menores, a que se afane en conseguir al precio que sea material protagonizado por niños reales».

En definitiva, parecen estar trasladándose al ámbito dogmático penal cuestiones que se plantean desde lo criminológico y que, en muchos casos, deberían quedar en un contexto que permitiese avanzar en políticas de prevención y mejorar la investigación y el control institucional. Como se verá a continuación, incorporar nuevos tipos penales, ampliar los existentes y elevar las penas, sin una verdadera reflexión político-criminal que incorpore elementos de racionalidad, supone una quiebra de derechos y principios que además no resulta eficaz[180].

---

180. Algunos autores indican que quizás debería plantearse un modelo nuevo de teoría jurídica del delito para las nuevas realidades que surgen en el ámbito de la ciberdelincuencia y que no encajan en el Derecho penal actual, salvo forzando conceptos. Así, PÉREZ ARIAS, J. (2021): «Cibercriminalidad: hacia la nueva realidad —virtual— del Derecho penal», en *Revista Internacional de Doctrina y Jurisprudencia*. Universidad de Almería, vol. 26, dic. 2021, pág. 192, se pregunta si la cibercriminalidad es un problema jurídico-penal o solo criminológico, es decir, si solo nos encontramos ante nuevos medios comisivos (como el uso de bots o la inteligencia artificial) y bienes jurídicos (como la seguridad ciberespacial), o ante una nueva realidad que requeriría instrumentos y modelos analíticos distintos.

8. Cuestiones problemáticas de la tipificación de los delitos relacionados con pornografía infantil

Una vez analizados algunos de los argumentos que han podido influir en las decisiones político-criminales del legislador, procede ahora abordar de manera crítica las principales cuestiones problemáticas de la regulación penal actual. No se pretende desarrollar de manera extensa cada uno de los elementos dogmáticos de los delitos relacionados con la pornografía infantil, sino sobre todo apuntar a los elementos más problemáticos que ya se han puesto de manifiesto anteriormente, desde una perspectiva crítica. Así, se analizará en primer lugar el bien jurídico protegido y la coherencia de su formulación. La continua expansión del objeto material, incluyendo imágenes de conductas simuladas o manipuladas artificialmente, así como la tipificación de conductas en las que no existe explotación sexual real ni víctima identificable, obliga a cuestionar qué interés pretende tutelar el legislador y si se puede fundamentar adecuadamente la intervención penal. Como se ha visto en el apartado anterior, todo ello se deriva de la amplitud con la que se define la pornografía infantil como objeto material, que incorpora contenidos alejados de la lesión a bienes jurídicos individuales y dificulta la determinación precisa de la conducta típica.

En consecuencia, resulta problemático definir la estructura típica de estos delitos como de lesión o de peligro, surgen dudas sobre la exigencia o no de un resultado material, y se producen problemas concursales con conductas próximas, especialmente el *sexting* entre menores de edad y el embaucamiento para conseguir material pornográfico, configurado como acto preparatorio. Estas tensiones se agravan debido a la falta de coherencia entre la edad legal de consentimiento sexual (16 años) y la criminalización de comportamientos sexuales relativamente frecuentes entre adolescentes con responsabilidad penal (a partir de los 14 años). Ello da lugar a situaciones en las que sería posible aplicar errores de prohibición o, incluso, causas de inexigibilidad. Además, la imposibilidad de aplicar la cláusula «Romeo y Julieta» a estos delitos muestra la dificultad de armonizar la protección penal de la infancia con el reconocimiento de la autonomía progresiva en el desarrollo afectivo sexual de los adolescentes.

Por último, se abordarán los aspectos controvertidos relacionados con las agravaciones específicas, especialmente en contextos de mayor desprotección, como son los de menores institucionalizados y delincuencia organizada, con el objetivo de valorar si los mayores esfuerzos del sistema recaen efectivamente sobre las formas más graves de explotación.

8.1. EL BIEN JURÍDICO PROTEGIDO Y EL OBJETO MATERIAL DEL DELITO

En páginas anteriores se ha adelantado cuál ha sido el desarrollo histórico del bien jurídico en los delitos sexuales, apuntando ya allí las diferentes posturas doctrinales al respecto. En el ámbito concreto de la pornografía infantil, debido a las reformas sufridas por el art. 189, que han ido ampliando el abanico de conductas incluidas y configurando un objeto material que permite considerar punibles comportamientos en los que los contenidos pornográficos pueden ser totalmente ficticios, es indudable que ya no puede decirse que haya un único objeto de tutela, si bien hay quien apunta, creo que con razón, a que en realidad no existe objeto alguno[181]. Así, en la utilización de menores e incapaces con fines o en espectáculos exhibicionistas o pornográficos y para la elaboración de material pornográfico (art. 189.1 pfo. 1º apartado a), no parece haber mucha discusión sobre el hecho de que se afecta a un bien jurídico individual del sujeto utilizado, aunque sí hay discrepancia respecto a cuál es ese bien jurídico. Mientras que la jurisprudencia considera que se vulnera la indemnidad sexual individual, en la medida en que se involucra realmente a los sujetos en conductas sexuales que muchas veces constituyen en sí mismas abusos o agresiones sexuales, en la doctrina, sin embargo, no hay un consenso respecto al reconocimiento de la indemnidad sexual como bien jurídico protegido en estos casos. En efecto, para algunos autores, el hecho de que determinados comportamientos con menores de edad se prohíban no implica que se les prive de libertad sexual y que se esté protegiendo otro bien jurídico distinto, de manera que, en esos casos de instrumentalización para la elaboración de material pornográfico, el bien jurídi-

---

181. Hace una revisión de las posturas doctrinales críticas con la configuración del objeto material tras la definición de pornografía infantil introducida con la reforma de 2015, BOLDOVA PASAMAR, M.Á. (2016), *op.cit.*, págs. 52 y ss. Así, Gómez Tomillo se refiere a la reforma como jeroglífica, con diferentes acepciones que se solapan y, aún así, dejan lagunas que cubrir; Orts Berenguer caracteriza como elásticas las conductas descritas, alertando de que a veces no hay bien jurídico afectado y se trasluce en la regulación una preocupación moralizante (en el mismo sentido, Morales Prats y García Albero); Morillas Fernández critica la técnica legislativa llevada a cabo al transponer la Directiva y las definiciones redundantes que se derivan de ello.

co protegido es igualmente la libertad sexual[182]. En cualquier caso, sea la libertad o la indemnidad sexual lo que se ve afectado en estas conductas en las que realmente se utiliza a sujetos para elaborar el material pornográfico, la jurisprudencia aprecia tantos delitos como sujetos aparezcan en el material o el espectáculo[183].

En las modalidades de pornografía simulada, sin embargo, se plantean varias posibilidades. Por un lado, cuando el significado real de la conducta no es sexual, pero se simula, es decir, las conductas relacionadas con material pornográfico del art. 189.1 pfo. 2º a) últ. inciso (situaciones en las que al menor se le hace realizar conductas que parecen sexuales pero no lo son) cabe cuestionarse hasta qué punto se ve lesionada la indemnidad o la libertad sexual, como bienes jurídicos individuales, sobre todo cuando se trata de menores de muy corta edad o personas con una discapacidad muy grave, que no pueden captar en qué clase de conducta simulada están siendo involucrados, ya que ni siquiera podrían comprender su significado si la situación tuviese un contenido sexual real. Si tienen capacidad suficiente para entender que se les está involucrando en un contexto sexual aunque su conducta realmente no lo sea, sí podría considerarse que pueda haber una afección a su libertad (o indemnidad) sexual.

Otra situación distinta es la que se da cuando el material que no tiene un contenido sexual real ni simulado, se manipula para que parezca tenerlo. En los casos en que el material no tiene significado sexual (grabaciones o fotos en las que se muestra a niños desnudos en la playa, en un consultorio médico, etc.), pero se manipula posteriormente para que muestre una situación sexualizada, no hay una afección a la libertad o indemnidad sexual, sino únicamente al derecho a la imagen, al honor o a la intimidad de los sujetos que aparecen en las imágenes[184]. Por supuesto tampoco hay una lesión ni puesta en peligro de la libertad o indemnidad sexual cuando el menor o la persona con discapacidad no se encontraba físicamente presente, pues se manipulan sus imágenes para fabricar de manera ficticia un contexto sexual en el que nunca estuvieron. En estos casos,

---

182. Ver apartado 4.1, notas 76 y 77.

183. Así, por ejemplo, las SSTS 947/2009, 803/2010 y 264/2012, entre otras.

184. TAMARIT SUMALLA, J.M. (2002), *op.cit.*, pág. 108, llama la atención sobre los problemas concursales que pueden darse con las figuras que protegen la intimidad en estos casos y la incoherencia del legislador de 1999 que prevé penas más altas en el art. 197, que en los de pornografía del art. 189. Actualmente, aunque las penas del art. 189 se han incrementado, siguen estando (salvo en los tipos agravados) por debajo de las penas del art. 197.1 y 3, y 5, que al ser menor de edad la víctima, se imponen en su mitad superior). Asimismo, destaca que cuando la conducta se realiza en contextos de menores institucionalizados, igualmente, la pena del art. 198 (autoridad o funcionario público con abuso de su cargo), prevé la imposición de la pena en su mitad superior e inhabilitación 6 meses a 12 años, mientras que la del art. 192 en aquel momento, aplicable a los delitos sexuales, también imponía la pena en su mitad superior, pero establecía una inhabilitación de 6 meses a 6 años, es decir, menos grave que en los delitos contra la intimidad. Actualmente, tras las reformas del art. 192, solo se conserva la aplicación de la pena en su mitad superior, pero ya no se establece la inhabilitación salvo en casos de tutela, curatela, guarda o acogimiento, siendo esta de 4 a 10 años. Además, se establece la prohibición de actividades que supongan contacto regular y directo con menores entre 2 y 20 años (art. 192.3) y la libertad vigilada (art. 192.1).

igualmente puede haber una lesión a su derecho a la imagen o al honor, si en las imágenes el sujeto es reconocible o de alguna manera se le atribuyen.

En los casos en los que el material se genera completamente de manera ficticia (art. 189.1 pfo. 2º apartado d) ya no puede hablarse de afección a bienes jurídicos individuales pues no hay ningún sujeto real afectado, y solo cabría entender que se pretende sancionar una determinada práctica (o tendencia) sexual no aceptada socialmente, y proteger un bien jurídico abstracto relacionado con la incolumidad de la infancia como concepto[185]. La opción de entender que se trata de delitos de peligro abstracto respecto a posibles situaciones que se pueden dar cuando el sujeto que produce, difunde o consume estos materiales pornográficos ficticios se encontrase con otros en los que realmente se haya utilizado a los sujetos especialmente vulnerables a los que se quiere proteger, y se tipifican con la intención de restringir la posibilidad de que este tipo de conductas se normalicen, aun cuando no sean reales[186], va más allá de lo aceptable en un Derecho

---

185. En el mismo sentido crítico buena parte de la doctrina, entre otros, PÉREZ MACHÍO, A.I. (2021): «La sanción de la pornografía infantil virtual y técnica en el código penal. Una manifestación más de la expansión del derecho penal», en *Revista General de Derecho Penal*, nº 35, mayo, págs. 4 y 5, quien apunta a una «carga moral» de esta tendencia a criminalizar incluso la tenencia para el propio consumo de pseudopornografía (la virtual) en la que ni siquiera se ha utilizado la imagen real de un menor y donde, por lo tanto, no ha sido posible atentar contra un bien jurídico personal. ROJO GARCÍA, J. C. (2001): «Pornografía infantil en internet», en *Boletín Criminológico*, vol. nº 7, artículo nº 52, tras una interesante investigación, ya apuntaba hace más de 20 años a que había una tendencia creciente hacia la producción de estos materiales ficticios, atendiendo a satisfacer meras fantasías sin dañar ningún bien jurídico sino tan solo una determinada moralidad y que, en caso de ser tipificadas estarían vulnerando los más elementales principios del Derecho penal. Respecto a la tendencia moralizadora en la configuración de los delitos sexuales que implican a menores de edad en las recientes reformas legislativas, con una visión crítica, DÍEZ RIPOLLÉS, J.L. (2019), *op.cit.*, pág.14; DÍEZ RIPOLLÉS, J.L. (2019): «El objeto de protección del nuevo Derecho penal sexual», en *Revista de Derecho Penal y Criminología*, (6), 69-101, pág. 72.

186. Así, la Circular 2/2015 de la Fiscalía General del Estado, que considera que en estos delitos se protege la indemnidad sexual de los menores en general como tipo de peligro (apartado 6.3.1.2). Respecto a la *ratio legis* en la tipificación de conductas en las que el sujeto activo no vulnera realmente bien jurídico alguno de los sujetos pasivos, señalando que la finalidad de la regulación es acabar con el mercado de material pornográfico en el que se representen o aparezcan menores de edad o personas con discapacidad, MORENO ACEVEDO, R.M. (2025): «Toma de postura sobre el bien jurídico protegido en los delitos de pornografía infantil y los sujetos del mismo», en *Cuadernos de RES PUBLICA en Derecho y Criminología*, nº 5, 2025, pág. 7. En un sentido crítico sobre las posturas que defienden que la sanción de estas conductas pretende acabar con el negocio de la pornografía y proteger así a los menores que realmente son utilizados, CABRERA FERNÁNDEZ, M., (2024), *op.cit.*, pág. 171, quien considera que la pretensión de «erradicar un tipo de mercado en nada alude a la razón material por la que es necesario hacerlo desaparecer», de manera que considera que estos autores en realidad siguen considerando que el bien jurídico es la indemnidad o libertad sexual, pero adelantan sobremanera las barreras de protección. También en un sentido crítico con ese supuesto objetivo del legislador de acabar con el mercado de pornografía dura, respecto a la tipificación del consumo, ESQUINAS VALVERDE, P. (2024): «Delitos relativos a la pornografía infantil (Capítulo V, art. 189 CP)», en MARÍN DE ESPINOSA CEBALLOS, E. (dir.), *Lecciones de Derecho penal Parte especial*, 3ª ed., Tirant lo Blanch, pág. 209, al entender que supone un «adelantamiento excesivo del umbral de relevancia penal, difícilmente compatible con el principio de intervención mínima (...), entrando así en el terreno de un indeseable *Derecho penal de autor*».

penal moderno, en la medida en que el conocimiento sobre la realidad de estas conductas desmiente que ello sea así, como se ha indicado anteriormente. Además, siguiendo esta misma lógica, podríamos llegar al absurdo (no descartable, dado que la Directiva de 2011 lo prevé, aunque incluye la posibilidad de que los estados decidan no sancionarlo, como hizo España) de sancionar también los casos en que la persona parezca ser un menor, aunque no lo sea, siempre que la finalidad sexual del material sea precisamente hacer creer que se trata de un menor (e incluso podría prohibirse la adquisición de objetos sexuales, como por ejemplo muñecas hinchables con aspecto aniñado). Entiendo, aunque me parece criticable, que si al sancionar la pornografía que representa imágenes simuladas lo que se pretende es que no se produzca ni consuma pornografía ilícita real, no tiene sentido dejar fuera los casos en que la persona representada no es menor de edad pero el material se ha elaborado con la finalidad de que sí lo parezca. Es decir, se contradice el legislador cuando por un lado sanciona la pornografía simulada (en la que realmente no se ha colocado a la persona en un contexto sexual) pero permite que no se castiguen los casos en que una persona adulta interviene en la elaboración de material pornográfico realizado con la intención de que parezca involucrar a un menor de edad. Vaya por delante que no me parece acertado que se sancione ninguna de las dos conductas, pero creo que siguiendo la propia lógica del legislador no tiene sentido dejar fuera una y la otra no. Así, es interesante destacar que el legislador español ha incluido en el art. 189.1 párrafo 2º, letra c una precisión que la Directiva no indicaba[187], referida a situaciones en que el material parezca mostrar a menores que en realidad no lo sean («salvo que la persona que parezca ser un menor resulte tener en realidad dieciocho años o más en el momento de obtenerse las imágenes»). Al margen de las cuestiones procesales que puede implicar esta redacción, ya que podría parecer que se invierte la carga de la prueba y que es la defensa quien tendría que probar que en realidad la persona representada no es menor de edad, ello tiene también implicaciones respecto al bien jurídico protegido, además de suponer una diferencia respecto a aquel material que representa a una persona que parezca necesitar especial protección por tener una discapacidad, pero en realidad no la necesite o no tenga dicha discapacidad. Entiendo que, en la medida en que la persona realmente no es especialmente vulnerable por no encajar en la descripción del apartado a) o b), la conducta no sería punible, aunque la lógica punitiva que sanciona estos comportamientos parece tener la misma razón de ser en unos casos que en otros, esto es, evitar posibles conductas en las que sí se utilice a menores de edad o a personas con discapacidad necesitadas de especial protección. Si, por el contrario, el bien jurídico se idealiza y se entiende que es la infancia en general, o la idea de la infancia como incólume y protegida de cualquier conceptualización indecente que se haga de ella, lo que llevaría a proteger en realidad una determinada moral sexual, entonces tendría sentido sancio-

---

187. En un sentido crítico respecto de las decisiones del legislador español supuestamente amparadas en directrices supranacionales, cuando se llega más allá de lo que se indicaba o se decide no incluir atenuaciones posibles, GARCÍA MAGNA, D. (2023), *op.cit.*, nota 65.

nar también aquel material en el que se representen escenas sexuales de personas con aspecto aniñado (ya sea por el físico o por otros aspectos como puedan ser la vestimenta, las actitudes o incluso el vocabulario)[188].

Para terminar con el bien jurídico, como se ha indicado, se apunta por parte de la doctrina a la posible vulneración de otros intereses como el derecho a la imagen, el honor y la dignidad del menor o persona con discapacidad, en especial, en las conductas de los arts. 189.1.b y 189.5[189]. En cualquier caso y se esté o no de acuerdo con dicha estrategia de protección de la infancia y las personas vulnerables por razón de una discapacidad, la única manera de conciliar el respeto al principio de lesividad con la tipificación de conductas en las que estos sujetos ni siquiera han estado presentes en la elaboración del material o cuando se trata de imágenes ficticias o creadas virtualmente, es la protección de un bien jurídico colectivo relacionado con la «seguridad de la infancia en abstracto y su dignidad», lo cual supone una tendencia de extensión de la intervención penal y falta de concreción del bien jurídico que contradice de manera clara el principio de lesividad[190].

---

188. En un paso más allá, aunque entiendo que descartado si se realiza una interpretación restrictiva del concepto de pornografía ficticia, tal como el que propone la Circular 2/2015 de la Fiscalía General del Estado, se podrían incluir también materiales gráficos narrativos como algunos cómics y películas de animación japonesas (*manga hentai* y *anime*), tal como apunta CÁMARA ARROYO, S. (2024): «Prostitución, explotación sexual y corrupción de menores», en SERRANO TÁRRAGA, M.D. (coord.) *Derecho penal Parte especial*, 2ª ed., Tirant lo Blanch, pág. 292, quien alerta de la fina línea que separa la protección penal y la censura. En un sentido muy crítico, considerando un oxímoron los conceptos de pornografía de los apartados c y d del art. 189.1 pfo. 2º, en la medida en que no se puede considerar pornografía infantil un material en el que no se involucra realmente a menores de edad, TERRADILLOS BASOCO, J.M. (2019), *op.cit.*, págs. 377 y ss., indicando que si no hay indemnidad sexual afectada, en realidad lo que se sanciona es al pederasta indecente.

189. Entre otros, MORENO ACEVEDO, R.M. (2025), *op.cit.*, págs. 6 y 7, CÁMARA ARROYO, S. (2024), *op.cit.*, pág. 296, quien considera que en la tenencia de pornografía infantil para el propio consumo se vulnera la libertad y la dignidad de los sujetos que aparecen en el material cuando se produce el visionado consciente y voluntario de las imágenes.

190. DÍEZ RIPOLLÉS, J.L. (2025). *El Derecho penal ante el sexo. Límites, criterios de concreción y contenido del Derecho Penal sexual. Epílogo 2025*. Editorial B de F. Colección Maestros del Derecho Penal, nº 70, pág. 375, hace referencia al proceso de «tabuización o sacralización intenso» que ha sufrido el cuerpo de los menores de edad, de manera que ni siquiera se pueden representar sus órganos sexuales o cualquier comportamiento explícito si se aprecia la más mínima finalidad sexual, aunque no sea la única. PÉREZ MACHÍO, A.I. (2021), *op.cit.*, págs. 16 y 17, aunque en un sentido crítico, considerando que se trata de proteger «una moral colectiva difusa»: «Así, la norma adelanta las barreras de protección y ataca el peligro inherente a conductas que pueden fomentar prácticas pedófilas sobre menores concretos, tratándose por esto de un bien jurídico de carácter abstracto», en referencia a los pronunciamientos del Tribunal Supremo en sus sentencias 359/2018, 1039/2019, y la sentencia de la Audiencia Provincial de Alicante 333/2018. En el mismo sentido, la Consulta 3/2006 de la Fiscalía General del Estado. Por su parte, ORTS BERENGUER, E. (2022): «Delitos contra la libertad e indemnidad sexuales (y III): Exhibicionismo y provocación sexual. Prostitución, explotación sexual y corrupción de menores», en GONZÁLEZ CUSSAC, J.L. (coord.) *Derecho penal Parte especial*, 7ª ed., Tirant lo Blanch págs. 274 y 275, considera que si no hay un sujeto real afectado no habría sujeto pasivo ni bien jurídico necesitado de protección, ni valores en peligro y, por tanto, solo cabría explicar la regulación como consecuencia de una «incomprensible y temida confusión de los planos ético y jurídico».

8.2. CONFIGURACIÓN TÍPICA DE LAS CONDUCTAS

La estructura típica de los distintos delitos recogidos en el art. 189 presenta una notable diversidad, derivada tanto de la heterogeneidad de las conductas incluidas como de la amplitud del objeto material que las define. Bajo un mismo precepto se agrupan comportamientos muy diversos (desde la producción del material pornográfico hasta su mera posesión o el acceso al mismo), que responden a una única lógica de protección con vocación de exhaustividad pero que, debido a la definición de material pornográfico y la peculiar configuración del bien jurídico protegido, plantean problemas específicos de configuración típica. En particular, como síntesis de lo descrito en el capítulo 4.3, el art. 189 sanciona conductas de captación o utilización de personas para elaborar material pornográfico o con fines o en espectáculos pornográficos o exhibicionistas, la financiación u obtención de lucro con esas actividades, toda una serie de conductas de producción y difusión del material, y la posesión con esos fines, la asistencia a los espectáculos en los que sean utilizados, y la adquisición, acceso o posesión para fines privados. Se sanciona, además, la omisión de las acciones necesarias para impedir el estado de corrupción en el que se encuentren los sujetos afectados. Por último, se ha tipificado un delito de promoción de todas esas conductas a través de la difusión de contenidos utilizando las tecnologías de la información y la comunicación, y se prevé el castigo de las personas jurídicas declaradas responsables penales de cualquiera de los hechos descritos anteriormente. Dado que el objeto principal de este trabajo es abordar desde un punto de vista crítico las estrategias de prevención y control de conductas relacionadas con la pornografía infantil, el análisis que se va a realizar de las diferentes estructuras típicas se va a centrar solo en las cuestiones más problemáticas de dicha regulación.

En primer lugar, hay que partir de que las conductas que aparecen en los apartados a y b del art. 189.1 pfo. 1º, son tipos mixtos alternativos, todos ellos relacionados con la conducta de elaboración y difusión de material pornográfico infantil (o en el que se haya utilizado a personas con discapacidad necesitadas de especial protección), y sancionados con la pena de prisión de 1 a 5 años. Ello implica que, en caso de que se produzca la captación de los sujetos y su posterior utilización para elaborar pornografía o para hacerles participar en espectáculos exhibicionistas o pornográficos, o se produzca el material, y finalmente se difunda de alguna de las maneras previstas en el precepto (venta, distribución, exhibición, ofrecimiento) o se facilite cualquiera de esas conductas, o solo se posea el material con esos fines, aunque no se lleguen a realizar, o se financie alguna de esas actividades y el sujeto activo se lucre con ellas, solo se sancionará uno de los comportamientos, con el mismo marco penal en cualquier caso[191]. A primera vista

---

191. Así, como indican, AGUDO FERNÁNDEZ, E. JAÉN VALLEJO, M., PERRINO PÉREZ, Á. L. (2020): *Derecho Penal Aplicado: parte especial delitos contra los intereses individuales y las relaciones familiares*. Dykinson, pág. 283, aludiendo a la STS 947/2009, de 2 de octubre, si el sujeto que difunde o trafica con el material pornográfico es quien lo ha elaborado, la difusión quedaría consumida como agotamiento del delito.

se puede observar que se contienen en esos dos apartados del art. 189.1 pfo. 1º conductas de muy diversa gravedad, como por ejemplo la utilización de menores captados para elaborar pornografía y la posesión de material pornográfico con la finalidad de exhibirlo, pero sin llegar a hacerlo. Pero, además, una de las consecuencias de la configuración amplia del objeto material, como se ha visto en el apartado anterior, especialmente en el ámbito de los menores de edad, es que la explotación real de los sujetos tiene el mismo marco penal (y, por tanto, el legislador considera que es de la misma gravedad), que la producción de manera totalmente artificial de material pornográfico sin utilizar realmente a ningún sujeto. Por otra parte, la estructura típica de todas esas conductas es igualmente diversa y, por ello, puede dar lugar a dificultades en la aplicación práctica de los preceptos.

Para empezar, las conductas de captar o utilizar para fines o en espectáculos exhibicionistas o pornográficos, públicos o privados, se configuran como delitos de mera actividad, aunque la primera (captar) en realidad puede suponer un acto preparatorio de la segunda (utilizar), además de plantear problemas concursales con otros delitos como la trata de personas, donde se hace mención expresa a la captación para fines de explotación sexual incluyendo la pornografía (art. 177.bis 2, en relación con el apartado 1.b de dicho artículo), o el embaucamiento de menores de edad para cometer delitos del art. 189 o para conseguir material pornográfico (art. 183.1 o 2)[192], como se verá más adelante[193]. En principio, en estos delitos en los que realmente se instrumentaliza a sujetos (o se realiza una primera captación con el fin de utilizarles) para elaborar material pornográfico o para que participen en espectáculos de esa naturaleza, sí se estaría afectando a su libertad o indemnidad sexual[194]. Por un lado, los menores de 16 años, a los que el

---

192. Aunque se usa aquí el término «embaucamiento», en realidad el art. 183 se refiere en sus dos apartados a contactar con menores de edad con diversas finalidades y, solo en el apartado segundo menciona el embaucamiento como modalidad comisiva. En este trabajo se analizarán precisamente las cuestiones terminológicas que se plantean al respecto.

193. Hace referencia a la enorme amplitud del tipo y a la dificultad de concretar cuál es la finalidad del sujeto que capta a los menores, así como a los problemas concursales que esto genera, MUÑOZ CONDE, F. (2022), *op.cit.*, pág. 279 y 280. Distingue el autor entre la conducta de visualizar la actividad sexual del menor (que sería un delito de abuso, ahora agresión sexual) y la de ofrecer al menor intervenir en una película pornográfica. Se plantea que estaría incluida también la conducta si la captación se produce cuando el sujeto es menor de edad, aunque finalmente el material o la participación en el espectáculo se produzca cuando haya cumplido los 18 años. Ciertamente, esta interpretación sería aceptable, dada la redacción del tipo penal y la *ratio legis* de estos delitos, aunque entiendo que se trata de un ejemplo más de la irracionalidad del precepto y que debería hacerse una interpretación restrictiva que permitiera «convalidar» ese consentimiento válido otorgado en un momento posterior que se produce cuando realmente se podría hablar de lesión al bien jurídico si el sujeto fuese aún menor, esto es, cuando se da la participación activa del sujeto en la producción del material.

194. Para considerar que las imágenes realmente suponen esa lesión, es preciso que el material tenga unas características concretas que revelen efectivamente su naturaleza sexual, como venía siendo aplicado por la jurisprudencia y recoge en su apartado 2.2. la Circular de la Fiscalía General del Estado 2/2015, indicando que dicha interpretación debe mantenerse con la regulación tras la transposición de la Directiva de 2011, y por supuesto ser aplicable también material ficticio o manipulado.

sistema penal no reconoce capacidad para consentir en el ámbito sexual, verían afectada su indemnidad (o libertad) en la medida en que se presume que no pueden valorar el alcance de una decisión así. En el caso de los mayores de 16 años, con capacidad de consentimiento sexual, únicamente la exigencia de un cierto prevalimiento o abuso (entiendo que incluido en la noción de «utilización»), justificaría que se les permita mantener relaciones sexuales de cualquier tipo pero no puedan participar en un espectáculo o realizar dichas conductas sexuales consentidas ante otras personas.

Por lo que respecta a las conductas de financiación y obtención de lucro en relación con las actividades de captación o utilización realizadas por otros sujetos[195], en realidad se trata de una decisión de castigar como autoría conductas que podrían ser de participación, en el primer caso, o constitutivas de un acto posterior de encubrimiento, en el segundo[196] (con los correspondientes problemas concursales que pueden surgir, por ejemplo, con el delito de blanqueo de capitales). Dado que entre las conductas del apartado b del art. 189.1 pfo. 1º, como se verá después, se encuentran las relacionadas con el tráfico (lucrativo o no) del material pornográfico elaborado, y se sanciona todo con la misma pena, la obtención de lucro cuando se llevan a cabo también conductas de captación, utilización o producción del material y su difusión, debería tenerse en cuenta en la individualización de la pena. En cualquier caso, considero que en la modalidad de financiación se debería exigir que se trate de una conducta especialmente relevante, es decir, una aportación económica que implicaría al menos cooperación necesaria[197].

Las conductas del apartado b del art. 189.1 pfo. 1º implican todo tipo de comportamientos relacionados con la producción o difusión del material pornográfico en un sentido amplio. En efecto, mientras el apartado a) se refiere a conductas

---

Así, no se incluyen los meros desnudos, salvo que tenga connotaciones sexuales. En un sentido similar, con anterioridad, TAMARIT SUMALLA, J.M. (2002), *op.cit.*, págs. 106 y 107, indicaba que en la conducta típica en el supuesto de utilización el menor debía realizar algún comportamiento con contenido sexual, aunque estuviera solo (masturbación) o cuando simplemente tuviera un rol no activo en una conducta con un contenido claramente sexual.

195. Así, se castiga a quienes captan o utilizan aún sin ánimo de lucro, ya que en realidad solo se exige dolo respecto a la captación o utilización y un elemento subjetivo específico consistente en que se haga con finalidad pornográfica. Y respecto a la conducta del que financia o se lucra, tampoco se exige dicho ánimo en el primer caso (aunque puede haberlo) ni en el segundo (aunque parece algo consustancial a la obtención de beneficio).

196. En estos casos podrá darse además un delito de blanqueo, previsto en el art. 301.1 con pena de prisión de 6 meses a 6 años y multa del tanto al triplo (además de la posible inhabilitación especial para el ejercicio de la profesión o industria de 1 a 3 años, y la clausura temporal o definitiva de los locales, en su caso), que en su pfo. 3º se refiere expresamente a los delitos del Capítulo V del Título VIII (donde se encuentran los de pornografía), elevando las penas a su mitad superior.

197. En el mismo sentido, ORTS BERENGUER, (2022), *op.cit.*, pág. 276, considerando que no sería suficiente con adquirir el material que se produzca o comprar una entrada para el espectáculo, como tampoco constituiría lucro cobrar un salario en alguna de las actividades necesarias para llevar a cabo esas actividades. Sí considero que podría aplicarse este precepto a quien financia la elaboración de material pornográfico para su uso personal o cobra a quien lo adquiere con la misma finalidad, incluso en casos en los que no hay una difusión posterior.

en las que los sujetos han sido realmente utilizados, las del apartado b) no necesariamente lo requieren, en la medida en que se castiga con la misma pena contribuir a que el material previamente elaborado se difunda (de manera onerosa o gratuita), producir nuevo material (que puede ser ficticio, atendiendo a la definición del art. 189.1 pfo 2º), o difundir ese nuevo material[198]. Tal como enumera el precepto, se incluye prácticamente cualquier comportamiento de producción o que favorezca la difusión del material producido (por la misma persona o por otra conocida o no). En efecto, se incluyen como modalidades de comisión la venta, distribución, exhibición, ofrecimiento o facilitación de cualquiera de las anteriores. Se trata por tanto de un tipo mixto alternativo, en el que resulta difícil determinar cuál es el bien jurídico protegido y si se trata de un delito de peligro o de resultado material, como ya se ha indicado anteriormente. Cuando el material se ha realizado utilizando a personas reales, se estaría incidiendo en la lesión a su bien jurídico libertad o indemnidad sexual (y de manera indirecta también al honor, dignidad, intimidad, imagen, etc., en la medida en que se produce una difusión de contenidos que afectan a la esfera más íntima del sujeto). Si se trata de material producido a partir de sujetos reales que simulan conductas sexuales, o mediante la manipulación de sus imágenes, difícilmente puede hablarse de una afección a un bien jurídico de naturaleza sexual, aunque sí a otros intereses personales relacionados con su imagen, dignidad o intimidad[199]. En cambio, es difícil identificar qué sucede con estas conductas de tráfico y difusión cuando las imágenes son totalmente artificiales y los sujetos representados no existen, ya que solo podría hablarse de un supuesto delito de lesión de un bien jurídico difuso consistente en la protección de la dignidad de la infancia[200]. Respecto a la conducta de ofrecer el material, parece claro que podrá ser de manera gratuita y entiendo que debería de tratarse de una oferta directa de material ya existente, aunque en cualquier caso, de nuevo se trata de un acto preparatorio tipificado como delito autónomo[201].

---

198. TAMARIT SUMALLA, J.M. (2002), *ob.cit.*, pág. 110, aludía a la necesidad de verificar que se había producido una «previa utilización de menores o incapaces reales y concretos», aunque se desconociese quién realizó esa conducta previa. Aunque en las reformas de 2003 y 2010, se incluían como material pornográfico las voces o imágenes alteradas, este objeto material solo se refería a una conducta atenuada. Tras la reforma de 2015 que incluyó en el tipo básico los contenidos realistas generados total o parcialmente de manera artificial, este elemento de previa utilización ya no es necesario.

199. En ese sentido el informe del Consejo Fiscal de 8 de enero de 2013, pág. 186, en relación con el tipo de difusión de material en el que no se hubiese utilizado directamente a menores o incapaces, sino su voz o imagen alterada o modificada, en la medida en que no se había llevado a cabo sobre el menor ningún comportamiento con matiz sexual, y entendiendo que dicho material pasaba en 2015 a integrar el concepto de pornografía virtual.

200. *Ibid.*, pág. 184, considerando que la tipificación de dichas conductas se puede justificar «en que banalizan y pueden contribuir a la explotación sexual de los niños y en que atacan la dignidad de la infancia en su conjunto».

201. Considera que habría que excluir conductas de ofrecimiento genérico, ORTS BERENGUER, E. (2022), *op.cit.*, pág. 276, mientras que ve posible que la oferta se haga sobre un material que todavía no se ha elaborado o que el sujeto no tiene en su poder, MUÑOZ CONDE, F. (2022), *op.cit.*, pág. 280.

El apartado b) del art. 189.1 pfo.1º incluye como inciso final la conducta de posesión para los fines de producción o difusión del material pornográfico, sancionando con la misma pena que si dichos fines se materializan[202], es decir, de nuevo equiparando un mero acto preparatorio con el propio delito que se ejecuta. En este caso, al tratarse de una conducta que también se sanciona cuando no existen dichos fines y el sujeto posee el material para uso personal (art. 189.5), será necesario comprobar que se dé el elemento subjetivo específico que diferencia ambas conductas. Esta configuración típica permite a los tribunales acudir a la prueba de indicios en situaciones en las que el sujeto tiene en su poder gran cantidad de material y además es usuario de foros con un cierto nivel de privilegios de acceso[203]. En la práctica, puede ser difícil probar la conducta de difusión o tráfico, pero basta con que quede acreditado que se posee el material con dicha intención, algo que resulta más sencillo y tiene el mismo efecto penológico.

El apartado 4 del art. 189 contiene un delito de mera actividad relacionado con la modalidad de captar o utilizar a menores y personas con discapacidad para espectáculos exhibicionistas o pornográficos, privados o públicos, del art. 189.1.pfo. 1º a). En este caso se sanciona la asistencia a dichos espectáculos con pena de prisión de 6 meses a 2 años. En la medida en que el espectáculo sea privado y quien asiste al mismo sea el único espectador o forme parte de un grupo reducido de personas que lo hayan encargado, habría que plantear si no estaríamos ante una cooperación necesaria en el delito de utilización de menores para esos fines, al menos en la modalidad de financiación de dicha actividad[204]. En realidad, la conducta de asistencia a espectáculos puede estar a medio camino entre la de consumo de material pornográfico del art. 189.5 (para la que se prevén penas alternativas de prisión de 3 meses a 1 año, o multa de 6 meses a 2

---

202. No así en un principio (1999), que se incluyó como tipo atenuado con pena en su mitad inferior. TAMARIT SUMALLA (2002), *op.cit.*, págs. 110 y 111, calificaba nuestra regulación de prudente en comparación con otros ordenamientos, considerando preferible una menor protección del bien jurídico (ya que puede ser difícil distinguir la posesión con estos fines de la posesión para propio consumo, que el legislador de 1999 decidió no incluir), que «una penalización ilimitada, que podría llevar a castigar, por ejemplo, la simple consulta de una página de pornografía infantil en la red», algo que actualmente, con la tipificación en 2015 de la modalidad de acceso en el art. 189.5 ya podría castigarse, aunque la Circular 2/2015 de la FGE, menciona que es necesario que quede acreditada la intención de acceder al contenido y que no basta con acceder a un sitio o que se dé un visionado de manera accidental, pues el precepto exige que se haga «a sabiendas» de que se trata de este tipo de contenidos, como se verá a continuación.

203. En el nivel conocido como «noble del reino», los usuarios de los foros de intercambio de material ilícito tienen un mayor acceso cuanto más contenido compartan, por lo que tener acceso a una gran cantidad de contenidos y poseerlos en los dispositivos, se considera un indicio de que necesariamente también se comparte con el resto de usuarios.

204. Plantea que habría en todo caso un concurso de normas a resolver por especialidad (y proporcionalidad) a favor de la conducta atenuada del art. 189.4 cuando el sujeto se limite a pagar una entrada, ESQUINAS VALVERDE, P. (2024), *op.cit.*, pág. 208. Muy crítico con la tipificación de esta conducta, por entender que la mera premisa de que si no hubiera público no se darían estas conductas, no es suficiente para fundamentar la tipificación, y considerando, por tanto, que solo tendría sentido la intervención penal en el caso de que la asistencia fuese indispensable para que el espectáculo tuviera lugar, ORTS BERENGUER, E. (2022), *op.cit.*, págs. 280 y 281.

años) y la participación como espectador en un delito de agresión sexual cuando los actos los realiza el menor sobre sí mismo o con un tercero a instancias del autor (piénsese en que el espectáculo consista en verle masturbarse o en que el menor mantenga una relación sexual con otra persona)[205]. Entiendo que no se daría este segundo caso si la actividad del menor solo consiste en desnudarse y adoptar determinadas poses sugerentes, actividades que entiendo que no encajarían en el delito de agresión sexual y como mucho llevarían a aplicar un delito de coacciones o amenazas si se usara violencia o intimidación para obligar al menor a realizarlas. Teniendo en cuenta que el consumo de material pornográfico puede serlo de material ficticio, y que en el tipo de asistencia a espectáculos la actividad es real (aunque el contenido pornográfico pueda ser simulado) y la instrumentalización del sujeto se contempla en directo, tiene sentido que la pena sea mayor en este segundo caso. Cuando se plantee el solapamiento con el delito de agresión sexual sin violencia o intimidación, entendiendo que puede ser partícipe quien contribuye a que la conducta se realice al aportar una retribución al autor del delito, habría que diferenciar si el menor tiene o no cumplidos los 16 años. En el segundo caso, se podría plantear el posible concurso con el art. 181.1 pfo. 2º[206]. Los problemas pueden surgir cuando la intervención en el espectáculo se produzca por una persona mayor de 16 años que consienta participar en él, pues se estaría sancionando en todo caso la asistencia al espectáculo, aunque en mi opinión no debería castigarse como utilización del menor su participación si no ha habido instrumentalización. En efecto, el art. 189.4 no hace referencia a que en el espectáculo al que se asiste se utilice a los sujetos sino tan solo a que estos participen, a diferencia de lo que parece exigir el art. 189.1 pfo. 1º a) cuando sanciona a quienes hacen posible que el espectáculo se celebre (mediante los conceptos de captar o utilizar). Como ya he señalado al respecto, considero imprescindible que se requiera cierta instrumentalización de los sujetos en la conducta relativa a los espectáculos exhibicionistas o pornográficos, lo que se traduciría al menos en una manipulación en el caso de los mayores de 16 años, en la medida en que ya podrían consentir para realizar actos sexuales en privado o en público[207]. En ese sentido, cuando se exige que quien asiste a los espectáculos lo haga a sabiendas, creo que no bastaría con que sepa que los sujetos son menores de edad o personas con discapacidad necesitadas de especial protección, sino que se requeriría dolo directo también respecto a la situación de instrumentali-

---

205. Dado que en los delitos del art. 189 también se sancionan las conductas en las que el sujeto pasivo tiene más de 16 años, la comparación se haría con el art. 181.1 pfo. 2º cuando el sujeto fuera menor de 16 años (prisión de 2 a 6 años, en su tipo básico), o con el art. 178.1 cuando tuviera entre 16 y 18 años (pena de prisión de 1 a 4 años).

206. La agresión sexual del tipo básico tiene prisión de 2 a 6 años (el cómplice sería castigado con pena de 1 a 2 años), mientras que esta conducta de asistir al espectáculo tiene pena de 6 meses a 2 años.

207. Dado que el art. 189.3 incluye una agravación específica en caso de realizar estas conductas con violencia o intimidación, la instrumentalización del tipo básico se daría si hay engaño, prevalimiento o cualquier medio comisivo que no llegue a considerarse abuso de confianza o autoridad, pues esta circunstancia implica la aplicación de la agravante del art. 189.2.g, inciso final.

zación o utilización aludida. En un intento por restringir la tipificación desmesurada de este tipo de conductas de contribución leve a la instrumentalización de menores de edad y personas con discapacidad, tal vez también habría que exigir que la asistencia al espectáculo implicase cierto grado de interés por parte del espectador, es decir, una especie de asistencia activa, lo cual implica una intencionalidad que no admitiría sancionar en caso de dolo eventual o si el sujeto se encuentra en ese lugar por otros motivos[208]. Respecto a los menores que participan en el espectáculo, la Directiva de 2011 indicaba que debía tenerse en cuenta la edad de consentimiento sexual, de manera que se sancionase de manera diferente si estos tienen más o menos de 16 años (con penas máximas de al menos 1 o 2 años de prisión, respectivamente). Si bien el legislador ha previsto un marco penal que cumpliría con esas indicaciones (pues la pena máxima es de 2 años), no hace referencia alguna al criterio de determinación de la pena que debería aplicarse, es decir, la edad de los sujetos que participan en los espectáculos (como sí lo hace en el caso de la propia conducta de captación o utilización, que se agrava si los sujetos tienen menos de 16 años). También habría sido conveniente que se hiciese alguna mención al tipo de actos que los menores realizan en el espectáculo, en la línea de las agravaciones del art. 189.2 para las conductas de captación, utilización, producción, difusión y tráfico. Efectivamente, no parece que tenga la misma gravedad la asistencia (activa y consciente) a espectáculos en los que los menores tan solo aparecen desnudos o llevan a cabo actos sexuales sobre sí mismos, que a los que involucran a adultos o implican uso de violencia o conductas degradantes o vejatorias.

El apartado 5 del artículo 189 recoge conductas relacionadas con el consumo de pornografía en las modalidades de adquisición, posesión y acceso a través de TIC a los contenidos. Por lo que respecta a este trabajo, centrado en los menores de edad, hay que recordar que tras la reforma de 2003 la inclusión de la posesión para uso propio hacía referencia a material pornográfico en cuya elaboración se hubiera utilizado efectivamente a menores o incapaces, pero posteriormente (2015) en el concepto de pornografía infantil se incluye todo tipo de material que se adecue a la definición del párrafo 2° del apartado 1, es decir, que a diferencia

---

208. Esto sucedería, por ejemplo, si la actividad se produce en un local al que no se asiste expresamente para presenciarla, como puede ser un bar en el que, de manera inesperada para quienes se encuentran allí, se empieza a desarrollar este tipo de escenas con participación de menores o personas con discapacidad, o estando previsto un espectáculo de naturaleza sexual, no se esperaba que participasen esos sujetos. Entiendo que la asistencia activa (a sabiendas) implica que se acuda expresamente al lugar del espectáculo sabiendo lo que se va a encontrar (ya sea previo pago de entrada o de manera gratuita). Considera que podría aplicarse este delito también con dolo eventual si el sujeto consiente asistir a un espectáculo en el que prevé que puedan participar menores de edad o personas con discapacidad, CÁMARA ARROYO, S. (2022), *op.cit.*, págs. 296, quien sin embargo alude a que la conducta típica es la «mera comparecencia consciente» en estos espectáculos, lo que creo que implica no solo estar presente sino acudir al lugar sabiendo lo que va a suceder allí. Tal como recuerda la Circular 2/2015 de la Fiscalía General del Estado (apartado 5.5), el Convenio de Lanzarote ya pedía a los Estados miembros que tipificasen la asistencia «con conocimiento de causa» a estos espectáculos. La propia Circular hace referencia a que «a sabiendas» debe interpretarse como dolo directo en el tipo de acceso al material a través de TIC del art. 189.5 pfo. 2°.

de lo que ocurre en la conducta de consumo en directo (asistencia a espectáculos pornográficos) del art. 189.4 tanto para menores como para personas con discapacidad, o en la propia de consumo de material del apartado 5 (solo en relación con estas últimas), cuando se trata de pornografía infantil no es necesario que los menores hayan sido realmente utilizados o que ni siquiera existan, lo que plantea aún más problemas de ajuste con los principios de lesividad, fragmentariedad y proporcionalidad, entre otros. La expansión del objeto material se ha producido sin que ello conlleve una argumentación válida que explique su aplicación a cualquiera de las conductas en las que para las personas con discapacidad se exige que se produzca una instrumentalización real. Sí resulta lógico que, al menos, la pena prevista para el consumo de material (prisión de 3 meses a 1 año o multa de 6 meses a 2 años) sea inferior a la de la asistencia a espectáculos (prisión de 6 meses a 2 años), aunque tampoco en este caso se hace referencia al tipo de material que se consume ni a si los sujetos tienen más o menos de 16 años (como sí se diferencia en las conductas del apartado 1 del artículo 189, relacionadas con la elaboración, difusión o tráfico de dicho material). Como se ha analizado en estas páginas, la tipificación del consumo de pornografía es el resultado de una decisión político-criminal que considera que no se deben tolerar comportamientos que impliquen cualquier afección a la dignidad de la infancia. Además, se suele aludir a argumentaciones criminológicas que, como se ha visto en estas páginas, no se sostienen tras el análisis de la investigación empírica existente[209].

Al margen de las diferencias entre las distintas modalidades de consumo, a las que se hará referencia a continuación, todas ellas tienen en común el elemento subjetivo de la finalidad del uso privado, que debería quedar acreditado para sancionar la conducta, con independencia de que se encuentre material pornográfico en los dispositivos del sujeto o se pueda probar que lo ha adquirido o que ha accedido a los mismos. No obstante, la jurisprudencia suele aplicar este tipo de posesión cuando el sujeto tiene material pornográfico en su poder pero no es posible probar el elemento de finalidad de difusión o producción del art. 189.1 pfo.1º b), considerando que basta con que se pueda probar que el sujeto tiene conciencia de que posee dicho material[210].

Por lo que respecta a la conducta de adquisición del material pornográfico para uso privado, la diferencia con la modalidad de posesión es solo que se debe

---

209. Respecto al exceso que supone sancionar el mero consumo privado del material si no ha habido una conducta previa de encargo del mismo, y en especial cuando se trata de la modalidad de acceso, ORTS BERENGUER, E. (2022), *op.cit.*, págs. 281 y 282. En el mismo sentido, MUÑOZ CONDE, F. (2022), *op.cit.*, págs. 282 y 283, quien lo considera una invasión del legislador en la privacidad «hasta unos niveles difícilmente compatibles con el derecho constitucional a la intimidad», al criminalizar una conducta que puede ser inmoral pero que no afecta ya al bien jurídico protegido.

210. Así, las SSTS 1058/2006, de 2 de noviembre; 105/2009, de 30 de enero; 373/2011, de 13 de mayo, entre otras. Criticando que también se aplique en casos en los que el sujeto ve los contenidos y después los elimina, como ocurre en la sentencia de la Audiencia Provincial de Navarra, 32/2018, HAVA GARCÍA, E. (2019), *op.cit.*, págs. 408 a 410, quien considera que se está sancionando así la posesión fugaz y en esos casos en que el material se encuentra en la papelera del dispositivo es difícil probar el elemento de acceso a sabiendas.

haber pagado para obtenerlo, mientras que en el delito de mera posesión no podrá probarse este aspecto. Dado que se suelen sancionar estas conductas cuando se puede probar que el sujeto tiene en su posesión (o en su papelera) material pornográfico por el que ha pagado, no se exige que se haya producido el visionado de dicho material, algo que tampoco exige el tipo para la modalidad de mera posesión[211]. En la misma línea del párrafo anterior, entiendo que sí debería quedar acreditado que el material se ha adquirido para uso propio, es decir, que había intención de consumirlo (visionarlo) cuando se adquirió, lo que constituye un elemento subjetivo adicional al dolo. En esa medida, no debería ser suficiente con que no se haya podido acreditar que lo adquirió para producir nuevo material, difundirlo o traficar con él.

En cuanto a la conducta de acceso al material a través de las tecnologías de la información y la comunicación (párrafo 2º del art. 189.5), al igual que en el caso de la posesión, se debería exigir que fuese con la intención de consumirlo, pero realmente en este caso no se exige expresamente en el tipo (ni por los tribunales, por supuesto). Así, bastaría con acreditar que se ha accedido dolosamente a un lugar con contenido pornográfico infantil, es decir, se estaría sancionando una posesión fugaz[212]. La propia Fiscalía General del Estado se refiere a la «tendencia expansiva hacia la criminalización de cualquier comportamiento relacionado con la pornografía infantil [que] ha llevado a defender la tipificación del visionado»[213], aunque en realidad no es necesario acreditar que se ha producido dicho visionado (consumo) sino solo que se ha accedido al material de manera intencionada (de nuevo el precepto utiliza la expresión a sabiendas, que debe interpretarse como dolo directo).

En definitiva, la regulación gravita sobre la idea de que si se permite el consumo, aunque sea fugaz, sin riesgo de difusión e incluso referido a material totalmente ficticio, se está contribuyendo a banalizar la pornografía real en la que se utiliza a personas, una justificación que tiene tintes de un Derecho penal moralizante y que no supera las exigencias del principio de fragmentariedad, sobre todo a partir del conocimiento empírico sobre el tema.

---

211. VIVEIROS, C. (2023): *Delitos de posesión. Una investigación dogmática y político criminal.* Tirant Lo Blanch, págs. 60 y ss., distingue entre delitos de posesión, tenencia, tenencia en (su) poder, tenencia en depósito, depósito y almacenamiento, considerando que mientras que en los arts. 189.5 pfo. 1º inciso 2º y 189.1 pfo 1º b, habría delitos de posesión, en el caso de la adquisición se exigiría «una actividad respecto del poder fáctico», en este caso, adquirirlo, pero no la posesión en sí misma.

212. BOLDOVA PASAMAR, M.Á. (2016*), op.cit.,* pág. 61. HAVA GARCÍA, E. (2019), *op.cit.,* págs. 399 y 400, considera que la posesión debe ser algo dinámico, es decir, no algo estático ni un estado de dominio de la cosa, ni una modalidad de comisión por omisión, por lo que se debería exigir cierta permanencia o actos que conlleven que hay una «relación entre la persona y el objeto típico que permita la utilización —aunque no llegue a usarse— del mismo conforme a sus fines».

213. Circular 2/2015, apartado 5.4, haciendo referencia a que anteriormente se venía interpretando que la posesión implicaba una tenencia prolongada mientras que ahora (tras la reforma de 2015) será suficiente con un acceso intencionado a lugares donde el sujeto sepa que puede encontrar pornografía infantil, de manera que se podrá acreditar que hay dolo directo si el sujeto consulta de manera reiterada el material o lo hace a través del recurso a servicios de pago.

Por último, el art. 189 bis sanciona con pena de multa de 6 a 12 meses o prisión de 1 a 3 años, la distribución o difusión pública a través de internet, el teléfono móvil o las tecnologías de la información y la comunicación de contenidos destinados a incitar, promover o fomentar las conductas anteriores, tipificando un acto preparatorio a modo de provocación específica[214] o apología sui generis[215]. En este caso, la pena del art. 189 bis es superior a la de alguna de las conductas analizadas anteriormente. La *ratio legis* de la LO 8/2021 que introdujo este delito (y otros similares en otros lugares del Código penal con una redacción semejante), era la protección de los menores de edad respecto a conductas no especialmente dirigidas a menores (suicidio, autolesiones, etc.) que se promoviesen a través de medios tecnológicos, sin embargo, en este caso, los delitos que se promueven, fomentan o a cuya comisión se incita, ya protegen a los menores de edad, en distintas modalidades típicas con penas de muy diversa gravedad, por lo que se podría haber optado por incluir actos preparatorios genéricos en este capítulo y la posibilidad de adopción de medidas de retirada de los contenidos.

Tras el análisis de todas las modalidades comisivas, se puede concluir que, en definitiva, se sanciona cualquier conducta que suponga la más mínima intervención en el ciclo de la producción o tráfico de pornografía ilícita, lo que implica que en la mayoría de las ocasiones los comportamientos constitutivos de participación podrán ser sancionados como autoría y queda muy poco espacio para la aplicación de tentativa en caso de ejecución incompleta, del mismo modo en que se sancionan actos preparatorios como tipos autónomos[216] y actos posteriores como la obtención de un beneficio económico[217]. Piénsese en alguien que ayuda a producir contenidos pornográficos captando a las personas que aparecerán en los mismos, aunque finalmente no se lleguen a producir (porque se haya interrumpido su elaboración y el menor ni siquiera haya llegado a realizar una conducta sexual concreta para insertar en el material). La amplitud del tipo (al incluir toda clase de conductas relacionadas con pornografía ilícita) y su configuración como delito de mera actividad y de peligro (o ni siquiera, en caso de que el material sea ficticio, como ya se ha argumentado anteriormente), hace que se esté planteando una estructura incluso más amplia que en el caso de la promoción del consumo de drogas (delito con el que se suele comparar

214. Así, MUÑOZ CONDE, F. (2022), *op.cit.*, pág. 284, apunta a que si alguna de las personas a las que van dirigidos los contenidos comete uno de los delitos a los que se hace referencia, se sancionaría al sujeto que los ha difundido como inductor.

215. CÁMARA ARROYO, S. (2024), *op.cit.*, pág 297.

216. Tal como se analizará más adelante, tienen especial relevancia los aspectos problemáticos de la regulación del embaucamiento de menores para obtener material pornográfico (conocido como *online child grooming*) y la difusión no consentida de materiales íntimos compartidos (conocido como *sexting*), especialmente dada la posible aplicación del delito de pornografía infantil a los menores de edad que pueden realizar estas conductas. Aborda estas cuestiones, entre otras, CUERDA ARNAU, M.L. (2014): «Menores y redes sociales: protección penal de los menores en el entorno digital», en *Cuadernos de Política Criminal, 2ª Época* n.º 112, págs. 33 y 34, y especialmente, 42 y 43.

217. Y ello a pesar de la caracterización que de estos delitos realiza el Tribunal Supremo, por ejemplo, en la sentencia nº 947/2009, FJ 3º.

pero que, a diferencia del que es objeto de este trabajo, no sanciona las conductas relacionadas con el propio consumo ni aquellas en las que el objeto material es insignificante)[218].

Por lo que respecta a la exigencia de responsabilidad penal a los sujetos que intervienen en estos delitos, desde 2010 se ha incluido la mención expresa a las personas jurídicas en el antiguo art. 183 bis (ahora en el art. 183 ter), respecto a las infracciones del Capítulo V. Se prevé la imposición de las penas de multa proporcional al beneficio obtenido (dependiendo de la gravedad del delito cometido por la persona física[219]) y, desde la reforma de 2022, también la disolución de la persona jurídica, además de las penas que el juez estime oportunas y que sean compatibles con la disolución, todo ello atendiendo a las reglas del art. 31 bis. La posibilidad de sancionar a las personas jurídicas tiene especial relevancia en contextos de trabajo o actividades habituales con menores de edad (centros educativos, clubes deportivos, campamentos de vacaciones, etc.). Cuando las conductas se realizan por trabajadores o autoridades de centros de internamiento para menores infractores o centros de acogimiento residencial (ya sean ordinarios o específicos), es decir, en contextos donde los menores se encuentran institucionalizados y, por tanto, su situación de vulnerabilidad se incrementa por su especial relación de dependencia con los infractores, se aplicaría a la persona física la agravante específica de relación, convivencia o abuso de confianza o autoridad (art. 189.2.g), que se analizará en el apartado siguiente, lo que llevaría a sancionar a la persona jurídica, en su caso, con una pena de multa también más grave. Hay que tener en cuenta, no obstante, que el art. 31 ter apartado 1, excluye la responsabilidad penal de las entidades públicas (Estado, Administraciones públicas territoriales e institucionales, etc.), por lo que solo cabría exigirla en casos de conductas realizadas por trabajadores o directores de centros de titularidad privada (modalidad de gestión que es frecuente tanto en el ámbito de protección como en el de justicia juvenil).

---

218. En un sentido similar, ESQUINAS VALVERDE, P. (2024), *op.cit.*, pág. 207, aunque considero, como menciono en el texto, que en el caso del art. 189 el legislador ha ido más allá que en el art. 368. Ciertamente, la Circular 2/2015 de la Fiscalía General del Estado hace referencia en su apartado 5.7 a la ausencia de antijuridicidad material en las conductas de elaboración de contenidos pornográficos ficticios para consumo privado sin riesgo de difusión y en los casos en que el material se produce con el consentimiento de menores de edad que hayan cumplido los 16 años y se excluya la posibilidad de difusión a terceros, considerando que en esos casos no hay más que una contradicción formal con la norma, sin alcanzar un mínimo exigible y no existir lesión al bien jurídico protegido. Lo cierto es que, aunque la Directiva de 2011 permitía no sancionar estas conductas, el legislador español ha decidido hacerlo, por lo que pese a la indicación a los fiscales de valorar la situación para interesar el sobreseimiento, en su caso, la cuestión debería haber quedado resuelta en sede legislativa y no dependiente de los actores del ámbito judicial.

219. El art. 183 ter prevé que la multa será del triple al quíntuple del beneficio obtenido, si el delito cometido por la persona física tiene prevista pena de prisión de más de 5 años, lo que sucedería en caso de aplicarle alguno de los tipos agravados del art. 189 apartados 2 (prisión de 5 a 9 años) o 3 (pena superior en grado a la del tipo básico o agravado, en su caso). Cuando la pena prevista para la persona física es de más de 2 años de prisión, la de la persona jurídica es de multa del doble al cuádruple, y en el resto de casos, sería de multa del doble al triple del beneficio obtenido.

8.3. LAS AGRAVACIONES ESPECÍFICAS. ESPECIAL CONSIDERACIÓN DE LA DELINCUENCIA ORGANIZADA Y LAS CONDUCTAS COMETIDAS SOBRE MENORES INSTITUCIONALIZADOS

El apartado 2 del art. 189 recoge una serie de agravaciones específicas aplicables a cualquiera de las conductas del apartado 1 (captar o utilizar a menores o personas con discapacidad con fines o en espectáculos exhibicionistas o pornográficos, elaborar material pornográfico, financiar dichas actividades o lucrarse con ellas, o cualquiera de las actividades de producción, difusión o tráfico de dicho material y la posesión con estos fines). El apartado 3 del art. 189 incorpora una circunstancia de hiperagravación (pena superior en grado) si las conductas del apartado a) del primer párrafo (captar, utilizar, financiar o lucrarse), ya sean en su modalidad básica o agravadas por la concurrencia de alguna circunstancia del apartado 2, se cometen con violencia o intimidación. En el capítulo sobre el desarrollo histórico de este precepto ya se apuntó que en un principio no se preveían agravantes y que estas se fueron incorporando poco a poco a raíz de las sucesivas reformas, incrementándose también las penas. Como ya se ha señalado, en este trabajo se va a hacer una especial referencia a las agravaciones que se pueden dar en contextos de delincuencia organizada y de menores que se encuentran institucionalizados, no sin dejar de plantear algunas de las cuestiones problemáticas que se producen en general con las circunstancias previstas en el art. 189.2 y 3. Por supuesto, en todas ellas es imprescindible comprobar que concurre un fundamento legítimo de agravación y que el dolo del autor abarca todos los aspectos que constituyen dicho fundamento. Por tanto, en los casos de material pornográfico ficticio pueden darse situaciones problemáticas.

En concreto, las agravaciones específicas del art. 189.2 prevén una pena de prisión de 5 a 9 años, pudiendo llegar a los 13 años y medio en caso de hiperagravación del art. 189.3[220] (aplicable a las conductas de la letra a del apartado 1, que tienen prevista pena de 1 a 5 años). Esto unido al art. 194 bis, que prevé el concurso de delitos con los que corresponda aplicar por el uso de violencia física o psíquica en cualquiera de las conductas del Título, en su caso, puede llevar a consecuencias penológicas muy intensas. En este sentido, aunque en un principio se interpretaba que debe aplicarse un concurso real si los actos sexuales que constituyen el contenido pornográfico son ya en sí mismos agresiones sexuales (Consulta 3/2006, de la Fiscalía General del Estado), tras la reforma de 2015, la Circular 2/2015 considera que no se puede aplicar el tipo hiperagravado del art. 189.3 en concurso con la agresión sexual plasmada en el material pornográfico, por vulnerar el principio *ne bis in idem*. En esos casos, procede apli-

---

220. Si hay uso de violencia o intimidación en las conductas del art. 189.1.pfo 1º a), se aplicaría la pena superior en grado (art. 189.3), lo que nos llevaría a sancionar con penas de prisión de 5 a 7 años y medio las conductas del tipo básico, o de 9 a 13 años y medio si además concurre alguna de las circunstancias del art. 189.2 y el art. 189.3 funciona como hiperagravación.

car las reglas del concurso de leyes entre el tipo de elaboración de material pornográfico agravado por el uso de violencia o intimidación, y el tipo básico del art. 189.1 en concurso real de delitos con la agresión sexual. La Fiscalía General del Estado entiende que no hay relación de especialidad, subsidiariedad o consunción, y que procedería aplicar la solución penológica más grave (principio de alternatividad)[221].

En primer lugar, el apartado a) se refiere a la utilización de menores de 16 años, atendiendo así a las indicaciones supranacionales que señalaban la necesidad de valorar de manera diferenciada las conductas en función de la capacidad de prestar consentimiento sexual de los menores implicados. En lugar de incluir ese criterio en los propios tipos (o excluir la responsabilidad cuando concurre el consentimiento de un menor que ya ha cumplido los 16 años, como también permitía la Directiva de 2011), el legislador ha optado por agravar las conductas cuando los sujetos son menores de esa edad. Considero que habría sido preferible establecer un rango de edad más bajo para agravar las conductas (como se ha hecho en otros lugares del Código[222]), pues las consecuencias penológicas en este caso resultan excesivas, en mi opinión. Por supuesto, deberían quedar fuera de esta agravación los casos en que el material pornográfico se elabore o produzca de manera artificial, pues no hay una utilización de los menores, por mucho que incluya imágenes de niños de muy corta edad[223]. Respecto a la posibilidad de aplicar la agravación no solo a las conductas de elaboración del material utilizando a menores de 16 años, sino también a las de difusión, tráfico, posesión para esos fines, etc., de dicho material, creo que ello constituiría una interpretación extensiva del término «utilizar»[224].

El apartado b se refiere tanto a menores como a personas con discapacidad, aunque incluye diferentes circunstancias relacionadas con el material pornográfico y los medios usados para obtenerlo, pudiendo plantearse un solapamiento con la hiperagravación del apartado 3 en algún caso. En concreto, se contemplan tres situaciones: que los hechos revistan carácter particularmente degradante o vejatorio, que se emplee violencia física o sexual para la obtención del material

---

221. Circular 2/2015 Fiscalía General del Estado, apartado 6.3.9. Respecto a los posibles abusos o agresiones sexuales que pudieran darse en la elaboración del material pornográfico, antes de la regulación actual, TAMARIT SUMALLA, J.M. (2002), *op.cit*, págs. 113 y ss., consideraba que se daba un concurso medial de delitos, por ser la agresión o abuso sexual al menor un medio para la obtención del material pornográfico.

222. No ocurre así en el asesinato, donde se ha elevado también a 16 años la edad para aplicar el tipo agravado del art. 140, pero sí en las lesiones del art. 148 (14 años) o en el tipo agravado de agresión sexual a menores de 16 (4 años). En otros lugares la agravación se hace depender de la vulnerabilidad de la víctima por razón de la edad, lo que tal vez sería más apropiado para ajustar la decisión judicial a la gravedad real de la conducta.

223. En el mismo sentido, la Circular 2/2015, de la Fiscalía General del Estado (apartado 6.3.1.1), que excluye la pornografía virtual o técnica.

224. *Ibid.*, apartado 6.3.1.2, aludiendo a la jurisprudencia contraria a la aplicación de la agravación a conductas de difusión (que sí apoyaba la Fiscalía del Tribunal Supremo), optando más bien por tener en cuenta la edad de los menores en el proceso de individualización de la pena (SSTS 1055/2009 y 873/2009) ya antes de la reforma de 2015, que parece haber zanjado la cuestión.

pornográfico, o que se representen escenas de violencia física o sexual. La reforma de 2021 agrupó en un solo apartado las agravaciones primera y tercera, e incorporó la segunda como novedad, aunque en la medida en que no se prevé una agravación adicional en caso de que se den varias circunstancias del art. 189.2, la concurrencia de unas y otras, estén en el mismo o en diferentes apartados, solo implicará un criterio para individualizar la pena, siempre que no se estén valorando dos veces las mismas circunstancias[225]. La referencia a que los hechos sean particularmente degradantes o vejatorios (que al igual que en otros lugares, debe interpretarse de una manera restrictiva y que suponga un incremento considerable de lo que de por sí implica de degradante o vejatorio ser instrumentalizado a efectos sexuales), y al empleo de violencia para obtener el material, parece exigir de manera clara que se utilice efectivamente a los sujetos, por lo que no cabría su aplicación a material ficticio. Hay que destacar que la Directiva de 2011 indicaba en su art. 9.g que los Estados debían incorporar a sus legislaciones la agravación de estas conductas cuando se utilizase violencia grave o se causara un daño grave a la víctima. En nuestro caso, sin embargo, no se hace alusión a la gravedad de la violencia que, en mi opinión, debería interpretarse en ese sentido, por lo que no bastará con que se dé cualquier conducta agresiva. En la circunstancia relativa a la representación de escenas de violencia física o sexual, sin embargo, cabe plantearse su posible aplicación a pornografía virtual o técnica, aunque la Fiscalía General del Estado, afortunadamente, lo excluye[226]. Respecto a la aplicación de estas circunstancias a los casos de difusión del material de esa naturaleza o que se ha obtenido mediante violencia, la jurisprudencia la admite, exigiendo, eso sí, que el dolo de la persona que difunde el material sin haber participado en su elaboración, abarque estas circunstancias. En línea con las críticas vertidas respecto a la identificación del bien jurídico afectado en los delitos de difusión, opino que en estos casos lo que se afecta de manera fundamental es el derecho a la propia imagen, el honor o la dignidad de los menores que aparecen en el material siendo víctimas de violencia sexual o física o protagonizando hechos particularmente degradantes o vejatorios, pero no su libertad o indemnidad sexual[227]. Antes de la inclusión de la circunstancia de «empleo de violencia» para obtener el material, se planteaba la posibilidad de aplicación de ambas agravantes (la representación de escenas violentas del art. 189.2 y el uso de violencia para realizar las conductas del apartado 1 pfo. 1º a), del art. 189.3), siempre que se hubiera usado violencia para captar o utilizar a las personas, pero luego esa violencia no apareciese reflejada en el material pornográfico. Sin embargo, con la inclusión del empleo

---

225. *Ibid.*, apartado 6.3.3.4, STS 184/2012. Como indica la Circular, sí cabría tomar en consideración el desvalor de dos circunstancias, por ejemplo, si una parte del material incluye escenas degradantes (por ejemplo, bestialismo) y otras implican uso de violencia física (así, STS 12/2015).

226. *Ibid.*, apartado 6.3.3.1.

227. Así, la STS 674/2010, que aboga por la aplicación del tipo agravado a los casos de difusión de este material, entendiendo que «el bien jurídico protegido (…) tiene mucha más relación con el derecho a la intimidad y a la propia imagen de los menores… y, en fin, a su dignidad constitucionalmente protegida».

de violencia entre las circunstancias del art. 189.2, en caso de que se haya empleado violencia física o sexual para obtener el material pornográfico, aunque no se representen dichas escenas en el material elaborado, no debería aplicarse la hiperagravación del apartado 3, en la medida en que se vulneraría el principio *ne bis in idem*.

El apartado c hace referencia a que se haya utilizado a personas menores de edad que estén una situación de especial vulnerabilidad. Se mencionan expresamente los supuestos de enfermedad y discapacidad, pero cabría cualquier situación y, por supuesto, debe ser conocida por el autor y, en mi opinión, que se produzca efectivamente un abuso de dicha situación que facilite la conducta típica. Al mencionar que los menores deben ser utilizados, son de aplicación a este supuesto las mismas apreciaciones que se han hecho respecto a la primera circunstancia de agravación, es decir, no será aplicable a conductas de difusión de la letra b del art. 189.1 pfo. 1º, ni tampoco a las de producción de material pornográfico ficticio, en la medida en que el fundamento de la circunstancia es un mayor contenido de injusto derivado de la mayor facilidad para utilizar a los sujetos por su mayor vulnerabilidad.

El apartado d del art. 189.2 incorpora una circunstancia de agravación relacionada con los posibles riesgos que se pueden derivar para la víctima de la manera en la que se haya podido cometer el delito. Así, se aplica cuando se hubiera puesto en peligro su vida o su salud, sea de manera dolosa o por imprudencia grave. En cualquier caso, los posibles resultados lesivos que se den como consecuencia de esta situación de peligro entrarán en concurso de delitos con el delito del art. 189. Aunque esta agravación se deriva de una indicación incluida en el art. 9.f de la Directiva de 2011, que solo hacía referencia a la puesta en peligro dolosa o negligente de la vida de la víctima, el legislador español ha ampliado su ámbito de aplicación también al peligro para su salud, sin indicar si el peligro debe ser grave o no. Entiendo que la interpretación que debe hacerse de los posibles resultados lesivos que podrían darse, debe guardar proporción con la gravedad del riesgo para la vida, por lo que habría que exigir que se trate de lesiones muy graves. Ello, junto con la graduación del peligro, debe servir de criterio de determinación de la pena. Por otro lado, dado que se hace referencia expresa a consecuencias para la víctima que solo podrían darse en las conductas de captación o de utilización, es evidente que la agravación no se podrá aplicar a las de difusión ni tampoco a las relacionadas con material pornográfico ficticio.

En cuanto a la circunstancia prevista en el apartado e del art. 189.2, la notoria importancia del material pornográfico, la nueva redacción ha eliminado la referencia que se incluía anteriormente a que los hechos revistieran especial gravedad atendiendo al valor económico del material pornográfico. A pesar de que el Informe del Consejo Fiscal previo a la reforma de 2015 aconsejaba suprimirla o sustituirla por una alusión a la distribución en cantidad de notoria importancia (para evitar los problemas derivados de la necesidad de valorarlo económicamente), el legislador se limitó a incluir la referencia actual, que no menciona que la notoria importancia deba referirse a la cantidad de material, ni hace alusión expresa a la distribución, no existiendo tampoco indicación alguna al respecto en la Directiva de 2011. La Circular 2/2015 de la Fiscalía General del Estado atiende a dicho informe aconsejando que solo se aplique la agravación en casos de difusión de notoria importancia[228] y no a los meros poseedores que hayan acumulado grandes cantidades de material pornográfico (conducta que el propio Informe considera característica de los consumidores, desde un punto de vista criminológico), salvo que se pueda acreditar que se ha difundido dicho material de manera ingente. Nada indica la Circular sobre la posible aplicación de la agravante a quienes elaboran material pornográfico en grandes cantidades, siendo posible, en mi opinión, dada la redacción ambigua del precepto que no menciona expresamente que se limite a la distribución. Nada impide, además, aplicar la agravante a conductas relacionadas con material ficticio.

El apartado f se refiere a las conductas realizadas por sujetos que pertenecen a una organización o asociación, incluso de carácter transitorio, dedicada a estas actividades[229]. El fundamento de la agravación se encuentra en la mayor facilidad de comisión de las conductas y la probable mayor intensidad del peligro para los bienes jurídicos protegidos cuando se cuenta con la infraestructura o los medios personales o materiales que proporciona un contexto organizado, aunque no esté exclusivamente dedicado a la comisión de delitos[230]. Como se ha señalado en el análisis histórico de la normativa, esta agravante se incluyó en 1999 en el antiguo art. 189.2, pasando en 2003 al apartado 3.e (junto con las demás agravantes que se incorporaron al texto en ese momento por primera vez), y en 2015 al apartado 2 (concretamente en el art. 189.2.f). La agravante se aplica a cualquiera de las conductas del art. 189.1 pfo. 1º, en la medida en que se refiere únicamente a la cualidad del autor, por lo que sancionará tanto los casos de captación y utilización de sujetos, como los relacionados con elaboración y difusión de pornografía real o ficticia. Otra de las cuestiones que cabe plantearse en estos delitos y que ha sido objeto de atención tanto por la doctrina como por la jurisprudencia es si la mera realización de las conductas de difusión de material pornográfico en internet, aprovechando las comunidades de usuarios donde se suben, comparten y descargan contenidos, implica que estos formen parte de una organización o asociación criminal. Aunque el Tribunal Supremo se ha pronunciado al respecto

228. Considera también que esta agravación se debe aplicar solo en casos de grandes cantidades y no atendiendo a la dureza del contenido, pues a este aspecto ya se refieren otras agravantes, como la del apartado b y c, ESQUINAS VALVERDE, P. (2024), *op.cit.*, pág. 210.

229. Hace referencia a las muy diversas consecuencias jurídicas que implica esta circunstancia en los delitos en los que se ha incorporado, FARALDO CABANA, P. (2012): *Asociaciones ilícitas y organizaciones criminales en el Código Penal español*, Tirant Lo Blanch, pág. 364. Así, se pone de manifiesto que mientras en unos casos se prevé la aplicación de la pena superior en grado (art. 369 CP), y en otros la mitad superior (art. 371 CP), otras veces solo se imponen consecuencias accesorias (delito de falsificación de moneda) y en otras ocasiones el efecto es mucho mayor que la subida de grado (como ocurre con el caso que nos ocupa, del art. 189 CP).

230. *Ibid.*, págs. 372 y 373, considera, creo que con razón, que no es necesario que las conductas delictivas a las que se dedique la organización o grupo sean su actividad exclusiva, pudiendo llevar a cabo otras actividades lícitas o ilícitas.

considerando que sí es posible hacer esta interpretación[231], también hay pronunciamientos en sentido opuesto[232]. Entiendo que aplicar la agravante en estos casos sin que quede acreditado que la red es un instrumento al servicio de la organización previamente constituida con la finalidad de cometer estos delitos, supone una ampliación excesiva contraria al principio de legalidad. Otra cuestión distinta de la mera conducta de ser usuario de un sitio que comparte contenidos (utilización de programas *peer to peer* o P2P), es la de integrar una comunidad en la que se asumen roles en un sentido jerárquico (foros específicos o sitios web específicamente creados o mantenidos con la finalidad de producir o compartir contenidos pornográficos ilícitos, en los que los usuarios tienen tareas concretas). En estos casos sí podría hablarse de organización que utiliza Internet y sus herramientas para facilitar la comisión delictiva[233].

Resulta interesante analizar cómo se resuelven los problemas concursales que surgen entre este subtipo agravado y los de pertenencia a organización (art. 570 bis) o asociación delictiva (arts. 515.1°), así como las cuestiones derivadas de la ausencia de referencia expresa en el art. 189.2.f a la pertenencia a grupo criminal (art. 570 ter)[234]. En general, cuando el tipo agravado sí recoge la pertenencia a organización o asociación (como en este caso), la solución del concurso de delitos entre el tipo de pertenencia y el subtipo agravado del delito cometido en el seno de dicha organización no sería adecuada, ya que se estaría produciendo una

---

231. Por ejemplo, la STS 1444/2004, que considera que los usuarios conforman un grupo organizado que coincide en un lugar de encuentro virtual, coordinan sus acciones y se atribuyen funciones, aportando álbumes de fotografías e incorporándolas a un depósito que posibilita el acceso a terceros a ese material.

232. STS 107/2010 (considera que aplicar la agravante al intercambio de archivos *peer to peer* es hacer una interpretación extensiva y contraria al principio de proporcionalidad) y STS 913/2006, que la excluye en un caso de comunidades de Microsoft donde diferentes usuarios suben y comparten material pornográfico, por no encontrar en la dinámica de estas comunidades las características que el legislador exige para la aplicación de la pertenencia a organización criminal. Así, sería necesaria una previa concertación «y es muy difícil construir una forma de colaboración con personas con las que no se ha hablado, no se conoce, y con las que no se ha mantenido ningún acuerdo previo». En este sentido, DE LA ROSA CORTINA, J.M. (2011): *Los delitos de pornografía infantil. Aspectos penales, procesales y criminológicos*. Tirant Lo Blanch, pág. 148, considera que «el legislador, con vaguedad e imprecisiones, define la organización como un conjunto de tres a más malhechores y les exige una mínima estructura y coordinación. Esto supone que el concepto de organización lleva implícito un pacto previo en el que se diseñan los modos o formas de actuación, la estructura jerárquica, el reparto de papeles y la continua o frecuente comunicación entre sus componentes».

233. Así, el Auto del TS 25/2011, donde se considera que el sujeto, que había alcanzado un estatus concreto dentro del foro por el número elevado de contenidos que había aportado, podía acceder a zonas restringidas para otros usuarios y tenía, por tanto, un papel relevante dentro de la organización.

234. FARALDO CABANA, P. (2012), *op.cit.*, págs. 363 y ss., pone de manifiesto la diferente regulación en los tipos que incluyen esta circunstancia de agravación, destacando que la mayoría lo son por pertenencia a asociación u organización, o por ostentar respecto a las mismas un puesto de dirección o responsabilidad, pero no suelen mencionar al grupo criminal, por lo que en este último caso, para esta autora no habrá concurso de leyes sino un concurso real de delitos entre el tipo básico del delito cometido en el seno del grupo criminal y el art. 570 ter (pertenencia a grupo criminal).

vulneración del principio *ne bis in idem*, al estar considerando doblemente el desvalor de la pertenencia a una organización criminal. En estos casos sería preferible resolver como un concurso de normas por el criterio de la especialidad[235], a favor del subtipo agravado del delito concreto cometido, en la medida en que el desvalor por la pertenencia a la organización o a la asociación queda abarcado por dicho subtipo agravado, mientras que el delito de mera pertenencia a la organización o asociación no implica necesariamente la comisión de un delito concreto, sino tan solo la finalidad de cometerlos[236]. El problema surge cuando la pena del subtipo agravado del delito concreto cometido es más leve que la del delito de pertenencia. La Circular 2/2011 de la Fiscalía General del Estado plantea que, en esos casos, lo correcto sería castigar por un concurso de normas entre el subtipo agravado y un concurso real de delitos entre el tipo básico del delito cometido en el seno de la organización y el delito de pertenencia a dicha organización o grupo. Tal como la propia Circular indica, el legislador ha querido evitar las incongruencias punitivas, indicando el art. 570 quater que deberá acudirse siempre a la regla 4ª del art. 8 (alternatividad) en caso de que las conductas «estuvieren comprendidas en otro precepto de este Código», es decir, cuando el delito cometido en el seno de la organización o grupo criminal prevea una agravación específica por la pertenencia a dicho grupo u organización. Ello llevaría a sancionar por el tipo con pena más grave, que en unos casos puede ser el delito concreto agravado y en otros la pertenencia a la organización en concurso con el tipo básico del delito cometido[237]. Tal como se ha puesto de manifiesto, al ser muy diversa la regulación de las agravaciones específicas por pertenecer a asociaciones, organizaciones o grupos que se dedican a la comisión de delitos[238], las soluciones punitivas también pueden variar, aun en aplicación de la misma regla 4ª del art. 8 que se prevé solo para las organizaciones y grupos criminales. Por otro lado, respecto a las asociaciones ilícitas, no existe una regla similar a la del art. 570 quater, por lo que aunque la solución más coherente es la del concurso de normas por especialidad a favor del subtipo agravado, se plantea si

---

235. En el mismo sentido la Circular 2/2011 de 2 de junio, de la Fiscalía General del Estado (apartado V, letra C) y la mayoría de la doctrina, tal como apunta FARALDO CABANA, P. (2012), *op.cit.*, págs. 365 y ss., señalando las posturas doctrinales respecto a la aplicación de diferentes reglas del concurso de normas en distintos delitos.

236. De todas formas, es preciso tener en cuenta que los delitos de pertenencia a organización y grupo criminal incluyen una agravación cuando los delitos cometidos en su seno lo sean contra la libertad e indemnidad sexuales (así, en los arts. 570 bis 3º, y 570 ter 1 a), que sería siempre aplicable en los casos de pornografía infantil (al margen de otras circunstancias de agravación que también incluyen, como el número elevado de personas integrantes o el uso de medios tecnológicos aptos para facilitar la comisión de los delitos o la impunidad de los responsables, algo que se dará con frecuencia en estos delitos). En el caso de la pertenencia a asociación ilícita, sin embargo, no se recoge ninguna de estas agravaciones (arts. 515 y ss.).

237. La Circular 2/2015 de la Fiscalía General del Estado, apartado 6.3.6, considera que «a efectos del cálculo de la pena imponible al concurso de delitos entre el delito de pornografía infantil y el delito de organización o grupo criminal debe tenerse presente que, atendiendo a las concretas circunstancias concurrentes, el concurso puede ser real o ideal».

238. Ver nota 229.

habría de tenerse en cuenta las mismas apreciaciones para aquellos casos en que dicha solución resulte más leve que la del concurso de delitos entre el tipo básico del delito cometido y el de pertenencia a asociación ilícita (por aplicación de la regla de la alternatividad). Así, dada la diversidad de posibilidades, se darán distintas soluciones en las conductas relacionadas con el material pornográfico ilícito dependiendo de si el sujeto pertenece a una organización (concurso de normas entre art. 189.2.f, y art. 189.1 pfo. 1º en concurso de delitos con el art. 570 bis, a resolver por alternatividad en aplicación del art. 570 quater), a una asociación ilícita (concurso de normas entre art. 189.2.f, y art. 515.1º, a resolver por especialidad o por alternatividad), o a un grupo criminal (concurso de delitos entre art. 189.1 pfo. 1º y art. 570 ter). Las soluciones que se deriven de estas comparaciones pueden variar si la conducta del sujeto se ve hiperagravada (o solo agravada, en el caso de pertenencia a grupo criminal, al no estar prevista en el art. 189.2.f) por aplicación del art. 189.3.

La agravante del apartado g del art. 189 tiene su antecedente en la regulación anterior al código de 1995, referida a otros delitos sexuales no directamente relacionados con la pornografía infantil. Así, como se ha analizado en el capítulo 4, ya desde el código de 1822 se agravaban las diferentes conductas contra la honestidad realizadas por sujetos que tuviesen una especial responsabilidad sobre la víctima y se les imponían inhabilitaciones para el ejercicio de los distintos derechos derivados de la misma, en caso de abusar de dicha posición o de incumplir las obligaciones derivadas (padre, madre, abuelos, sirvientes domésticos, y empleados de casas de enseñanza, de caridad, de corrección, de beneficencia, etc.). Posteriormente, ya en 1995 y referido a las conductas relacionadas con pornografía y corrupción de menores e incapaces (omitir el deber de impedir su estado de prostitución), se preveía en el antiguo art. 189.3 la posibilidad de que para los autores con una especial vinculación con la víctima el Ministerio Fiscal instase la privación de los derechos de patria potestad, tutela, guarda o acogimiento familiar (algo que continúa actualmente en el art. 189.7). En 2003 se incorpora como una agravante más la de ser el autor ascendiente, tutor, curador, guardador, maestro o persona encargada del menor o incapaz (art. 189.3.f), produciéndose tan solo un incremento de pena en 2010. En 2015 se produce un cambio de ubicación de las agravantes al art. 189.2, situándose la que se está comentando en la letra g. Se añaden, además, posibles sujetos activos de la conducta agravada: por un lado, se especifica y amplía el ámbito de personas encargadas a quienes lo sean de hecho, aunque sea provisionalmente, o de derecho; por otro lado, se incluye a cualquier familiar que conviva con los sujetos protegidos, y a cualquier persona que abuse de una posición de reconocida confianza o autoridad. En 2021 se amplían los supuestos de convivencia a cualquier persona, sea familiar o no. En definitiva, tras las sucesivas reformas se ha ido produciendo una extensión de la aplicación de la agravante hacia cualquier persona que pueda estar a cargo del menor o persona con discapacidad, o abusar de una posición que suponga prevalimiento, con lo que quedarían abarcados de sobra los supuestos que la Directiva de 2011 menciona en su art. 9.b, que solo se refiere a familiares, convivientes o sujetos con una posición de reconocida confianza o autoridad. La aplicación de la agravante implicará que no se pueden aplicar como genéricas las circunstancias de idéntico fundamento, tales como el parentesco, el abuso de confianza o el prevalimiento del carácter público del culpable, ni la agravación a la mitad superior de la pena prevista en el art. 192.2 para otros delitos en los que intervengan estas personas, ya que, como indica el propio art. 192.2 pfo. 2°, en este caso, dicha circunstancia está ya prevista de manera específica en el art. 189.2.g. En este sentido, al margen de que el Ministerio Fiscal promueva las acciones pertinentes para privar de la patria potestad, tutela, curatela, guarda o acogimiento familiar a quienes cometan estos delitos (art. 189.7), el art. 192.3 prevé que la autoridad judicial imponga, además de las penas que correspondan, la privación de la patria potestad o la inhabilitación especial para el ejercicio de esta o de la tutela, curatela, guarda o acogimiento en caso de comisión de alguno de los delitos del Capítulo I o V, cuando la víctima sea menor de edad (excluyendo, por tanto, los casos en que la víctima sea una persona con discapacidad necesitada de especial protección), y II en cualquier caso (siempre serán menores de 16 años), con una duración de 4 a 10 años. Para el resto de delitos del Título (entiendo que también para los del Capítulo V cuando la víctima no sea menor de edad), se podrán imponer las mismas penas (de 6 meses a 6 años), así como la de inhabilitación para empleo o cargo público o ejercicio de la profesión u oficio, retribuido o no (de 6 meses a 6 años). Además, el párrafo 2° de este mismo precepto, incluye la imposición de una pena de inhabilitación especial para cualquier profesión, oficio o actividades (retribuidas o no) que conlleven contacto regular y directo con menores de edad, con distinta duración, más allá de la de las penas de prisión que correspondan, atendiendo a los criterios de gravedad del delito, número de delitos cometidos y circunstancias concurrentes en la persona condenada. En definitiva, en el caso concreto de la comisión de los delitos relacionados con pornografía infantil (Capítulo V), sería de aplicación el inciso 1° del art. 192.2 pfo.1° pero no el inciso 2° (que se aplica a otros delitos), aunque sí sería de aplicación lo dispuesto en el párrafo 2° respecto a profesiones, oficios o actividades que conlleven contacto directo y regular con los menores, por supuesto aplicable en contextos de menores institucionalizados (cometidos por el personal de centros de internamiento o de acogimiento residencial). El fundamento de esta agravación se encuentra en el especial reproche ante el incumplimiento de deberes especiales que se atribuyen al sujeto respecto a la víctima, no siendo necesaria una relación jurídica preestablecida, al poderse aplicar a cualquier persona que esté a cargo de los menores o personas con discapacidad o abuse de una posición de reconocida confianza o autoridad, por lo tanto, también a maestros o educadores, o a alguien que ejerza momentáneamente de canguro o monitor en alguna actividad puntual (servicios de ludoteca en un restaurante, por ejemplo)[239]. Esta circunstancia solo puede aplicarse a las conductas que impliquen captación o utilización real de los sujetos, no siendo posi-

---

239. Ciertamente no puede compararse el grado de desvalor de este tipo de conductas llevadas a cabo por un padre o un trabajador de un centro de internamiento (contextos de convivencia o de sujeción especial) y, por tanto, de máxima vulnerabilidad del menor, con el de la conducta de un

ble en casos de elaboración de material ficticio. Considero que tampoco puede aplicarse en los casos de difusión de material real si en la persona que realiza la conducta de difusión no concurren las características especiales o la relación que fundamenta esta agravación respecto a la víctima, aunque concurran en quien lo elaboró y quien difunde conozca esta circunstancia[240].

Por último, la agravante del apartado h del art. 189.2 se refiere de manera específica a la reincidencia, otorgándole así una repercusión penológica mayor en estas conductas que si se aplicara como agravante genérica, ya que normalmente llevaría a la imposición de la pena en su mitad superior (o a subir 1 grado en su mitad inferior en caso de concurrencia de varias circunstancias), mientras que la pena de los tipos agravados del art. 189.2 es, como mínimo, equiparable a subir de grado (y podría implicar subir dos grados en su mitad inferior). Además, a los efectos de la apreciación de la agravante, igual que en el resto de delitos del Título VIII, el art. 190 prevé que se tengan en cuenta las condenas impuestas por tribunales extranjeros, siempre que los antecedentes no hayan sido cancelados o debieran serlo. Respecto al requisito de la naturaleza semejante, no deberían ser considerados los antecedentes por delitos de otros capítulos, pero tampoco los de los arts. 187 y 188 (prostitución), que se encuentran en el Capítulo V, ni tampoco el apartado 6 del art. 189, en la medida en que no se refiera a un estado de corrupción derivado de conductas relacionadas con pornografía. Dadas las cuestiones problemáticas en torno al bien jurídico protegido y la estructura típica en las diversas modalidades comisivas que se recogen en el art. 189, puestas de manifiesto en este trabajo, resulta difícil justificar que todas ellas tengan la misma naturaleza. Así, no considero que se deba aplicar la agravante en un caso de posesión de material pornográfico ficticio por tener antecedentes relacionados con la captación de menores de edad. Al margen de las objeciones habituales respecto a la agravante de reincidencia en general[241], no se entiende qué lleva al legislador a incorporarla como específica en este delito, cuando no lo ha hecho sin embargo en otros como las agresiones sexuales, a menudo más graves. Ciertamente, la Directiva de 2011 se refiere a ello en el art. 9.e, pero este mandato ya se cumplía con la agravante genérica (como también ocurre en otras de las circunstancias que se han visto)[242], contando además con la posibilidad de

---

trabajador de una ludoteca en un centro comercial, aspecto que tendrá que ser tomado en consideración en la individualización de la pena.

240. No es clara la Circular 2/2015 de la Fiscalía General del Estado, en el apartado 6.3.7.2, al indicar que «el subtipo sería aplicable tanto a la producción como a la difusión, pues en ambos casos antijuricidad y culpabilidad presentan una especial intensidad». El precepto menciona expresamente que el responsable de las conductas agravadas tenga con la víctima dicha relación especial o abuse de su posición respecto a ella, por lo que no creo posible aplicarlo si no es así (tampoco como partícipe de quien sí tiene esa relación especial). Otra cuestión es que el material lo elabore otra persona sin esa relación y quien sí la tiene financie o se lucre con esas actividades, o difunda el material.

241. Hace alusión a que las reservas al respecto se realizan con más razón en este caso, ORTS BERENGUER, E. (2022), *op.cit.*, pág. 280.

242. Esta alusión a que ya tenemos en nuestro código la agravante de reincidencia la realiza la Circular 2/2015 de la Fiscalía General del Estado en este caso (apartado 6.3.7.2), aunque curiosamente no lo hace en los otros.

aplicar la regla del art. 66.1.5ª para la multirreincidencia, en su caso. Una vez más, da la sensación de que el legislador se ha dejado llevar por los estereotipos en torno a estas conductas y a la idea de que los autores suelen ser reincidentes intratables, algo que, como se ha visto en este trabajo, la investigación empírica no ha confirmado.

Para terminar el recorrido por las distintas circunstancias de agravación que se prevén para las conductas relacionadas con pornografía ilícita, cabe mencionar la hiperagravación del art. 189.3, a la que ya se ha hecho referencia anteriormente respecto a las cuestiones concursales cuando el uso de violencia da lugar a otros delitos. Esta circunstancia se aplica, como ya se ha indicado, cuando se cometen con violencia o intimidación las conductas de captación y utilización de los sujetos para fines o en espectáculos exhibicionistas o pornográficos, o para elaborar material pornográfico (art. 189.1 pfo. 1º a), imponiendo la pena superior en grado a la que corresponde al tipo básico (prisión de 1 a 5 años) o de los tipos agravados del apartado 2 (prisión de 5 a 9 años). La Directiva de 2011 señalaba que se debían agravar las conductas en las que se hubiese empleado violencia grave (art. 9.g), algo que ya quedaba colmado con la agravación del art. 189.2.b (aunque no se exige el elemento de gravedad, como ya se ha indicado). Por otro lado, en el art. 4.3 (entre las «infracciones relacionadas con la explotación sexual») la Directiva indicaba que, cuando se hubiera empleado coacción, fuerza o amenazas para que el menor participase en espectáculos pornográficos, se debían prever penas de una duración máxima de al menos 5 años (para víctimas con edad de consentimiento sexual) y 8 años (para las que no la hubieran alcanzado). La previsión del art. 189.3 excede, sin embargo, lo indicado por la Directiva, no solo en cuanto al marco penológico y a la ausencia de distinción entre edades, sino también porque se refiere a cualquiera de las conductas del art. 189.1 pfo.1º a), donde se incluyen también las de elaboración del material pornográfico, que entiendo deberían quedar excluidas, ya que la propia Directiva las incluye en otro artículo y con otras consecuencias (artículo 5.6, entre las «infracciones relacionadas con la pornografía infantil») y en el apartado referido al uso de violencia o intimidación solo menciona la participación en espectáculos pornográficos. En cualquier caso, la hiperagravación no podrá aplicarse junto con el subtipo agravado de uso de violencia para la obtención del material, aunque sí sería compatible con la representación de escenas de violencia, cuando se haya amenazado al sujeto para que participe en la elaboración del material y además se representen escenas de violencia sexual en el mismo.

8.4. MENORES DE EDAD INFRACTORES EN CONDUCTAS RELATIVAS A PORNOGRAFÍA INFANTIL Y OTRAS CERCANAS

Como se ha puesto de manifiesto desde el principio, este trabajo se enmarca en un proyecto de investigación centrado en analizar las situaciones de desprotección de los menores de edad desde una perspectiva crítica y amplia, que aborde también los efectos colaterales de una regulación penal que supuestamente se dirige a proteger a estos sujetos frente a conductas cometidas por personas adultas, tal como indican las instituciones supranacionales. Como se ha ido mostrando en estas páginas, sin embargo, las estrategias públicas adoptadas tienen ramificaciones perversas que acaban provocando una intervención punitiva especialmente relevante en sujetos menores de edad, por un lado, y centrando los esfuerzos en conductas que no tienen la gravedad suficiente, situándose en ocasiones fuera de los límites de un Derecho penal garantista y dando lugar a que no se aborde de manera correcta el control y sanción de las conductas más graves, tales como las que se dan en contextos de delincuencia organizada o en situaciones de especial vulnerabilidad para los menores por encontrarse en instituciones de protección o de justicia juvenil.

Siguiendo con la misma línea analítica que se ha mantenido en este trabajo, para terminar, se van a abordar a continuación los aspectos problemáticos que plantea la regulación penal de la pornografía infantil cuando son los propios menores de edad quienes realizan conductas que pueden sancionarse penalmente, en ocasiones por un exceso en la intervención punitiva incongruente con la *ratio legis* de la normativa, o porque no se ha previsto de manera adecuada que precisamente los adolescentes, por sus peculiares características conductuales en el ámbito afectivo sexual y su relación con las nuevas tecnologías, realizan estas conductas u otras cercanas con relativa normalidad.

8.4.1. La comisión por menores de edad de conductas relacionadas con material pornográfico

Ya se han tratado en este trabajo las cuestiones relacionadas con el bien jurídico protegido tanto en los delitos sexuales, en general, como en los relacionados con pornografía ilícita en particular, poniendo de manifiesto las opiniones doctrinales que desde un principio se mostraban en contra de considerar que el bien jurídico en los delitos cometidos sobre menores de edad debía ser en todo caso la indemnidad sexual[243]. Dicha concepción de una infancia y adolescencia sin libertad de tomar decisiones en el ámbito sexual se aleja del conocimiento científico sobre la capacidad de comprender las consecuencias de sus actos[244], ade-

---

243. Así, DÍEZ RIPOLLÉS, J.L. (1982), *op.cit.*, págs. 163 y ss., respecto a los delitos de exhibición de pornografía infantil entre menores, en la medida en que se les involucra en un contexto sexual sin su consentimiento; TAMARIT SUMALLA, J.M. (2002), *op.cit.*, pág. 60, por considerar que «la indemnidad e intangibilidad adolecen de contenido autónomo respecto de otros intereses, como los que se encuentran tras las ideas de moral sexual, libertad sexual o salud psíquica del menor», y entendiendo que tampoco cabría plantearlos como delitos de peligro abstracto para la salud psíquica salvo que efectivamente pudiera existir ese riesgo a través de los arts. 147 y ss., mostrándose muy crítico con la espiritualización de los bienes jurídicos en los delitos de producción y difusión de material ficticio, en los que parece protegerse la dignidad de la infancia o una concreta moral sexual. Más extensamente, ver notas 76 y 77.

244. Ver nota 122.

más de ser incongruente con lo establecido en otros ámbitos jurídicos o en la propia legislación penal[245].

La presunción de falta de capacidad del menor en el ámbito sexual genera, en este sentido, notables incoherencias sistemáticas. Así, mientras que en los delitos de agresión sexual dicha presunción se establece por debajo de los 16 años, en los delitos vinculados a la prostitución y a la pornografía infantil se extiende hasta los 18, incluso en casos en los que el menor supuestamente protegido no se ha visto realmente afectado por los hechos, como ocurre en las modalidades de pornografía simulada.

Además, se producen consecuencias problemáticas cuando el propio menor participa de forma libre y voluntaria en la conducta. En tales casos, pese a que a partir de los 14 años podría exigirse responsabilidad penal con carácter general, la propia lógica del sistema (que no reconoce capacidad hasta los 16) debería conducir a la exclusión de culpabilidad, algo que debería operar en un número significativo de delitos de pornografía infantil en los que, sin embargo, como se analizará a continuación, no resulta aplicable la cláusula de exclusión prevista en el art. 183 bis. Estas tensiones evidencian las dificultades para armonizar la protección penal de los menores con una valoración coherente de su capacidad de autodeterminación y de imputación penal.

Por otro lado, las sucesivas elevaciones en la edad de consentimiento sexual en el código penal de 1995 (12, 13 y actualmente 16 años), en la mayoría de los casos sin posibilidad de valorar cada situación concreta atendiendo al tipo de conducta sexual, ponen de manifiesto la brecha existente entre la realidad de inicio de la actividad sexual y las decisiones político-criminales. Así, los datos indican que la mayoría de los adolescentes comienzan su actividad sexual entre los 14 y 15 años (19,5% y 29,8%, respectivamente)[246].

Precisamente partiendo de esa visión de la delincuencia sexual como una afección a la indemnidad o dignidad de la infancia, desvinculada de la realidad del desarrollo afectivo sexual de los adolescentes, surge la decisión del legislador de extender la protección en los delitos relacionados con pornografía infantil a todos los menores de edad, es decir, por debajo de 18 años (sin distinción, salvo para agravar las conductas sobre los menores de 16), a diferencia de lo que sucede con las personas con discapacidad necesitadas de especial protección,

---

245. Así, en otros delitos no se establece una edad concreta para prestar consentimiento y se utiliza el criterio de la capacidad natural de juicio que, por ejemplo, en el ámbito civil o en la toma de decisiones en el ámbito médico se suele situar en torno a los 12 años.

246. GONZÁLEZ TASCÓN, M.M. (2022), *op.cit.*, págs. 116 y ss., y 121 a 126, según el estudio de la Organización Mundial de la Salud (*Health Behaviour in School-aged Children*), siendo 16 años la edad de inicio para el 28% de los encuestados y representando la edad de 17 y 18 años solo el 15,3% de las respuestas (han iniciado su actividad sexual entre los 12 y los 13 años el 8,1% de la muestra). Cuando se les pregunta por relaciones sexuales distintas al coito, solo el 15% entre los 13 y los 19 años no las ha tenido. Todo ello pone de manifiesto, según la autora, que la exclusión de la toma en consideración de la capacidad de los menores para decidir en este ámbito por debajo de los 16 años, es fruto de ideas preconcebidas que a menudo no se corresponden con la realidad, llamando la atención sobre el hecho de que el Derecho penal debería funcionar como garante de la autorrealización de los menores de edad.

respecto a las que se valora en cada caso concreto si tienen o no capacidad natural de tomar decisiones.

La tipificación de conductas cercanas a las de pornografía, como las de los arts. 183 (solicitud de material pornográfico a través de medios tecnológicos) y 197.7 (difusión no consentida de contenidos íntimos previamente compartidos por la persona afectada), sin excluir a los menores de edad como posibles infractores, plantea incoherencias que solo pueden resolverse en vía judicial, como se verá en el siguiente apartado, y no sin dificultad en muchos casos.

Para empezar, es fácil que un adolescente mayor de 14 años que navega por internet y se ve atraído por determinados contenidos sexuales, fruto de la curiosidad y del interés propio de su momento evolutivo, se vea involucrado en la comisión de las conductas relacionadas con el consumo de material pornográfico del art. 189.5, ya sea en las modalidades de posesión, acceso o, incluso, adquisición. Además, teniendo en cuenta la interpretación que se hace de la difusión, también se daría en muchos casos la conducta del art. 189.1 pfo. 1º b).

Por lo que respecta a las conductas en las que es el propio menor (mayor de 16 años, esto es, con capacidad de consentimiento sexual) quien produce material pornográfico en un contexto privado y decide compartirlo con otras personas, nada impediría exigirle responsabilidad penal en la medida en que, como ya se vio en el capítulo 6, el legislador español decidió no excluir del art. 189 los casos en los que el material se elaboraba para consumo privado sin riesgo de difusión. Además, aunque el art. 197.7 solo sanciona el comúnmente llamado *sexting* secundario, es decir, la difusión no consentida de contenidos privados obtenidos con consentimiento, en caso de que quien envíe las imágenes propias sea un menor de edad (incluso por encima de 16 años), si se sancionan como elaboración y difusión de pornografía infantil, se estaría produciendo la tipificación encubierta de conductas de *sexting* primario.

Por último, resulta especialmente interesante la tipificación del llamado embaucamiento de menores del art. 183.2 (solicitar a un menor de 16 años, por medios tecnológicos, material pornográfico[247] o imágenes pornográficas en las aparezca o se represente un menor, es decir, propias o de un tercero), ya que implica asimismo la realización por parte del menor de una conducta del art. 189 (ya sea de elaboración y difusión, si las imágenes son propias, o de producción y/o difusión si son de otro menor).

Afortunadamente, algunos de los efectos que se generan con la tipificación de estas conductas se pueden mitigar en sede judicial, como se analizará a continuación, pero habría sido preferible que el legislador las hubiera previsto con fórmulas para evitar que delitos que nacen de la necesidad de proteger a los

---

247. VILLACAMPA ESTIARTE, C. (2015), *op.cit.*, págs. 192 y ss., critica que el tipo no se limite a pornografía infantil sino que integre «cualquier material pornográfico», lo que implica ir más allá de lo que abarca el propio precepto que castiga las conductas relacionadas con pornografía (art. 189) y que, estando configurado como un acto preparatorio del art. 189 tenga más pena que la que correspondería a una tentativa del propio art. 189, que habría sido suficiente para cumplir con las exigencias de la Directiva de 2011.

menores de edad frente a algunas conductas realizadas por adultos, acaben teniendo una repercusión nada desdeñable en los propios menores de edad.

8.4.2. Elementos para una posible exclusión o atenuación de la responsabilidad penal en las conductas relacionadas con pornografía infantil

Si bien en el caso de los delitos relacionados con pornografía infantil, buena parte de los problemas planteados en el apartado anterior se podrían haber evitado excluyendo del objeto material aquellos contenidos elaborados de manera libre por los propios menores con edad de consentimiento sexual, o en los que apareciesen dichos menores de manera consentida[248], esa no es la tendencia que parece imperar en el ámbito supranacional ni, por supuesto, a nivel interno.

En el capítulo dedicado a las agresiones sexuales a menores de 16 años, se ha incluido una cláusula de exclusión de responsabilidad en el art. 183 bis cuando las conductas se producen de manera consentida entre sujetos de edad y desarrollo o madurez física y psicológica próximas, siempre que no concurran medios comisivos que puedan indicar que el consentimiento no es válido (violencia, intimidación o abuso de una situación de superioridad o de vulnerabilidad de la víctima, incluidas la privación de sentido, situación mental o voluntad anulada)[249]. Sin embargo, dicha cláusula solo es aplicable a los delitos previstos en el Capítulo II y, por lo tanto, no es posible su aplicación directa a las conductas del art. 189, pero sí a las del art. 183 que, como se ha indicado, es una especie de acto preparatorio o tentativa de la conducta de acceso o adquisición de material pornográfico para quien solicita el material, pero también puede ser una forma de elaboración y difusión de material pornográfico para el menor a quien se le solicita y lo prepara para enviarlo (especialmente si el material que se dispone a enviar no es propio sino de un tercero).

En la doctrina[250] hay quien considera que una de las incoherencias de la extensión a autores menores de edad del tipo de embaucamiento para conseguir material pornográfico, es precisamente el propio concepto de embaucamiento,

248. BAUER BRONSTRUP, F. (2018), *op.cit.*, pág. 241, hace una propuesta de objeto material en la que solo se castiguen conductas realizadas por adultos en las que realmente se involucre a los sujetos que deben ser protegidos y que, por tanto, se excluya «a. el material producido por un menor de edad, que retrate imágenes o vídeos pornográficos de sí mismo o de otro menor con quien mantuviere relación de intimidad, desde que no sean posteriormente distribuidos o utilizados indebidamente por terceros; b. el material producido en un contexto familiar y sin ánimo lascivo».

249. De nuevo se pone aquí de manifiesto la incoherencia de privar de la capacidad de consentir a los menores de edad con 16 años cumplidos en determinadas conductas sexuales (prostitución y pornografía infantil), mientras que se hace referencia al «libre consentimiento» de los menores de 16 para excluir la responsabilidad penal en delitos de agresiones sexuales.

250. FERNÁNDEZ CABRERA, M. (2024), op.cit., págs. 98 y ss. RAMOS VÁZQUEZ, J.A. (2021): «La cláusula Romeo y Julieta (art. 183 quater del Código penal) cinco años después. Perspectivas teóricas y praxis jurisprudencial», en *Estudios Penales y Criminológicos*, n° 41, 2021.

que implicaría una asimetría entre autor y víctima, algo que no se da normalmente cuando el sujeto activo es también menor de edad o incluso es mayor de edad pero con una capacidad de culpabilidad menor de la de un adulto maduro (por ejemplo, si es menor de 21 años o incluso de 25) y no existe mucha diferencia de edad entre ambos. De esta forma, no sería necesario llegar a la aplicación de la cláusula de exclusión de responsabilidad (que quedaría a la decisión del juez o tribunal) para no aplicar el delito de embaucamiento, sino que la propia definición de embaucar dejaría fuera estos supuestos en los que la conducta típica no consiste en «encandilar» o prevalerse «de la inexperiencia o del candor del engañado». Estando de acuerdo con este argumento, se hace preciso apuntar, que en realidad el legislador español ha traspuesto la directiva de 2011 usando una terminología que no se corresponde con la verdadera intención del legislador europeo, esto es, sancionar conductas consistentes en que un adulto proponga a un menor de edad un encuentro para cometer un delito de abuso sexual o utilizarle para producir material pornográfico (art. 183.1), o aquellas en que un adulto solicite a un menor que le envíe material pornográfico o imágenes pornográficas en las que aparezca cualquier menor (art. 183.2). En este sentido, si bien la versión en español de la Directiva usa el término embaucar para la conducta en la que el adulto consigue que el menor le envíe material pornográfico en el que aparezca dicho menor (no otros menores, como el legislador español ha incluido también, dando lugar a problemas concursales importantes), en la primera de las conductas (proponer un encuentro) no utiliza dicha terminología[251]. En realidad, cuando se consultan las versiones inglesa, francesa y alemana de la Directiva, en ninguna de ellas se incluye esa acepción que conlleva el término «embaucar» y que implicaría el uso de los términos *to dupe, duper* o *betrüger*, respectivamente, sino que se describe la conducta con verbos más cercanos a solicitar, proponer o contactar para conseguir material pornográfico en el que aparezca el propio menor (concretamente, se usan los términos *to solicitate, solliciter* y *aufnahmen*). En consecuencia, no parece que la intención del legislador europeo haya sido limitar los casos del apartado 2º a aquellos en los que se haya producido una conducta de engaño, seducción o aprovechamiento de la inocencia del menor (lo que implica embaucar), sino que, si la traducción se hubiera realizado correctamente, estarían sin duda incluidos los casos en los que no hay tal elemento. En cualquier caso, al margen de esta clara y sorprendente confusión terminológica, considero que afecta al principio de legalidad no exigir que la conducta del sujeto activo en el apartado 2º sea engañosa, es decir, de embaucamiento, y por lo tanto, se estará vulnerando dicho principio si se aplica el tipo en aquellos casos en los que no existe tal engaño, algo que ocurre cuando el sujeto pasivo envía imágenes con contenido sexual de manera libre y sin que haya habido una previa seducción engañosa. Por otra parte, aunque se haya producido fruto de una de-

---

251. Pone de manifiesto este error, MALDONADO GUZMÁN, D.J. (2019): «Los contactos con menores de edad a través de las TIC con fines sexuales: del (mal denominado) delito de "grooming" a las creencias erróneas sobre el fenómeno», en RODRÍGUEZ MESA, M.J. (2019), *Pederastia. Análisis jurídico-penal, social y criminológico*, Ed. Aranzadi, págs. 467 y ss.

fectuosa traducción en la versión española de la Directiva, la consecuencia directa es que el legislador español ha incluido en esta conducta requisitos más estrictos que los que aquella apuntaba y, por lo tanto, el tipo en el código penal español resulta menos expansivo que lo que se exigía y lo que probablemente se ha transpuesto en otros países.

En cualquier caso, respecto a las situaciones anómalas que se pueden dar si son los propios menores de edad los que realizan conductas de autoría o participación en comportamientos sexuales relacionados con los delitos de difusión de material pornográfico propio o de otros menores, se hace preciso analizar ciertos elementos con más detenimiento, respecto a la posibilidad de aplicación de la cláusula de exclusión de responsabilidad del art. 183 bis o de otras alternativas que permitan atenuar o excluir la responsabilidad del menor (o incluso del adulto joven). Como ya se ha indicado, esta cláusula introduce un criterio mixto (cronológico y biopsicosocial) que permite dar validez al consentimiento del menor de edad a partir de los 16 años[252]. Por lo que respecta al requisito de la simetría en la edad, la jurisprudencia suele aplicar esta cláusula cuando la diferencia no supera los 5 o 6 años, la aplica excepcionalmente por no darse la proximidad de edades cuando está entre 6 y 9 años, y no la aplica por encima de 10 años[253]. Así, según interpreta la Fiscalía General del Estado, para los delitos del Capítulo II, se proponen tres situaciones distintas respecto a las edades entre sujetos: una protección absoluta frente a estas conductas para impúberes y, por tanto, imposibilidad de aplicar la cláusula como regla general; una protección intensa desde el inicio de la pubertad hasta la primera fase de la adolescencia (aproximadamente los 13 o 14 años), de manera que el autor no debería tener más de 18 años; y

---

252. Si bien, tal como establecía la STS 411/2006 de 18 de abril, existía una presunción *iuris et de iure* de que el menor de 13 años no tiene capacidad para consentir en el ámbito sexual, la Circular 1/2017, de 6 de junio, de la Fiscalía General del Estado, sobre la interpretación del art. 183 quater del Código Penal, indica que la posterior reforma de 2015 establece una presunción *iuris tantum* de falta de capacidad para consentir de los menores de 16 años, por lo que sería posible dar validez al consentimiento y, por tanto, enervar dicha presunción, si se acredita la madurez del menor y la proximidad en grado de madurez y edad, es decir, la ausencia de asimetría de edades entre ambos sujetos. Se sigue así el mismo criterio ya apuntado en la Circular 9/2011, de 16 de noviembre, sobre criterios para la unidad de actuación especializada del Ministerio Fiscal en materia de reforma de menores. La Circular 1/2017 hace referencia también a la posibilidad de aplicar una atenuante analógica, incluso cualificada, cuando concurra el consentimiento pero no se den totalmente los requisitos de cercanía en edad y grado de desarrollo o madurez. La reforma posterior de 2022, se refiere expresamente a los delitos tipificados en el Capítulo II, excepto aquellos en los que concurra alguna de las circunstancias del art. 178.2 y exige que se den los dos requisitos de cercanía en desarrollo o madurez física y psicológica (algo que no mencionaba expresamente antes de 2022), es decir, introduce 3 parámetros de simetría, además del consentimiento: edad, desarrollo o madurez física y desarrollo o madurez psicológica, en lugar de los 2 existentes tras 2015 (edad y desarrollo o madurez).

253. RAMOS VÁZQUEZ, J.A. (2021), *op.cit.*, pág. 337, tras analizar sentencias de Audiencias Provinciales en las que se ha planteado la aplicación de la cláusula hasta el momento del estudio. CHAVEZ-CAROU, M. (2023): La «cláusula Romeo y Julieta» tras la entrada en vigor de la Ley Orgánica 10/2022, de 6 de septiembre, de Garantía Integral de la Libertad Sexual», en MARTÍNEZ CALVO, J. (dir.) *La protección jurídica del menor en el Derecho comparado*. Editorial Prensas de la Universidad de Zaragoza, págs. 523-541.

la posibilidad de aplicar la cláusula cuando el menor tiene 14 o 15 años si el autor tiene hasta 20 o 21 años, excepcionalmente hasta 24, siempre que se den los requisitos de simetría de desarrollo o madurez[254].

Dado que no es posible aplicar la cláusula del art. 183 bis a los delitos relativos a pornografía, cabe plantearse si se sería posible hacerlo de manera analógica (aplicable a cualquier otro delito del Título VIII)[255] cuando se den sus requisitos, en la medida en que entiendo que se trata de una causa de atipicidad[256] y que, por tanto, daría plena validez al consentimiento del menor en esas condiciones de simetría respecto al sujeto activo en edad y grado de desarrollo o madurez, admitiendo su capacidad de disponer de su bien jurídico libertad sexual. Al ser aplicable la cláusula también al delito del art. 182 (hacer presenciar al menor de 16 años actos de carácter sexual aunque el autor no participe en ellos) se está dando validez al consentimiento más allá de los criterios de simetría, en la medida en que los actos de carácter sexual que presencie no tienen por qué darse entre personas de similar edad y desarrollo o madurez a las suyas, ya que la cláusula del art. 183 bis solo la exige respecto al autor (lo que en este delito concreto tampoco tiene demasiado sentido). Ello implica que los mismos elementos se estarían dando en el caso de la conducta de producción de material pornográfico para uso personal de otra persona en la que se den los requisitos de simetría. Por tanto, nada impide su aplicación analógica, ya que además se dan los requisitos establecidos por el Tribunal Supremo (SSTS 516/2013, de 20 de junio, 945/2013, de 16 de diciembre, y más recientemente 672/2022, de 1 de julio, entre otras)[257], es decir, la conexión de los elementos definidores del tipo penal que

---

254. Circular 1/2017 de la Fiscalía General del Estado, págs. 9 y 10, y 15

255. CHAVEZ-CAROU, M. (2023), *op.cit.*, págs. 528 a 530. RAMOS VÁZQUEZ, J.A. (2021), *op.cit.*, pág. 316. GONZÁLEZ AGUDELO, G. (2021): *La sexualidad de los jóvenes: Criminalización y consentimiento*. Tirant Lo Blanch, pág. 146.

256. RAMOS VÁZQUEZ, J.A. (2021), *op.cit.*, págs. 312 y 313. En el mismo sentido, la STS 626/2022, que también considera que el legislador de 2015 ha querido situar «fuera de los márgenes del tipo» las conductas sexuales en las que el menor entre 13 y 16 años ha tomado una decisión consciente y voluntaria, pues lo contrario habría implicado dar «la espalda a una realidad estadística» y criminalizar de manera indiferenciada esta clase de relaciones. FERNÁNDEZ CABRERA, M. (2024), *op.cit.*, págs. 176 y ss., dados los problemas que presenta el bien jurídico en estos delitos, especialmente en los casos de posesión de pornografía, propone algunos criterios de concreción que acompañen al de protección de bienes jurídicos, similares a los que se vienen aplicando de manera ya consolidada, por ejemplo, en el caso de la posesión para el consumo compartido en el delito de promoción de consumo de drogas (aunque en opinión de la autora, en este caso lo conveniente sería que dichos criterios se incorporaran a los textos normativos, dotando de seguridad jurídica este ámbito especialmente delicado sobre todo cuando recae sobre posibles autores menores de edad).

257. Recientemente, sin embargo, la STS 930/2022 ha considerado que la reforma llevada a cabo en 2022, que elimina la diferencia entre abusos y agresiones sexuales, implica que no se puede considerar que la agresión se ha llevado a cabo de manera consensuada, por lo que faltaría el elemento esencial del consentimiento. Además, considera el tribunal que no se prevé un «espacio intermedio entre la total responsabilidad y la total irresponsabilidad» y por tanto no es posible aplicar una circunstancia atenuante por analogía, al no encontrarse el actual art. 183 bis antes del art. 21.7 que prevé dicha aplicación. Al margen de la incongruencia que supone, a mi modo de ver, esta interpretación, tras la reforma de 2023, sin embargo, que hace alusión expresa a la exclusión de las conductas

hayan servido para su inclusión en el código penal, y que suponga la razón de ser de la incriminación o esté directamente relacionada con el bien jurídico protegido. En efecto, en el caso de los delitos relacionados con menores de edad del Título VIII, la *ratio* incriminatoria es la afección al bien jurídico indemnidad sexual, al menos desde el punto de vista de la propia rúbrica del código (hasta 2022, pero en opinión de la mayoría de la doctrina todavía ahora) y de la jurisprudencia[258]. Así, dado que también en el caso de los delitos relacionados con la elaboración de material pornográfico en los que el menor acepta participar, el bien jurídico es la indemnidad sexual, se mantendría el fundamento de la aplicación por analogía de la cláusula del art. 183 bis, en especial cuando dicho material se va a limitar a un consumo privado. Sin embargo, en caso de tratarse de una conducta de difusión de dicho material, aunque el consentimiento del menor también debería tener relevancia, en la medida en que su madurez le permita entender las consecuencias de prestarse a participar en dicha conducta[259], faltarían los parámetros de simetría debido a que los posibles sujetos a los que se difundiera el material podrían ser adultos mucho mayores que el menor[260]. En los casos en los que el menor no participa activamente en la elaboración del material y solo se usa su imagen manipulada, no se estaría vulnerando su indemnidad sexual, sino más bien su imagen, su intimidad o su honor, o una determinada moral sexual o la incolumidad o dignidad de la infancia como un colectivo, de manera que sería difícil aplicar la eximente por analogía del art. 183 bis, partiendo de ese mismo argumento de la ratio de la incriminación o de la iden-

---

del art. 178.2 de la aplicación del art. 183 bis, entiendo que de nuevo es posible aplicar la cláusula en esos casos y que, además, nada impide su aplicación por analogía, tal como venía interpretando la jurisprudencia anteriormente.

258. Como ya se ha expuesto anteriormente, no así en opinión de una parte de la doctrina, entre quienes me incluyo, que nunca ha aceptado que sea ese el bien jurídico protegido en todos los casos, entendiendo que se protege también la libertad sexual en la mayoría de ellos, en especial a partir de cierta edad que debería situarse muy por debajo de los 16 años.

259. En ese sentido, de acuerdo con DÍAZ CORTÉS, L.M. (2017), *op. cit.*, págs. 71 a 73, quien siguiendo a Hirsch, a partir de los *mediating principles* del Derecho anglosajón, critica la invasión de la vida privada de los menores con edad de consentimiento sexual que supondría no reconocerles su libre expresión en un contexto privado respecto a la posible comisión del delito del art. 189.1 cuando graban imágenes pornográficas de sí mismos y las envían a otras personas, aunque según indica la autora no se ha aplicado tal criterio por los tribunales (pág. 79). Al margen de que también la Fiscalía General del Estado en su Circular 2/2015 considera que los casos de sexting primario entre menores que tengan cumplidos los 16 años no llegarían al mínimo exigible de antijuridicidad material cuando no exista riesgo de difusión a terceros, considero que sancionar la producción de material pornográfico en el que intervengan de manera voluntaria menores de 16 y 17 años atenta no solo a su libertad sexual, sino también a su libertad de expresión, además de constituir un obstáculo al ejercicio del derecho a la vida privada reconocido en el art. 8 de la Convención Europea de Derechos Humanos. Pone de manifiesto la necesidad de una revisión del tratamiento de estas conductas por el legislador, al ser evidentes las incongruencias o, al menos, la falta de claridad en los criterios adoptados, DE LA MATA BARRANCO, N. (2019): «Tratamiento legal de la edad del menor en la tutela penal de su correcto proceso de formación sexual», en *Revista Electrónica de Ciencia Penal y Criminología*, 21-20 (2019), págs. 1-70.

260. No sucedería lo mismo si el material se difunde solo entre menores cercanos en edad y desarrollo o madurez.

tidad del bien jurídico protegido, aunque cabría valorar si en ese caso bastaría con su consentimiento válido, equivalente al exigido en otros lugares, es decir, como mera capacidad natural de juicio, para excluir la responsabilidad penal.

Al margen de la eventual exclusión de la tipicidad (por ausencia de lesión al bien jurídico si se le da eficacia al consentimiento del menor de edad maduro en ciertos comportamientos menos graves) o de la aplicación analógica de la cláusula de exclusión de responsabilidad prevista en el art. 183 bis a otros supuestos, no debe perderse de vista que, tanto en el caso de los menores de edad sometidos al régimen de la LO 5/2000 de responsabilidad penal del menor, como en el de los jóvenes adultos en el ámbito del código penal, es imprescindible llevar a cabo una valoración de su culpabilidad de manera individualizada. Ello implica que, más allá de la mera referencia a la edad, puedan concurrir supuestos de inimputabilidad derivados de circunstancias personales concretas, pero, sobre todo, adquiere especial relevancia la posibilidad de aplicar el error de prohibición, habida cuenta de la posible falta de conocimiento o de cognoscibilidad sobre la relevancia penal de determinadas conductas relacionadas con la pornografía, normalizadas en algunos casos en estas edades[261]. Asimismo, no puede descartarse la apreciación de supuestos de inexigibilidad de otra conducta, especialmente en contextos marcados por la presión del grupo (que puede ser muy intensa en el ámbito de las redes sociales), característica de estas etapas evolutivas[262].

En definitiva, como se ha puesto de manifiesto en estas páginas, para cualquier sujeto pero especialmente cuando quienes realizan estas conductas son menores de edad con capacidad natural de juicio o adultos jóvenes, la tipificación extensiva de las conductas relacionadas con la pornografía infantil plantea serias dificultades desde una perspectiva dogmática y de política criminal. La inclusión indiscriminada de comportamientos muy heterogéneos (como el consumo priva-

---

261. Ver nota 122. Analiza todas las posibilidades en el ámbito del error de prohibición, CRUZ MÁRQUEZ, B. (2011): «Presupuestos de la responsabilidad penal del menor: una necesaria revisión desde la perspectiva adolescente», en *Anuario de la Facultad de Derecho de la Universidad Autónoma de Madrid*, n.º 15, págs. 262 y 263, tales como «1) La especial complejidad de la norma penal o su lejanía respecto del entorno vital del menor (…). 2) La concurrencia de un error de prohibición indirecto (…), dada la reducida capacidad del menor y del joven tanto para valorar la globalidad, como para percibir y estimar otras posibilidades de actuación distinta a la que se presenta como más fácil e inmediata (…). 3) La presencia de una situación de conflicto cultural, cuando la educación en una cultura distinta a la de la comunidad mayoritaria, hayan impedido conocer o comprender el significado de la norma infringida (…)». Así, la autora considera, entiendo que con razón, que se pueden dar errores de prohibición parciales cuando «el bien jurídico protegido tenga naturaleza colectiva y su lesión venga dada a través de otro de naturaleza individual, perteneciendo únicamente este último al mundo de representaciones del menor», ya que, como indica la autora, a menudo sucede que el conocimiento de la relevancia penal de una conducta se produce cuando el menor se ve confrontado con el sistema de control social formal.

262. *Ibid.*, pág. 263, añade los casos en que se ha producido la participación en el delito de algún miembro de la familia o cuando el menor tiene un «déficit en el desarrollo de sus *habilidades cognitivas y sociales* necesarias para la comprensión de la norma penal y su cumplimiento». Sobre la posibilidad de aplicar una causa de inexigibilidad a menores que cometen estas conductas, ver nota 122 de este trabajo.

do de determinados materiales sin riesgo de difusión, o aquellos en los que el menor implicado supera la edad de consentimiento sexual), conduce a una respuesta penal que desatiende la complejidad de las situaciones reguladas y revela una falta de consideración hacia la autonomía progresiva de los adolescentes y la realidad de los procesos de maduración personal y sexual. La decisión de no aprovechar los márgenes de flexibilidad que ofrecía la Directiva 2011/93/UE, que permitía excluir de la sanción penal a los mayores de 16 años en contextos de consumo estrictamente privados, ha generado importantes incongruencias sistemáticas, especialmente cuando estos delitos se ponen en relación con figuras próximas como el *sexting* o el llamado embaucamiento de menores.

Estas incoherencias podrían haberse evitado mediante soluciones normativas más respetuosas con los principios del Derecho penal. Entre ellas, cabría mencionar la exclusión expresa de los mayores de 16 años del ámbito de aplicación del Capítulo V (o al menos de las conductas menos graves)[263], la adopción de un concepto restrictivo de pornografía infantil (similar al empleado en el ámbito de las personas con discapacidad) o la extensión de la cláusula de exclusión de responsabilidad del art. 183 bis a todos los delitos del Título VIII en que se diesen sus requisitos[264]. La ausencia de tales mecanismos refuerza la impresión de que la regulación vigente responde más a una lógica simbólica y expansiva que a una reflexión ponderada sobre la necesidad, proporcionalidad y coherencia de la intervención penal.

---

263. FERNÁNDEZ CABRERA, M. (2024), *op.cit.*, pág. 177, propone incluir en la LO 5/2000, de responsabilidad penal del menor, una cláusula de inaplicación de delitos que hayan sido incluidos en el Código penal pensando en que se apliquen solo a adultos. En el ámbito concreto de los delitos sexuales, esto se debería aplicar a los arts. 181, 182, 183, 185, 186 y 189.5. Estando de acuerdo con la autora, considero que esta solución debería ser aplicable también a los jóvenes adultos, algo que solo sería posible si se incluye en el Código penal o si se reactiva la cláusula del art. 69 CP, de aplicación a sujetos entre 18 y 21 años, con la inclusión en la LO 5/2000 de la previsión correspondiente (que tampoco debería exigir algunos de los requisitos que contenía el antiguo art. 4, derogado sin que llegase a entrar en vigor).

264. *Ibid.*, págs. 177 a 179, proponiendo su aplicación si la diferencia de edad no es mayor de 5 años en el caso de los menores de 13 años, y pudiendo llegar a 8 años para los mayores de esa edad.

9. REFLEXIONES FINALES

El análisis crítico de la regulación de los delitos relacionados con la pornografía infantil que se acaba de concluir, pone de manifiesto que la respuesta del legislador (tanto a nivel supranacional como a nivel interno) refleja la opción por una expansión punitiva poco sensible a la diversidad de situaciones que concurren en la práctica y a las exigencias básicas de coherencia del sistema penal. La ampliación progresiva del objeto material, de las conductas típicas y de los sujetos implicados ha diluido los contornos de la intervención penal, dificultando la identificación clara del bien jurídico protegido y favoreciendo que, en ocasiones, se dirijan los esfuerzos a supuestos que no implican una explotación sexual real de los sujetos que deberían protegerse.

Esta opción normativa resulta especialmente problemática cuando se proyecta sobre menores de edad con capacidad natural de juicio y sobre jóvenes adultos, cuyas conductas (a menudo leves y vinculadas al consumo privado) reciben un tratamiento penal que ignora su grado de madurez, su autonomía progresiva y la realidad de las prácticas que suelen llevar a cabo en contextos tecnológicos y redes sociales. La intensa vinculación a las directrices supranacionales y, sin embargo, la decisión de no hacer uso de los márgenes de flexibilidad que estas permiten, así como la ausencia de mecanismos normativos claros de exclusión de responsabilidad en algunos casos o de delimitación restrictiva del concepto de pornografía infantil, ha generado importantes disfunciones que se han puesto de manifiesto en estas páginas.

A ello se suma la necesidad de prestar mayor atención a la aplicación práctica de las agravaciones previstas para las formas más graves de explotación, en particular aquellas que afectan a menores en contextos institucionalizados o que se desarrollan en el seno de redes organizadas. La dificultad para investigar y perseguir estas conductas no puede justificar que los esfuerzos del sistema penal se concentren prioritariamente en comportamientos de menor entidad, más accesibles desde el punto de vista probatorio, pero alejados del fundamento que legitima la incriminación.

Este diagnóstico se ve agravado por la deficiente calidad de la información estadística disponible. La ausencia de datos desagregados y, en algunos casos, la falta de información específica en las principales fuentes oficiales, dificultan gravemente la comprensión real del fenómeno y la evaluación de la eficacia de la respuesta penal. La imposibilidad de distinguir entre conductas de muy distinta gravedad impide conocer con precisión qué comportamientos están siendo efectivamente perseguidos y sancionados y cuáles permanecen invisibilizados.

Desde una perspectiva de política criminal basada en el conocimiento experto, esta carencia de información fiable constituye un problema especialmente grave. La adopción y mantenimiento de decisiones legislativas expansivas sin un conocimiento empírico sólido sobre la incidencia, las características y la gravedad de los comportamientos sancionados contradice los principios que deberían orientar la intervención penal. En este sentido, resulta significativo que la propia Estrategia de Erradicación de la Violencia contra la Infancia y la Adolescencia (EEVIA), aprobada por el Consejo de Ministros el 15 de noviembre de 2022 en cumplimiento de lo previsto en la Ley Orgánica 8/2021, reconozca expresamente la necesidad de mejorar el conocimiento sobre estas situaciones. Entre sus ejes de actuación se incluye de forma destacada la inversión en la mejora de la periodicidad, la calidad, el detalle, la relevancia y la coherencia de los datos, con el objetivo de comprender un fenómeno tan complejo como la violencia contra la infancia y la adolescencia. Solo a partir de un conocimiento empírico más riguroso, como señala la propia Estrategia, será posible mejorar la pertinencia, eficacia y eficiencia de las políticas públicas, visibilizar adecuadamente la vulneración de derechos y diseñar modelos realmente eficaces para prevenir y erradicar estas formas de violencia.

Como se ha confirmado en este trabajo, la tendencia a construir un concepto excesivamente amplio de pornografía infantil provoca una regulación irracional con ámbitos de excesiva intervención y, paradójicamente, lagunas de conocimiento sobre la realidad de comisión de los casos de pornografía en los que realmente hay explotación sexual y sobre la eficacia real de las normas. En concreto, se produce una desatención de los principios de lesividad (no se establece claramente cuál es el bien jurídico protegido, de manera que se construyen estructuras relativas a un difuso bien jurídico colectivo), fragmentariedad (se interviene sobre algunas conductas que no tienen la gravedad suficiente), proporcionalidad (se prevén penas muy altas, para conductas de muy diversa entidad), correspondencia con la realidad (no se conoce la dimensión real del problema y no se sabe si las reformas tienen efecto intimidatorio, es decir, no está clara la realidad de comisión de estos delitos y cómo están funcionando las normas) y subsidiariedad (la conciencia social sobre la instrumentalización de personas, los efectos perjudiciales del consumo de pornografía de un determinado tipo, la educación sexual en menores de edad, etc., son cuestiones que deberían quedar fuera del ámbito penal).

La protección de la infancia frente a la explotación sexual constituye, sin duda, un objetivo irrenunciable; sin embargo, solo puede alcanzarse de forma legítima si se articula a través de un Derecho penal respetuoso con sus propios principios, capaz de distinguir entre conductas verdaderamente lesivas y aquellas que, aun siendo socialmente problemáticas, no justifican la intervención penal.

10. Bibliografía

10.1. REFERENCIAS DOCTRINALES

AEBI, M., PLATTNER, B., ERNEST, M., KASZYNSKI, K. y BESSLER, C. (2014): «Criminal history and future offending of juveniles convicted of the possession of child pornography», en *Sex Abuse. A Journal of Research and Treatment*, vol. 26, nº 4, págs. 375-390.

AGUDO FERNÁNDEZ, E., JAÉN VALLEJO, M., y PERRINO PÉREZ, Á. L. (2020): *Derecho Penal Aplicado: parte especial delitos contra los intereses individuales y las relaciones familiares*. Dykinson.

AGUILERA MORALES, M. (2024): «El nuevo marco europeo contra el abuso sexual de menores y su «incidencia» procesal», en *Revista Española de Derecho Europeo*, 90, abril-junio 2024, págs. 65-87

AGUSTINA, J.R.; GÓMEZ DURÁN, E.L. (2016): «Factores de riesgo asociados al sexting como umbral de diversas formas de victimización. Estudio de factores correlacionados con el sexting en una muestra universitaria», en *Revista de Internet, Derecho y Política*, nº 22, junio 2016, págs. 32-58.

AGUSTINA, J.R. (2010): «¿Menores infractores o víctimas de pornografía infantil? Respuestas e hipótesis criminológicas ante el sexting», en *Revista Electrónica de Ciencia Penal y Criminología*, 12-11 (2010), págs. 1-44.

AJDER, H.; PATRINI, G; CAVALLI, F.; CULLEN, L., (2019): «The State of Deepfakes: Landscape, Threats, and Impact», *Deeptrace*.

ALEXY, E.M., BURGUESS, A.W., PRENTKY, R.A (2009): «Pornography use as a risk marker for an aggressive pattern of behavior among sexually reactive children and adolescents», en *J Am Psychiatr Nurses Assoc.*, enero 2009, 14(6), págs. 442-453.

ALTUZARRA ALONSO, I. (2020): «El delito de violación en el código penal español: Análisis de la difícil delimitación entre la intimidación de la agresión sexual y el prevalimiento del abuso sexual. Revisión a la luz de la normativa internacional», en *Estudios de Deusto*, 68/1, enero-junio 2020, págs. 511-558.

ARBUET OSUNA, C. (2020): «Esbozos para un feminismo antipunitivista», en *Las Torres de Lucca*, vol. 9, nº 17, julio-diciembre 2020.

ARENAS GARCÍA, L., CEREZO DOMÍNGUEZ, A.I., BENÍTEZ JIMÉNEZ, M.J. (2013): «Análisis discursivo de los agentes sociales implicados en la violencia de género», en *Revista Española de Investigación Criminológica*, artículo 4, nº 11, 2013

ARENAS GONZÁLEZ, D.M. (2015): *Técnicas de identificación de la fuente de adquisición en imágenes digitales de dispositivos móviles*, tesis doctoral (Universidad Complutense de Madrid. Dir.: L.J. García Villalba).

ATIENZA, M. (1997): *Contribución a una teoría de la legislación*. Ed. Civitas.

AVILÉS HERNÁNDEZ, E. (2020): «El yihadismo como fenómeno global: análisis de la regulación internacional y su implicación en el código penal español», en *Revista General de Derecho Penal*, n.º 33, págs. 1-53.

BAUER BRONSTRUP, F. (2018): *Los delitos de pornografía infantil. Análisis del art. 189 CP*. Bosch Penal.

BARJA DE QUIROGA, J., RODRÍGUEZ RAMOS, L., RUIZ DE GORDEJUELA LÓPEZ, L. (2022): *Códigos penales españoles. Recopilación y concordancias* (Vols. I y II). Agencia Estatal Boletín Oficial del Estado. Madrid.

BECERRA MUÑOZ, J. (2013): *La toma de decisiones en política criminal. Bases para un análisis multidisciplinar*, Tirant Lo Blanch.

BENÍTEZ JIMÉNEZ, M.J. (2025): «Adolescencia y ocio desviados en redes sociales», en *Revista de Victimología*, nº 19/2025, págs. 19-42.

BENÍTEZ JIMÉNEZ, M. J. (2024): «Protocolos de actuación frente a la violencia sexual en el ámbito del deporte y del ocio y la figura del Delegado/a de protección de menores», en *Boletín Criminológico*, artículo 3/2024_30_años_BC (nº 225).

BOLDOVA PASAMAR, M.Á. (2016): «El nuevo concepto de pornografía infantil: una interpretación realista», en *Revista Penal*, n.º 38, julio 2016, págs. 40-67.

BRANDARIZ GARCÍA, J.Á. (2014): «¿Una teleología de la seguridad sin libertad? La difusión de lógicas actuariales y gerenciales en las políticas punitivas», en *Fundamentos: Cuadernos monográficos de Teoría del Estado, Derecho Público e Historia Constitucional*, n.º 8, págs. 313-355.

CÁMARA ARROYO, S. (2024): «Prostitución, explotación sexual y corrupción de menores», en SERRANO TÁRRAGA, M.D. (coord.) *Derecho penal Parte especial*, 2ª ed., Tirant lo Blanch, págs. 283-304.

CAVADINO, M., y DIGNAN, J. (2008): *Penal systems: A comparative approach*. Sage.

CEA RÍOS, B., FERNÁNDEZ RODRÍGUEZ, S., MONTES CAMPOS, Á. (2023): «Análisis psicosocial de sentencias judiciales en casos de pornografía infantil», en *Revista Iberoamericana de Justicia Terapéutica*, n.º 7, octubre 2023, págs. 1-7

CEREZO DOMÍNGUEZ, A.I.; GARCÍA CORNEJO, R. (2020): «La ciberdelincuencia en España: Un estudio basado en las estadísticas policiales», en *Revista Electrónica de Estudios Penales y de la Seguridad: REEPS*, n.º 6, 2020.

CEREZO DOMÍNGUEZ, A.I. (2010): *El protagonismo de las víctimas en la elaboración de las leyes penales*, Tirant Lo Blanch.

CHAVEZ-CAROU, M. (2023): «La "cláusula Romeo y Julieta" tras la entrada en vigor de la Ley Orgánica 10/2022, de 6 de septiembre, de Garantía Integral de la Libertad Sexual», en MARTÍNEZ CALVO, J. (dir.) *La protección jurídica del menor en el Derecho comparado*. Editorial Prensas de la Universidad de Zaragoza, págs. 523-541.

CISNEROS ÁVILA, F. (2019): «El error de comprensión en los delitos culturales. Una visión distinta del error de prohibición», en *Cuadernos de Política Criminal*, n.º 128, 2019, págs. 151-176

CORRAL MARAVER, N. (2020): «Datos y conocimiento empírico en la legislación penal de la Unión Europea. Una guía para el legislador español», en *Revista Electrónica de Ciencia Penal y Criminología*, 22-18 (2020)

CUERDA ARNAU, M.L. (2017): «Irracionalidad y ausencia de evaluación legislativa en las reformas de los delitos sexuales contra menores», en *Revista Electrónica de Ciencia Penal y Criminología*, nº. 19, págs. 1-45.

CUERDA ARNAU, M.L. (2014): «Menores y redes sociales: protección penal de los menores en el entorno digital», en *Cuadernos de Política Criminal, 2ª Época* n.º 112, págs. 5-46

CRUZ MÁRQUEZ, B. (2019): «La construcción penal de los delitos contra la libertad e indemnidad sexuales de los menores y adolescentes: Un análisis crítico a partir de la "visibilidad" y el "grado de acuerdo social"», en RODRÍGUEZ MESA, M.J. (dir.), DEL REAL CASTRILLO, C., MALDONADO GUZMÁN, D. (coords.) *Pederastia. Análisis* jurídico-penal, social y criminológico, Thomson Reuters Aranzadi págs. 141 a 161.

CRUZ MÁRQUEZ, B. (2011): «Presupuestos de la responsabilidad penal del menor: una necesaria revisión desde la perspectiva adolescente», en *Anuario de la Facultad de Derecho de la Universidad Autónoma de Madrid*, n.º 15, págs. 241-269.

DE LA MATA BARRANCO, N. (2019): «Tratamiento legal de la edad del menor en la tutela penal de su correcto proceso de formación sexual», en *Revista Electrónica de Ciencia Penal y Criminología*, 21-20 (2019)

DE LA ROSA CORTINA, J.M. (2011): *Los delitos de pornografía infantil. Aspectos penales, procesales y criminológicos.* Tirant Lo Blanch.

DELFINO, R.A. (2025): «Deepfakes on Trial 2.0: A Revised Proposal for a New Federal Rule of Evidence to Mitigate Deepfake Deceptions in Court», en *Loyola Law School, Los Angeles Legal Studies Research Paper*, n.º 2025-10, págs. 1-17.

DÍAZ CORTÉS, L.M. (2017): «El debate sobre la penalización o no del *sexting* primario entre menores: El contexto de respuesta, su incoherencia y el desconocimiento de límites», en *Revista de Derecho Penal y Criminología*, UNED, 3ª Época, nº 18 (julio de 2017), págs. 39-90.

DÍEZ RIPOLLÉS, J.L. (2025): *El Derecho penal ante el sexo. Límites, criterios de concreción y contenido del Derecho Penal sexual. Epílogo 2025.* Editorial B de F. Colección Maestros del Derecho Penal, nº 70.

DÍEZ RIPOLLÉS, J.L. (2019): «El objeto de protección del nuevo Derecho penal sexual», en *Revista de Derecho Penal y Criminología*, (6), 69-101.

DÍEZ RIPOLLÉS, J.L. (2019): «Alegato contra un derecho penal sexual identitario», en *Revista Electrónica de Ciencia Penal y Criminología*, nº 21-10, págs. 1-29.

DÍEZ RIPOLLÉS, J.L. (2014): «Sanciones adicionales a delincuentes y exdelincuentes. Contrastes entre Estados Unidos de América y países nórdicos europeos», en *Indret*, nº 4, 2014.

DÍEZ RIPOLLÉS, J.L. (2013): *La racionalidad de las leyes penales*, 2ª ed., Editorial Trotta.

DÍEZ RIPOLLÉS, J.L. (2011): «La dimensión inclusión/exclusión social como guía de la política criminal comparada», en *Revista Electrónica de Ciencia Penal y Criminología*, nº 13-12, 2011

DÍEZ RIPOLLÉS, J.L. (2005): «De la sociedad del riesgo a la seguridad ciudadana: un debate desenfocado», *Revista Electrónica de Ciencia Penal y Criminología*, 07-01, 2005

DÍEZ RIPOLLÉS, J.L. (2004): «El nuevo modelo penal de la seguridad ciudadana», en *Revista Electrónica de Ciencia Penal y Criminología*, 06-03, 2004

DÍEZ RIPOLLÉS, J.L. (2003): «La nueva política criminal española», en *Eguzkilore: Cuaderno del Instituto Vasco de Criminología*, n.º 17

DÍEZ RIPOLLÉS, J.L. (1985): *La protección de la libertad sexual. Insuficiencias actuales y propuestas de reforma*. Ed. Bosch

DÍEZ RIPOLLÉS, J.L. (1982): *Exhibicionismo, pornografía y otras conductas sexuales provocadoras. La frontera del derecho penal sexual*, Ed. Bosch

DÍEZ RIPOLLÉS, J.L. (1981): *El Derecho penal ante el sexo. Límites, criterios de concreción y contenido del Derecho penal sexual*. Ed. Bosch

DOLOWITZ, D., y MARSH, D. (1996): «Who learns what from whom? A review of the policy transfer literature», en *Political Studies*, XLIV, págs. 343-357.

ECHANO BASALDÚA, J.I. (2013): «Mediación penal entre adultos: ámbito de aplicación en atención a la clase de infracción», en *Cuadernos Penales José María Lidón*, nº 9, 2013, págs. 157-204

ESQUINAS VALVERDE, P. (2024): «Delitos relativos a la pornografía infantil (Capítulo V, art. 189 CP)», en MARÍN DE ESPINOSA CEBALLOS, E. (dir.), *Lecciones de Derecho penal Parte especial*, 3ª ed., Tirant lo Blanch, págs. 206-211.

ESQUINAS VALVERDE, P. (2006): «El tipo de mera posesión de pornografía infantil en el código penal español (art. 189.2). Razones para su destipificación», en *Revista de Derecho Penal y Criminología*, n.º 18, págs. 171-228

EXPÓSITO CAMACHO, P.; GARCÍA MAGNA, D. (2018): «El nuevo delito de sexting. Análisis exploratorio sobre su incidencia en adolescentes y posibles medidas para su prevención», comunicación presentada en el XII Congreso español de Criminología (SEIC), Oviedo, junio 2018

FARALDO CABANA, P. (2012): *Asociaciones ilícitas y organizaciones criminales en el Código Penal español*. Tirant Lo Blanch.

FERNÁNDEZ CABRERA, M. (2024): *El menor como agresor sexual: hacia una respuesta penal racional*. Tirant Lo Blanch.

FERNÁNDEZ MOLINA, E.; BLANCO MARTOS, B. (2015): «Avanzando hacia una "child-friendly justice". Un estudio sobre la accesibilidad de la justicia juvenil española», en *Boletín Criminológico*, vol. 21, artículo 4/2015, n.º 157

FERNÁNDEZ MOLINA, E. (2013): «Datos oficiales de la delincuencia juvenil: valorando el resultado del proceso de producción de datos de la Fiscalía de menores», en *Indret. Revista para el Análisis del Derecho*, n.º 2, 2013, págs. 1-24.

GARCÍA ESPAÑA, E., DÍEZ RIPOLLÉS, J.L. (2021): «La exclusión social generada por el sistema penal español. Aplicación del instrumento RIMES», en *Indret*, 1/2021.

GARCÍA FIGUEROA, A. (2021): «La génesis populista del feminismo punitivo», en *Anales de la Cátedra Francisco Suárez*, Protocolo I

GARCÍA MAGNA, D. (2023): «Política criminal y género. Breves apuntes desde el modelo penal de la seguridad ciudadana», en MUÑOZ SÁNCHEZ, J.; GARCÍA PÉREZ, O.; CEREZO DOMÍNGUEZ, A.I.; GARCÍA ESPAÑA, E. (dirs.) *Diálogos sobre cuestiones problemáticas de las ciencias penales*. Tirant Lo Blanch, págs. 183-212.

GARCÍA MAGNA, D. (2023): «Pornografía y delincuencia organizada en Andalucía», comunicación en el V Simposio de Investigación Criminológica (SEIC), julio 2023, Universidad de Valencia.

GARCÍA MAGNA, D. (2020): «La protección penal de la intimidad compartida», en PINTO FONTANILLO, J.A. y SÁNCHEZ DE LA TORRE, Á. (coords.) *Los derechos humanos en el siglo XXI: en la conmemoración del 70 aniversario de la Declaración*. vol. 4, 2020 (Los derechos humanos desde la perspectiva jurídica), Edisofer. Libros jurídicos, págs. 157-162

GARCÍA MAGNA, D. (2019): «Nuevos conceptos de violencia. El delito de sexting como parte de otras conductas delictivas», en *Revista Electrónica de Estudios Penales y de la Seguridad*, n° extra 5, 2019.

GARCÍA MAGNA, D. (2018): *La lógica de la seguridad en la gestión de la delincuencia*. Colección Derecho Penal y Criminología. Ed. Marcial Pons.

GARCÍA PÉREZ, O., GARCÍA MAGNA, D., AVILÉS HERNÁNDEZ, E. (dirs.) (2025): *Medidas inclusivas para menores en situación de exclusión social*, Atelier.

GARLAND, D. (2001): *The culture of control. Crime and Social Order in Contemporary Society*. Oxford University Press.

GONZÁLEZ AGUDELO, G. (2021): *La sexualidad de los jóvenes: Criminalización y consentimiento*. Tirant Lo Blanch.

GONZÁLEZ TASCÓN, M.M. (2022): «El consentimiento de las personas menores de edad y las personas con discapacidad a la realización de actos sexuales con terceros», en GONZÁLEZ TASCÓN, M.M. (coord.), *Delitos sexuales y personas menores de edad o con discapacidad intelectual. Reflexiones jurídicas y psicoeducativas sobre sus derechos y su protección*. Tirant Lo Blanch, págs. 97 a 142

HAVA GARCÍA, E. (2019): «Los delitos de tenencia de material pornográfico: Algunos problemas dogmáticos y otras dificultades relacionadas con su aplicación a las descargas de archivos a través de redes P2P», en RODRÍGUEZ MESA, M.J. (2019), *Pederastia. Análisis jurídico-penal, social y criminológico*, Ed. Aranzadi, págs. 389 a 413.

HERRERA MORENO, M. (2014): «¿Quién teme a la victimidad? El debate identitario en Victimología», en *Revista de Derecho Penal y Criminología*, 3ª época, n° 12, julio 2014.

JEWKES, Y. (2004): *Media and crime*. Sage Publications.

JONES, T., y NEWBURN, T. (2004): «Comparative criminal justice policy-making in the United States and the United Kingdom: the case of private prisons», en *British Journal of Criminology*, 45 (1), págs. 58-80.

KARSTEDT, S. (2004): «Durkheim, Tarde and beyond: The global travel of crime policies», en *Criminal Justice and Political Cultures*, págs. 111-123.

LAPPI-SEPPÄLÄ, T (2013): «American exceptionalism in a cross comparative perspective», conferencia en *American Excepcionalism in Crime & Punishment*, 2° Congreso anual del Robina Institute (University of Minnesota Law School), 25 abril 2013, págs. 1-48.

LAURENZO COPELLO, P. (2007): «Violencia de género y Derecho penal de excepción: entre el discurso de la resistencia y el victimismo punitivo», en *Cuadernos de Derecho Judicial*, n° 9, 2007.

LÓPEZ BARJA DE QUIROGA, J.; RODRÍGUEZ RAMOS, L. (1990): *Código penal comentado*, Ed. Akal.

MALDONADO GUZMÁN, D.J. (2019): «Los contactos con menores de edad a través de las TIC con fines sexuales: del (mal denominado) delito de "grooming" a las creencias erróneas sobre el fenómeno», en RODRÍGUEZ MESA, M.J. (2019), *Pederastia. Análisis jurídico-penal, social y criminológico*, Ed. Aranzadi, págs. 463-494.

MAQUEDA ABREU, M.L. (2007): «¿Es la estrategia penal una solución a la violencia contra las mujeres? Algunas respuestas desde un discurso feminista crítico», en *InDret* 4/2007, págs. 1-43.

MARTÍN DIZ, F. (2012): *La mediación en materia de familia y derecho penal. Estudios y análisis*, Dykinson

MARTÍNEZ-CATENA, A., REDONDO, S. (2016): «Etiología, prevención y tratamiento de la delincuencia sexual», en *Anuario de Psicología Jurídica*, vol. 26, n° 1, págs. 19-29.

MARTÍNEZ OTERO J. M. (2013): «La difusión del sexting sin consentimento del protagonista», en *Derecom*, n° 12 (dic-feb), págs. 1-16.

MARTÍNEZ PERZA, C. (2021): «Sobre la necesidad de reforma de los delitos sexuales en el código penal», en *Boletín n° 13, Comisión Penal*. Juezas y jueces para la democracia. Volumen II. Monográfico «Anteproyecto de Ley Orgánica de Garantía Integral de la Libertad Sexual», marzo 2021

MAYER LUX, L. (2014): «Almacenamiento de pornografía en cuya elaboración se utilice a menores de dieciocho: un delito asistemático, ilegítimo e inútil», en *Política Criminal: Revista Electrónica Semestral de Políticas Públicas en Materias Penales*, n.° 17, 2014, págs. 27-57

MELENDO PARDOS, M. (2002): *El concepto material de culpabilidad y el principio de inexigibilidad sobre el nacimiento y evolución de las concepciones normativas*. Editorial Comares.

MERCADO CONTRERAS, C.T.; PEDRAZA CABRERA, F. J.; MARTÍNEZ MARTÍNEZ, K.I. (2016): «Sexting: su definición, factores de riesgo y consecuencias», en *Revista sobre la infancia y la adolescencia*, 10, abril 2016, págs. 1-18.

MIRÓ LLINARES, F. (2011): «La oportunidad criminal en el ciberespacio. Aplicación y desarrollo de la teoría de las actividades cotidianas para la prevención del cibercrimen», en *Revista Electrónica de Ciencia Penal y Criminología*, 13-07 (2011), págs. 1-55.

MORENO ACEVEDO, R.M. (2025): «Toma de postura sobre el bien jurídico protegido en los delitos de pornografía infantil y los sujetos del mismo», en *Cuadernos de RES PUBLICA en Derecho y Criminología*, n° 5, 2025.

MORILLAS FERNÁNDEZ, D.L. (2005): *Análisis dogmático y criminológico de los delitos de pornografía infantil. Especial consideración de las modalidades comisivas relacionadas con Internet.* Dykinson.

MUÑOZ CONDE, F. (2022): *Derecho Penal Parte Especial,* 24ª, ed., Tirant Lo Blanch.

MUÑOZ CONDE, F. (1999): *Derecho Penal Parte Especial,* 12ª ed., Tirant Lo Blanch.

NAVARRO VILLANUEVA, C. (2020): «La implantación de una child-friendly justice en el sistema de enjuiciamiento penal en España», en *Boletín Criminológico,* vol. 26, artículo 2/2020, n.º 190

NEGREIRO, M. (2025): Children and Deepfakes, en *European Parliamentary Research Service EPRS,* julio 2025, págs. 1-8.

NELKEN, D. (2005): «When is a society non-punitive? The Italian case», en PRATT, J., BROWN, D., BROWN, M. HALLSWORTH, S., HARRISON, W (eds.), *The new punitiveness. Trends, Theories, Perspectives.* Willan Publishing, págs. 218-237

NGUYEN T., FRERICH, N., REDONDO ILLESCAS, S., ANDRÉS PUEYO, A. (2014): «Reinserción y gestión del riesgo de reincidencia en agresores sexuales excarcelados: el proyecto "Círculos de Apoyo y Responsabilidad" en Cataluña», en *Boletín Criminológico,* vol. 20, n.º 151, 2014

NIEVA FENOLL, J. (2024): «La prueba de los *deepfakes* pornográficos: IA sobre IA», en *Diario La Ley,* n.º 10516, 30 mayo 2024

OLIVA DELGADO, A. (2019): «El desarrollo psicológico de la capacidad para tomar decisiones», en COUCEIRO, A (coord.) *El menor maduro. Cinco aproximaciones a un perfil poliédrico.* Centro Reina Sofía sobre Adolescencia y Juventud, págs. 31-66.

ORTIZ DE URBINA GIMENO, Í. (2025): «La ley penal: manual de producción para el legislador honesto», en *Teoría y Derecho: Revista de pensamiento jurídico,* n.º 38, 2025, págs. 42-85.

ORTS BERENGUER, E. (2022): «Delitos contra la libertad e indemnidad sexuales (y III): Exhibicionismo y provocación sexual. Prostitución, explotación sexual y corrupción de menores», en GONZÁLEZ CUSSAC, J.L. (coord.) *Derecho penal Parte especial,* 7ª ed., Tirant lo Blanch, págs. 259-286.

PASCUAL, A., GIMÉNEZ-SALINAS, A., IGUAL, C. (2017): «Propuesta de una clasificación española sobre imágenes de pornografía infantil», en *Revista Española de Investigación Criminológica,* artículo 1, n.º 15 (2017), págs. 1-27.

PEREDA, N.; BARTOLOMÉ, M.; RIVAS, E. (2021): «Revisión del Modelo Barnahus: ¿Es posible evitar la victimización secundaria en el testimonio infantil?», en *Boletín Criminológico,* vol. 27, artículo 1/2021 (nº 207).

PEREDA, N., GRECO, A.M., HOMBRADO, J., SEGURA, A. (2018): «¿Qué factores inciden para romper el silencio de las víctimas de abuso sexual?», en *Revista Española de Investigación Criminológica (REIC),* n.º 16, 2018.

PÉREZ ARIAS, J. (2021): «Cibercriminalidad: hacia la nueva realidad —virtual— del Derecho penal», en *Revista Internacional de Doctrina y Jurisprudencia.* Universidad de Almería, vol. 26, dic. 2021, págs. 175-193.

PÉREZ MACHÍO, A.I. (2021): «La sanción de la pornografía infantil virtual y técnica en el código penal. Una manifestación más de la expansión del derecho penal», en *Revista General de Derecho Penal,* nº 35, mayo 2021.

PÉREZ RAMÍREZ, M.; HERRERO MEJÍAS, Ó.; NEGREDO, L.; PASCUAL, A.; GIMÉNEZ-SALINAS FRAMIS, A.; DE JUAN ESPINOSA, M. (2017): «Informe sobre consumidores de pornografía infantil», en *Revista de Estudios Penitenciarios*, nº 260, 2017, págs. 105-150.

POZUELO PÉREZ, L. (2015): «Sobre la responsabilidad penal de un cerebro adolescente: Aproximación a las aportaciones de la neurociencia acerca del tratamiento penal de los menores de edad», en *Indret: Revista para el Análisis del Derecho*, n.º 2, 2015

PRIETO DEL PINO, A.M. (2016): «Diez años de derecho penal español contra la violencia de género: maltrato habitual y maltrato ocasional en la pareja», en *Revista Nuevo Foro Penal*, vol. 12, nº 86, enero-junio 2016, págs. 115-150

RAMÍREZ ORTIZ, J.L. (2021): «¿Es posible garantizar la libertad sexual sin la reforma penal? En defensa de una ley menos "integral"», en *IgualdadES*, 5, 2021, págs. 487-517.

RAMOS VÁZQUEZ, J.A. (2021): «La cláusula Romeo y Julieta (art. 183 quater del Código penal) cinco años después. Perspectivas teóricas y praxis jurisprudencial», en *Estudios penales y criminológicos*, nº 41, 2021, págs. 307-360.

RANDO CASERMEIRO, P. (2015): «La influencia de los grupos de presión en la política criminal de la propiedad intelectual: aspectos globales y nacionales», en *Revista Electrónica de Ciencia Penal y Criminología*, n.º 17, 2015, págs. 1-47.

RODRÍGUEZ DEVESA, J.M., SERRANO GÓMEZ, A. (1995): *Derecho penal español. Parte especial*, 18ª ed. Dykinson.

RODRÍGUEZ FERRÁNDEZ, S. (2016): «Evaluación legislativa en España: su necesaria aplicación en los procesos de aprobación de las reformas penales», en NIETO MARTÍN, A., MUÑOZ MORALES DE ROMERO, M; BECERRA MUÑOZ, J (dirs.) *Hacia una evaluación racional de las leyes penales*. Marcial Pons.

RODRÍGUEZ MESA, M.J. (2013): «La Directiva 2011/92/UE relativa a la lucha contra los abusos sexuales y la explotación sexual de los menores y la pornografía infantil. Especial referencia a su transposición en el Anteproyecto de Reforma de Código Penal», en *Revista de Derecho y Proceso Penal*, n.º 32, 2013, págs. 227-267

ROGERS, C.R., JIMÉNEZ, V., BENJAMIN, A., RUDOLPH, K.D., TELZER, E.H. (2023): «The Effect of Parents and Peers on the Neural Correlates of Risk Taking and Antisocial Behavior During Adolescence», en *J Youth Adolesc*, agosto 2023, 52(8), págs. 1674-1684.

ROJO GARCÍA, J. C. (2001): «Pornografía infantil en internet», en *Boletín Criminológico*, vol. 7, artículo nº 52.

SÁNCHEZ PÉREZ C., JORDÁ SANZ, C. (2021): «La investigación a través de Deep Web y Dark Web. Un estudio exploratorio empírico», en *Cuadernos de la Guardia Civil: Revista de Seguridad Pública*, nº 64, págs. 73-93.

SÁNCHEZ TERUEL, D., ROBLES BELLO, M.A. (2016): «Riesgos y potencialidades de la era digital para la infancia y la adolescencia», en *Revista Educación y Humanismo*, 18(31).

SERRA, C., URÍA, P., PARRA, N., GARAIZÁBAL, C. (2022): «A propósito de la ley del "solo sí es sí": los árboles y el bosque», en *El País*, 20 noviembre 2022.

SETO, M. C., AHMED, A. G. (2014): «Treatment and management of child pornography use», en *The Psychiatric Clinics of North America*, 37(2), págs. 207-214.

SOLDINO GARMENDIA, V., CARBONELL VAYÁ, E.J. (2022): *Perfil del detenido por delitos relativos a la pornografía infantil. Proyecto CPORT España*. Ministerio del Interior.

SOLDINO GARMENDIA, V., CARBONELL VAYÁ, E.J. (2019): «Consumidores de pornografía infantil: dificultades en el acceso a tratamiento psicológico», en *ReCRIM: Revista de l'Institut Universitari d'Investigació en Criminologia i Ciències Penals de la UV*, n.º 22, 2019, págs. 208-217.

TAMARIT SUMALLA, J.M. (2002): *La protección penal del menor frente al abuso y la explotación sexual. Análisis de las reformas penales en materia de abusos sexuales, prostitución y pornografía de menores*. Aranzadi

TERRADILLOS BASOCO, J.M. (2019): «Pederastia y pornografía», en RODRÍGUEZ MESA, M.J. (dir.), DEL REAL CASTRILLO, C., MALDONADO GUZMÁN, D. (coords.) *Pederastia. Análisis jurídico-penal, social y criminológico*, Thomson Reuters Aranzadi, págs. 365-388.

TONRY. M. (2007): «Determinants of penal policies», en *Crime and Justice*, vol. 36, n.º 1, págs. 1-48.

VALLS PRIETO, J., GALLO SERPILLO, F.D. (2022): «El arte de pescar en aguas profundas: Metodología de investigación criminológica basada en Dark Web y Honeypots», en *Cuadernos de Política Criminal*, 138(1), págs. 223-253.

VALENZUELA GARCÍA, N. (2023): «Relación entre sexting y pornografía en adolescentes: hallazgos preliminares de un estudio empírico», en *Boletín Criminológico*, vol. 29, artículo 3/2023, n.º 221, págs. 1-27.

VARELA CASTEJÓN, X. (2021): «Notas sobre la propuesta de reforma de los delitos contra la libertad sexual» en *Boletín nº 13, Comisión Penal*. Juezas y jueces para la democracia, Volumen II. Monográfico «Anteproyecto de Ley Orgánica de Garantía Integral de la Libertad Sexual», marzo 2021.

VARONA GÓMEZ, D., LARRAURI PIJOAN, E. (2024): «Una agenda criminológica para el estudio de los delitos sexuales en España», en *Boletín Criminológico*, vol. 30, n.º Extra 244, 2024, págs. 1-32.

VILLACAMPA ESTIARTE, C. (2020): «Justicia restaurativa en supuestos de violencia de género en España: situación actual y propuesta político-criminal», en *Política Criminal*, vol. 15, nº 29, artículo 3, julio 2020, págs. 47-75.

VILLACAMPA ESTIARTE, C. (2017): «Predadores sexuales online y menores: grooming y sexting en adolescentes», en *e-Eguzkilore.: Zientzia Kriminologikoen Aldizkari Elektronikoa. Revista electrónica de Ciencias Criminológicas*, n.º 2, 2017.

VILLACAMPA ESTIARTE, C. (2015): *El delito de online child grooming o propuesta sexual telemática a menores*. Tirant Lo Blanch.

VIVEIROS, C. (2023): *Delitos de posesión. Una investigación dogmática y político criminal*. Tirant Lo Blanch.

10.2. INFORMES Y OTROS DOCUMENTOS

CONSEJO DE SEGURIDAD NACIONAL (2019): *Estrategia Nacional contra el Crimen Organizado y la Delincuencia Grave (2019-2023)*.

EUROPOL (2025): *Evaluación para la amenaza de la delincuencia grave y organizada de la Unión Europea (EU-SOCTA)*. Resumen Ejecutivo, 4ª edición.

EUROPOL Innovative Lab (2022): *Facing reality? Law Enforcement and the Challenge of Deepfakes*. European Union Agency for Law Enforcement Cooperation.

FAPMI y ECPAT (2024): *La Explotación Sexual de la Infancia y la Adolescencia en España*.

FISCALÍA GENERAL DEL ESTADO:
— Consulta 3/2006, de 29 de noviembre, sobre determinadas cuestiones respecto de los delitos relacionados con la pornografía infantil.
— Circular 2/2011 de 2 de junio, sobre la reforma del Código Penal por Ley Orgánica 5/2010 en relación con las organizaciones y grupos criminales.
— Circular 9/2011, de 16 de noviembre, sobre criterios para la unidad de actuación especializada del Ministerio Fiscal en materia de reforma de menores, en relación con el epígrafe III.2 sobre tratamiento de los delitos de pornografía infantil cometidos por menores.
— Circular 2/2015 de 19 de junio, sobre los delitos de pornografía infantil tras la reforma operada por Ley Orgánica 1/2015.
— Circular 1/2017, de 6 de junio, sobre la interpretación del artículo 183 quater del Código penal.
— Memoria 2024. Capítulo V

FUNDACIÓN RAÍCES (2024): *Informe Alternativo al Informe del Estado. VII Ciclo del procedimiento de informes periódicos a España ante el Comité de Derechos del Niño*. Disponible en https://fundacionraices.org/wp-content/uploads/2024/09/INFORME-ALTERNATIVO-FUNDACION-RAICES-COMITE-DERECHOS-NINO-ONU.pdf

GRUPO DE ESTUDIOS DE POLÍTICA CRIMINAL (2003): *Una propuesta alternativa a la protección penal de los menores*. Tirant lo Blanch.

INTERPOL (2024): «Combatting Deepfakes with the Science of Micro Expressions», en *Interpol Innovation Snapshots*, vol. 4, issue 6, december 2024, pág. 1.

JUNTA DE ANDALUCÍA (2017): *Guía de indicadores para la detección de casos de violencia sexual y pautas de actuación dirigidas a los centros de protección de menores*.

MINISTERIO DE DERECHOS SOCIALES Y AGENDA 2030: *Estrategia Estatal de Derechos de la Infancia y la Adolescencia (2023-2030)*. Centro de Publicaciones del Ministerio de Derechos Sociales y Agenda 2030. Disponible en: https://www.juventudeinfancia.gob.es/sites/mijui.gob.es/files/Estrategia_Estatal_Derechos_InfanciayAdolescencia.pdf

MINISTERIO DE JUVENTUD E INFANCIA (2024): *VII Informe periódico de España al Comité sobre los Derechos del Niño (CRC)*. Centro de Publicaciones del Ministerio de Juventud e Infancia.

MINISTERIO DEL INTERIOR (2022): *Plan estratégico nacional contra la trata de personas y la explotación de seres humanos.*

OBSERVATORIO DE LA INFANCIA. Ministerio de Sanidad, Servicios Sociales e Igualdad (2017): *Guía de buenas prácticas para la prevención y protección del abuso y la explotación sexual infantil.*